후설 喉舌

후설

喉舌

승정원일기번역팀 엮음

한국고전번역원

세계의 보물이 된 우리나라의 보물 '승정원일기'

《승정원일기》에 대해 들어보셨나요? 국보 303호일뿐만 아니라 유네스코가 지정한 세계기록유산이기도 한 자랑스러운 우리나라의 보물입니다. 이 책에는 어떤 내용이 담겨 있어 국보가 되고, 세계기록유산이 된 것일까요?

《승정원일기》는 조선 시대에 왕명 출납을 관장하던 승정원에서 국정과 관련된 내용을 일기 형태로 기록한 책입니다. 임진왜란과 이괄의 난을 겪고 영조대와 고종대에 화재를 입으면서 그동안 작성된 《승정원일기》의 많은 부분이 사라지긴 했지만, 복구 과정을 거쳐 현재 1623년부터 1910년까지 총 288년간의 기록이 남아 있습니다.

이렇게 긴 기간에 걸쳐 기록된 양은 얼마나 될까요? 무려 3,245책, 2억 4,300만 자로, 조선왕조실록의 5배가량이나 됩니다. 단일 서종으로서는 세계에서 가장 방대한 양입니다. 양이 방대한 것은 내용이 풍부한 것과도 깊은 연관이 있어, 《승정원일기》 안에는 조선 시대의 정치·경제·사회·문화와 관련된 다양한 내용이 풍부하게 실려 있습니다. 그러니 조선 시대 연구 자료로서, 역사 문화 콘텐츠로서 활용 가능성이 매우 높다고 할 수 있습니다.

그럼에도 불구하고 아직 《승정원일기》에 대한 인지도와 활용도는 그리 높지 않은 편입니다. 그 이유는 한문으로 기록된 방대한 양에 비해 번역된 분량이 매우 적기 때문입니다. 그 내용이 아무리 좋다 해도 번역해 놓지 않으면 활용할 수가 없습니다. 그렇다 보니, 왕의 가장 가까운 거리에서 왕의 공무와 관련된 일상과 정책 결정 과정을 기록한 귀한 자료가 있는데도 그 상세하고 생생한 기록에 무릎을 치며 감탄하는 것은 한문을 독해할 줄 아는 극소수 사람에 불과합니다.

지금의 속도대로라면《승정원일기》를 모두 번역하는 데 100년 가까운 시간이 필요하니, 조속히 번역하여 국민 모두가 자유롭게 읽고 활용할 수 있도록 지원하는 방안이 마련되어야 할 것입니다.

한국고전번역원은 세계가 인정한 자랑스러운 우리의 기록 유산《승정원일기》를 널리 알리자는 취지에서 이 책을 기획하였습니다. 제목으로 붙인 '후설喉舌'은 '목구멍과 혀'라는 뜻으로, 조선 시대에 승정원을 가리켜 부르던 말입니다. 이 말은《시경詩經》〈증민蒸民〉에 "왕의 명령을 출납하니, 왕의 후설이로다.出納王命, 王之喉舌"라고 한 데서 나왔습니다.

책을 엮으면서 가장 중점을 둔 것은 독자가《승정원일기》의 내용을 직접 접할 수 있게 하는 것이었습니다. 사과를 두고 색깔이 빨갛고, 모양이 둥글고, 맛이 새콤달콤하다고 설명한다고 해서 사과에 대해 잘 알렸다고 할 수 없습니다. 한 입 베어 물게 하는 것이 사과를 가장 잘 알릴 수 있는 방법이라고 생각하였습니다.

따라서 독자가《승정원일기》내용을 직접 보고 느낄 수 있도록 다양한 주제를 골라 사례를 보여 주는 데 초점을 두었습니다. 그러나 짧은 지면에 긴 사례를 다 보여 줄 수 없어 필요한 부분만을 발췌하였음을 밝힙니다.

이 책은 총 4부로 구성되어 있습니다.

1부 '세계기록유산 승정원일기'에서는 《승정원일기》가 세계기록유산이 된 과정과 《승정원일기》 기록의 우수성에 대해 소개하였습니다.

2부 '승정원일기와 함께 떠나는 역사 여행'에서는 역사적 사건과 관련이 있는 기록이나 그 시절의 사회상을 알 수 있는 기록을 선별하여 사례를 소개하고 시대 배경과 글쓴이의 소감을 적었습니다.

3부 '승정원일기 속에 담긴 문서 이야기'에서는 왕이 내린 명령이나 신하들이 보고한 내용이 담긴 문서를 중심으로 문서의 성격과 해당 사례를 소개하였습니다.

4부 '왕의 그림자까지 담은 승정원일기'에서는 하루 기사를 바탕으로 왕의 하루를 재구성하여 독자가 《승정원일기》 하루 기사의 구성을 파악할 수 있도록 하였습니다. 또 승정원에서 수행한 일과 《승정원일기》를 엮은 사람들에 대한 소개를 통해 《승정원일기》에 대해 깊이 이해할 수 있도록 하였습니다.

그리고 맺음말 '승정원일기를 깨우자'에서는 《승정원일기》의 번역 현황과 앞으로의 과제를 이야기하였습니다.

이 책의 기획과 집필은 한국고전번역원 역사문헌번역실 승정원일기번역팀이 중심이 되어 진행하였습니다. 그러나 책을 엮으면서 기존에 번역된 《승정원일기》 번역서와 《승정원일기》 관련 연구서나 논문 등 기존 연구 성과를 많이 참고하였습니다. 참고한 도서 및 논문 목록을 책 뒤에 첨부하는 것으로 감사 인사를 대신하는 데 대해 널리 양해해 주시기 바랍니다. 아울러 내용 이해를 위해 필요한 도판을 흔쾌히 보내 주신 여러 기관에도 깊은 감사를 드립니다.

《승정원일기》는 오랜 시간 잠들어 있던 용에 비유할 수 있습니다. 잠들어 있던 용이 깨어나 창공을 자유롭게 날며 조화를 부리기 위해서는 '번역'이라는 여의주가 필요합니다. 《승정원일기》가 담고 있는 풍부하고 생생한 이야기들이 다양한 분야에서 연구되고 활용될 수 있기를 바라며, 이 책이 《승정원일기》 번역의 필요성을 공감하고 번역을 확대해 나가는 데 작은 밑거름이 되었으면 합니다.

2013년 가을, 북한산 자락 한국고전번역원에서
역사문헌번역실 승정원일기번역팀장 하승현 씀

차례

2 그 시절 그 풍경

【3부】 승정원일기 속에 담긴 문서 이야기

1 왕은 이르노라

2 삼가 아룁니다

【4부】 왕의 그림자까지 담은 승정원일기

1부

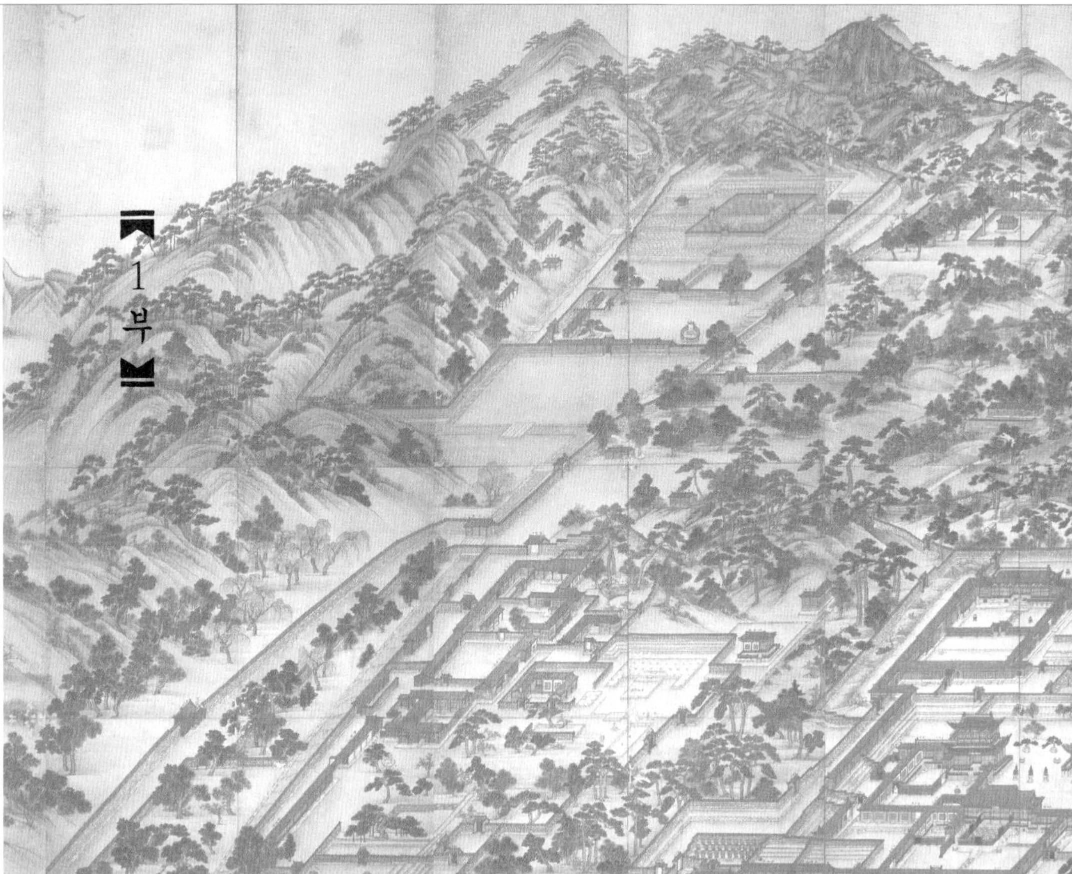

세계기록유산
승정원일기

승정원에서 기록한 조선 시대 국정 일기

2001년 9월, 우리나라 국보 303호인 《승정원일기承政院日記》가 세계기록유산으로 등재되었다. 유네스코는 세계의 기록 유산이 인류 전체의 소중한 자산이라는 인식 위에 1997년부터 2년마다 '세계기록유산Memory of the World'을 선정해 왔다.

《승정원일기》는 2001년 6월 27일부터 3일간 청주에서 열린 '유네스코 세계기록유산 제5차 국제자문회의'에서 《직지심체요절》과 함께 세계기록유산 후보로 추천되었고, 이해 9월에 세계기록유산에 등재되었다. 나라의 보물이 인류 전체의 소중한 자산으로 그 가치를 인정받은 것이다. 우리나라는 현재까지 총 11건의 세계기록유산을 보유하고 있는데, 이 중에는 조선왕조실록과 《일성록》 등 조선 시대의 대표적인 사서史書들이 포함되어 있다.

《승정원일기》는 조선 시대에 왕명 출납을 관장하던 승정원에서 국정과 관련된 내용을 일기 형태로 기록한 책이다. 관원 및 관서의 보고와 이에 대한 임금의 명령 등 승정원을 거쳐 가는 거의 모든 기록이 이 책에 남아 있다.

《승정원일기》는 승정원을 설치한 조선 초기부터 기록하기 시작하였으나 임진년1592의 병란과 인조대 이괄李适의 난을 겪고, 1744년영조 20

승정원일기承政院日記

《승정원일기》 원본이다. 《승정원일기》는 전체 분량이 총 3,245책으로 단일 서종으로는 세계에서 가장 방대한 규모이다. 1623년(인조 1)부터 1910년(융희 4)까지의 기록이 남아 있다. 국보 303호로 2001년 9월 세계기록유산으로 등재되었다. _규장각한국학연구원

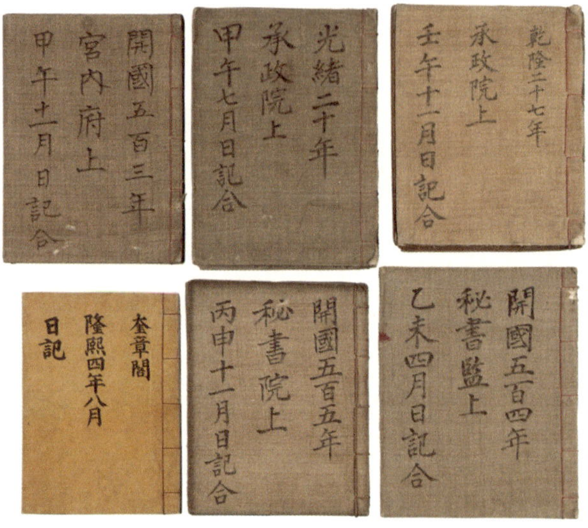

과 1888년고종 25에 화재를 입어 작성된 많은 부분이 사라졌다. 이 책들은 영조대와 고종대에 복구하는 과정을 거쳐 다시 완성되었다. 현재는 1623년인조 1 3월부터 1910년융희 4 8월까지 총 288년간의 기록이 남아 서울대학교 규장각한국학연구원에 소장되어 있다.

승정원일기가 지닌 가치

세계기록유산인 《승정원일기》는 어떠한 기록 특성을 가지고 있을까? 또 학계에서 《승정원일기》의 가치에 주목하는 이유는 무엇일까?

첫째, 단일 서종으로 세계에서 가장 방대하고 풍부한 내용을 담은 책이다. 《승정원일기》는 총 3,245책 2억 4,300만 자이다. 조선왕조실록 총 888책 5,400만 자나 《팔만대장경》 목판본 8만여 장 5천만 자와 비교해 보면 그 규모가 얼마나 방대한지를 짐작할 수 있다. 역대 중국 역사를 기록한 《이십오사二十五史》도 3,996만 자이고, 《명실록明實錄》은 1,600만 자이다.

양이 방대할 뿐만 아니라 내용도 다양한 분야를 풍부하게 다루고 있다. 날씨와 천문 현상에 대한 매일의 기록은 기후의 변화 양상이나 기상 이변에 대한 연구를 할 수 있는 기본 자료를 제공하고 있고, 병을 진단하고 처방하는 과정이 고스란히 담겨 있는 입진入診 기록은 한의학 연구 자료로서 귀중한 가치를 지닌다. 또 제도와 법령을 마련하여 수정하고 폐지하기까지의 과정과 관련한 논의들이 다 담겨 있어 법전 연구에 없어서는 안 될 자료이다. 이 밖에도 조선 시대의 정치·경제·사회·문화와 관련된 내용이 풍부하게 실려 있어 조선 시대를 전반적으로 연구하는 데 꼭 필요한 자료이다.

장책된 승정원일기
《승정원일기》는 보통 보름치나 한달치 기록을 1책으로 묶었다. _규장각한국학연구원

둘째, 역사 연구 자료로서 가치가 높은 1차 사료이다.《승정원일기》는 17세기 초부터 20세기 초까지 288년간의 조선 시대 역사 현장을 세밀히 기록하고 있어, 역사 연구의 기초 자료로서 더없이 소중한 책이다. 조선 시대를 대표하는 사서로는《승정원일기》와 함께 조선왕조실록,《일성록日省錄》,《비변사등록備邊司謄錄》을 들 수 있다. 이들 가운데《승정원일기》를 제외한 나머지 사서는 임금 사후에 편찬되거나 재정리를 거쳐 편찬된 사료이기 때문에 '편찬자의 눈을 통해 보는 역사'라는 한계가 있다.

반면《승정원일기》는 사건이 일어나고 진행되는 과정을 따라가며 현장에서 기록한 1차 사료이므로 기록자의 역사 인식이나 정치적 이해관계가 개입될 여지가 적다. 서종마다 특징이 있어 연구할 때에 상호 보완하는 역할을 하는 것은 틀림없지만, 어떤 서종을 연구하더라도 1차 사료인《승정원일기》와 대조를 거쳐야만 맥락을 잘못 파악하는 실수를 줄일 수 있다.

셋째, 국정 운영 절차의 전반을 살필 수 있는 기록이다.《승정원일기》에는 군주 사회의 정치 및 정책 입안과 권력 구조에 대해 확인하고 국정

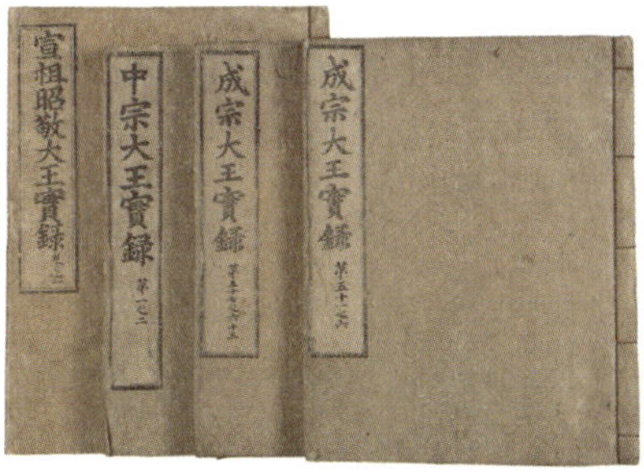

조선왕조실록朝鮮王朝實錄

조선왕조실록은 국보 151호이자 1997년 10월 유네스코 지정 세계기록유산으로 등재된 우리나라 대표 역사 기록물이다. 조선 태조에서 철종까지 25대 472년간의 역사를 편년체로 기술하였다. 조선왕조실록을 편찬할 때 《승정원일기》가 주요 자료로 활용되었다. _규장각한국학연구원

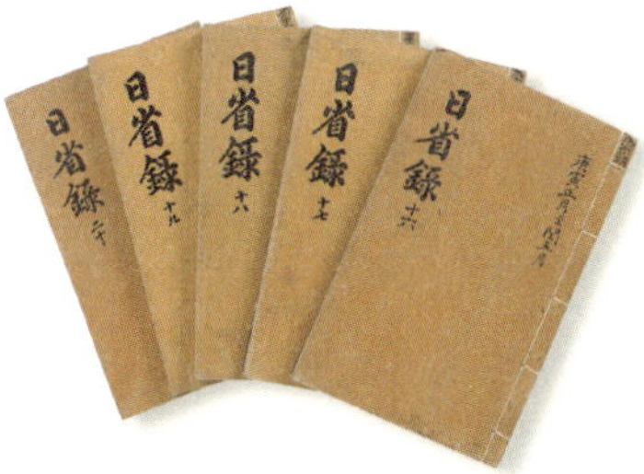

일성록日省錄

1760년(영조 36)에서 1910년(융희 4)까지 151년간 매일 국왕의 동정과 국정의 제반 사항을 기록한 책이다. 강(綱)을 세우고 목(目)을 달아 놓아 국정의 주요 현안들을 일목요연하게 볼 수 있다. 국보 제153호이며, 2011년 5월 유네스코 지정 세계기록유산으로 등재되었다. _규장각한국학연구원

비변사등록備邊司謄錄

조선 후기 국정의 핵심 업무를 담당했던 비변사에서 매일매일 처리한 업무 내용을 기록한 책이다. 현재는 1617년(광해군 9)부터 1892년(고종 29)까지 276년간의 기록 273책이 남아 있다. 《승정원일기》, 《일성록》등과 함께 조선왕조실록 편찬의 중요한 자료로 이용되었다. _규장각한국학연구원

운영 전반을 살필 수 있는 풍부한 자료가 수록되어 있다. 승정원 관원들의 근무 상황 기록뿐만 아니라 관서나 관원이 올린 보고와 이에 대한 임금의 처분, 연석筵席에서 국정 현안과 관련해 나눈 대화 내용이 그대로 실려 있다.

《승정원일기》 가운데 '꽃'이라고 할 수 있는 연석에서의 기록 내용에는 행사가 열린 날짜와 시각 및 장소, 참석한 관원의 명단, 임금과 신료들이 주고받은 이야기, 그 밖에 현장에서 일어난 일들이 모두 담겨 있다. 이런 기록을 통해 신하 개개인의 정치 역량은 물론 정책을 결정하는 과정에서 나타나는 이해관계의 충돌과 절충, 시기마다 정치적으로 쟁점이 되는 사안들의 진행 등을 가감 없이 볼 수 있다. 이는 임금의 사후에 편찬한 조선왕조실록이나 개인이 작성한 기록을 재편집하여 편찬한 문집에서는 찾아보기 어려운 부분이다.

넷째, 생생한 현장감을 느낄 수 있는 기록이다. 《승정원일기》는 일어나고 있는 일을 그 자리에서 시간의 흐름에 따라 빠짐없이 기록함으로써 현장의 모습을 생생하게 전하고 있다. 특히 임금이 태어나서 생을 마칠 때까지 거치는 통과 의례와 궁중에서 베푸는 연회宴會는 오늘날에도 그때의 모습을 그대로 재현할 수 있을 정도로 그 절차를 자세히 기록하였다. 조선 왕실의 의궤儀軌가 궁중 의례 재현에 필요한 '사진'과 같은 성격이라면, 《승정원일기》는 말과 움직임이 살아 있는 '동영상'같은 성격이라고 할 수 있다.

이상에서 《승정원일기》의 특성과 가치를 몇 가지로 정리해 보았다. 《승정원일기》 하루치 기사의 구성은 연호年號와 그날 날짜, 날씨와 천문현상 등으로 시작한다. 이어 승정원 승지들의 출근 현황을 비롯하여 주서들의 근무 현황을 기록하였다.

그 아래에 임금의 거둥 관련 내용과 조회 및 경연 시행 여부, 내의원의 문안 내용, 각 관서에서 보고한 계사啓辭와 그에 대한 임금의 전교傳敎, 관원이나 유생들이 올린 상소나 차자箚子와 그에 대한 임금의 비답 등을 차례로 수록하였다.

그리고 제의祭儀, 능행陵幸, 진연進宴 등 임금의 거둥과 관련된 일체의 행사나 경연經筵, 소대召對, 전강殿講 등 신하들이 입시한 자리에서 진행된 모든 과정과 주고받은 대화 내용을 시간대별로 수록하였다.

《승정원일기》는 주로 승정원의 실무 관원인 주서가 작성하였다. 그들은 자신만의 기록 노트인 초책草册과 붓을 들고 임금이 가는 곳마다 따라다니면서 임금과 신하들의 말과 행동을 기록하였다.

주서가 아무리 뛰어난 실력을 갖추었다 하더라도 넓은 공간에서 마이크도 없이 주고받는 대화를 우리글도 아닌 한문으로 기록하기는 쉬운 일이 아니었을 것이다. 그럼에도 불구하고 임금의 말과 행동이 고스란히 기록된 288년간의 일기가 남아 현장의 살아 있는 분위기를 그대로 전해주고 있다는 사실이 놀랍다.

《승정원일기》는 승정원이라는 관서의 기록이지만 국정 운영 현장을 상세히 다루고 있고, 조선 시대 정치·경제·사회·문화 등 전 분야를 망라하고 있다는 점에서 역사 연구 자료의 화수분이요, 문화 콘텐츠의 보물 창고라고 일컬을 만하다. 역사를 남겨 준 선조의 노고 덕분에 현대를 살아가는 우리는 기록이란 타임머신을 타고 수백 년 전으로 이동하여 조선 시대 국정 운영의 현장을 지켜볼 수 있게 되었다.

2부

승정원일기와 함께 떠나는 역사 여행

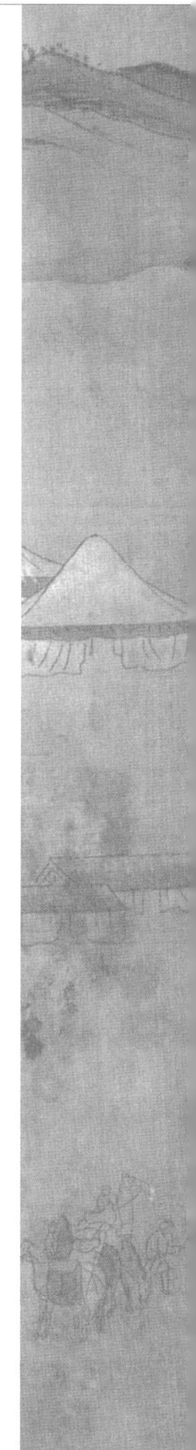

1 그때 그 자리

이원익, 존재 자체만으로도 의지가 된 신하

나라가 위태로울 때 임금이 믿고 의지할 수 있는 사람은 오랜 경륜을 갖춘 원로대신일 것이다. 이원익李元翼은 1547년명종 2에 태어나 1634년인조 12까지 살았다. 일생동안 임진왜란, 인조반정, 정묘호란 같은 조선 중기의 중요 사건을 모두 겪은, 나라와 운명을 함께한 신하였다. 그는 전란의 피해를 복구하고 백성의 부담을 줄이려는 목적에서 공납을 쌀로 걷는 법을 경기도에서 시범적으로 시행하였다. 87년 일생에서 70년을 공직에 있었고 그중 40년간 정승을 지낸 사람이지만 노년에 재산이라곤 쓰러져 가는 초가집 한 채밖에 없었던 대표적인 청백리였다.

1631년인조 9 4월 5일, 인조는 경덕궁 홍정당興政堂에서 이원익을 만났다. 이때 이원익은 84세의 고령인 데다 다리가 마비된 상태라 제대로 걷지 못해 젊은 환관의 부축을 받고 들어왔다.

인 조 나를 향해 앉으라. 방석에 앉은 채로 받쳐 들고 들어오게 했는데도 기어이 그냥 들어왔으니 힘들지 않은가?

이원익 소신이 다리는 못 써도 팔은 마비되지 않아 부축을 받으면 그냥 들어올 수 있습니다. 그러므로 앉은 채로 들어오라는 명을 감히 따를 수 없었습니다.

궤장几杖

1668년(현종 9) 11월 27일 영중추부사 이경석이 74세에 벼슬을 사양하면서 물러나려 하자 현종이 계속 정사를 보게 하면서 공경하는 뜻을 보이기 위해 내린 팔걸이 의자와 지팡이이다. 벼슬이 1품 이상이고 70세 이상된 연로한 관리들에게는 기로연을 베풀어 주고 안락 의자를 하사하였다. _경기도박물관

사궤장연겸기로회지도賜几杖宴兼耆老會之圖

1623년(인조 1) 7월 25일 인조는 원로대신 이원익에게 궤장을 내렸는데, 이때 베푼 잔치 모습이 그림으로 남았다. 이원익은 연로하고 병이 있다는 이유로 8번에 걸쳐 사양했으나, 인조는 "경의 몸은 병들었으나 마음은 진실로 병들지 않았다. 기력이 미치지 못하거든 일년 내내 침실에 누워 있어도 상관없다."라고 하며 궤장을 하사하고 기로연耆老宴을 베풀었다. _국립중앙박물관

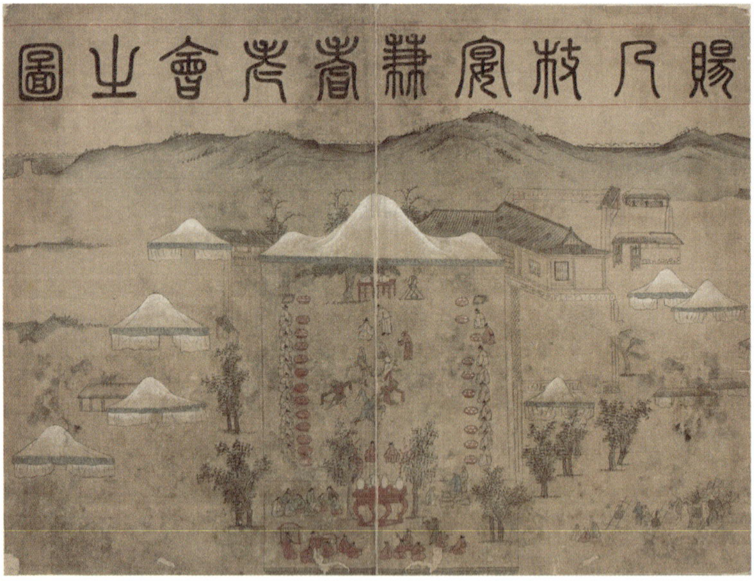

인조는 이원익에게 나라가 위급하고 어려우니 나라를 위해 힘써 달라고 하면서 어찌하면 세상의 도를 바르게 하여 훌륭한 정사를 펼 수 있을지 물었다. 그러자 이원익은 국가의 형세가 너무도 위태롭다 보니 백성들은 의지할 곳도 없고, 무언가를 해 보겠다는 굳은 의지도 없다고 우려하면서 말하였다.

이원익 요즘은 백성을 보호하려는 수령이 있으면 그를 두고 국사國事를 제대로 수행하지 않는다고 평가하곤 하는데, 이는 몹시 잘못된 일입니다. 씀씀이를 절약하여 백성들을 아껴준 다음에야 국가에 낭비가 없어지고 민심을 얻을 수 있습니다. 이것이 바로 성상께서 깊이 생각하셔야 할 점입니다. 신이 또 들으니, 천하의 마음과 소통할 수 있어야만 천하의 급선무를 알 수 있다 하였습니다. 군신 상하가 서로 마음이 통하지 않는다면 어떻게 나라를 다스리겠습니까. 그런데 성상께서는 자신의 견해를 믿고서 신하들을 경시하고 독단으로 처리하시는 일이 많아 군신 간에 서로 신뢰하지 못합니다. 그러니 잘 다스리고자 한들 그렇게 되겠습니까. 국가를 다스리는 데는 요체가 있습니다. 윗사람은 그 다스림의 요체만 총괄하고 세부적인 일은 아랫사람들에게 위임하여 성과를 거두도록 할 수 있어야 다스림에 대해 말할 수 있습니다.

인 조 그 말이 매우 옳다. 옛사람이 "작은 것을 살피다 큰 것을 놓친다."라고 하였는데, 나는 생각이 원대하지 못하고 식견이 부족한 탓에 자잘한 일을 살피느라 원대한 것을 놓치는 결점이 있다. 지금 들은 경의 말을 잊지 않고 마음 깊이 새기겠다. 수령들의 정사가 항상 착실하게 이루어지기를 바라기 때문에 명목과 실제를 따져 고과를 매길 때 이러한 점을 높이 평가하였는데, 경의 말을 듣고 보니 그 높이 평가하는 바를 바로잡아야 될 것 같다. 다만 정도를 어겨 가면서 명예를 구하는 것은 절대 안 될 일이다.

이원익은 수령이 씀씀이를 절약하여 백성을 보호하도록 할 것과 임금은 큰 요체만 총괄하고 세세한 것은 신하에게 위임하여 성과를 거두도록 할 것을 건의하였고, 인조는 명심하겠노라고 약속하였다.

이어 인조는 병력을 강화하기 위한 방법과 큰일을 맡길 만한 인물을 추천해 달라고 하였다.

이원익 고 통제사 이순신李舜臣 같은 사람은 얻기 어렵습니다. 요즘에는 이순신 같은 자를 보지 못하였습니다.

인 조 왜란 당시에 인물이라고는 이순신 하나밖에 없었다.

이원익 이순신의 아들 이예李䓲가 현재 충훈부 도사로 있는데 그도 얻기 어려운 인물입니다. 왜란 때에 이순신이 죽음에 임박하자 이예가 아버지를 안고서 흐느꼈는데, 이순신이 적과 대치하고 있으니 죽음을 알리지 말라고 하였습니다. 이예는 일부러 죽음을 알리지 않고 아무 일도 없는 듯이 전투를 독려하였습니다.

이원익 초상
李元翼肖像
조선 시대 대표적인 청백리로 알려진 이원익의 초상이다. 이 그림은 1604년, 이원익이 호성공신 2등에 녹훈된 것을 기념해 제작한 것이다. 아전은 두려워하고 백성은 사모했다는 평을 받은 그의 엄숙하고 공정한 면모가 잘 느껴진다.

인 조 옛 대신들은 필히 인재를 얻어 천거하였다. 경도 쓸 만한 인재를 천거해 주겠는가?

이원익 이순신 같은 사람이 있다면 천거할 수 있겠지만 신은 병으로 몇 해 동안 칩거하고 있어 사람들과 거의 만나지 못하였습니다. 그러니 누가 쓸 만한지를 어찌 알고 천거하겠습니까. 선묘조에는 신이 이순신의 훌륭함을 알았기 때문에 그를 천거하였고 그가 통제사로 등용되었습니다. 그런데 비변사에서는 원균元均을 천거하여 다시 그를 통제사로 추천하였습니다. 신은 이순신을 체차하고 원균을 등용하면 틀림없이 일을 그르칠 것이라고 서둘러 아뢰었습니다. 그러나 여러 차례 아뢰었는데도 비변사에서는 끝내 이순신을 체차하였습니다. 원균이 일을 그르친 뒤에야 다시 이순신에게 군대를 이끌도록 하였으나 그땐 이미 대세가 기울어져 결국 패하고 말았습니다. 이 일을 생각하면 지금까지도 울분을 가눌 수가 없습니다.

이원익은 아는 사람도 없고 사람을 잘 알아보는 능력도 없어 감히 함부로 말할 수 없다며 구체적으로 인물을 추천하기를 사양하였다. 그리고 전에 자신이 이순신을 천거했으나 체차되어 군대가 패하게 된 일을 두고 매우 안타까워하였다.

이 기사 내에는 이원익이 내시가 가져다 준 죽을 임금 앞에서 먹었다는 기록도 있다. 또 이원익이 자신을 위해 집을 새로 지어 주는 것을 두고 마음이 편치 않다고 말하자 인조가 사양하지 말고 그곳에 거처할 것을 권한 기록도 있다. 경기 백성들이 지금까지 잘 지낼 수 있는 것은 선혜청 덕분인데, 이 선혜청은 이원익이 주장하여 설립한 것이니만큼 백성들도 그가 새로 지은 집에서 사는 것을 싫어할 리가 없다고 설득하는 내용이다. 인조가 이원익을 신뢰하고 대우한 것이 얼마나 극진했는지를 알 수 있는 장면이다.

이때 이원익의 나이는 84세였다. 그는 향촌으로 물러나 지내고 싶다는 뜻을 아뢰었으나, 인조는 선대의 원로일 뿐 아니라 종친이기도 하니 국사를 돌보지 않아서는 안 된다며 이원익을 붙잡았다. 그리고 아무 일 않고 누워만 있어도 국가는 그 덕택에 편안해질 수 있다는 말로 믿음을 표하였다. 이원익은 임금에게 존재 자체만으로도 의지가 되는 신하였다.

싸우자는 김상헌도 화친하자는 최명길도 마음은 하나

1636년인조 14 12월 9일, 청 태종은 직접 13만 대군을 이끌고 압록강을 건넜다. 임경업林慶業 장군이 지키는 의주의 백마산성을 우회하고 곧바로 남하하여, 14일에는 청의 선봉 부대가 홍제원에 도착하였다. 홍제원은 지금의 서대문구 홍제동이다.

다급해진 인조는 이조 판서 최명길崔鳴吉을 홍제원에 있는 청나라 진영으로 보내 시간을 끌도록 하고, 그 틈을 타서 14일 밤늦게 남한산성으로 파천하였다. 청의 선봉 부대는 16일에 남한산성을 포위하였고, 다음해 1월 1일에 청 태종이 도착하였다.

남한산성에는 인조를 비롯한 문무백관과 군사 1만 3,000명 등 약 1만 5,000명이 있었는데, 양곡은 50일 정도 버틸 수 있는 1만 4,300석이 전부였다. 이런 상황에서 인조는 12월 15일부터 남한산성을 포위한 청나라 군대와 대치하며 구원병이 오기만을 기다리는 수밖에 없었다. 그러나 구원병은 오지 않고 식량이 바닥을 드러내면서 성안은 극도의 혼란에 휩싸였다. 신하들은 나라를 지키기 위해서는 청과 강화를 해야 한다는 주화파와 오랑캐 나라와는 절대로 함께할 수 없다는 척화파로 나뉘어 갑론을박하였다. 김상헌金尙憲과 정온鄭蘊 등 척화파의 반대가 극렬했지만, 인조는 최명길 등 주화파의 의견을 수용하여 마침내 강화를 결정하였다.

다음 해인 1637년인조 15 1월 17일에 청 태종은 최후통첩을 해 왔고, 다음날인 18일 인조의 명으로 최명길이 작성한 국서를 놓고 대신들이 문구가 타당한지를 논의하였다. 그런데 이때 예조 판서 김상헌이 들어와서 국서를 찢어 버렸다.

김상헌 군신 상하가 함께 성을 지키다가 하늘의 보살핌을 입는다면 무슨 수가 생기겠지만, 하루아침에 항복을 결정하고 나면 다시는 어찌 해 볼 수가 없습니다. 그런데 오늘 군신이 이것은 생각하지 않고 지레 문서를 작성하여 스스로 명분을 문란하게 하니, 저들이 만약 군신의 의리를 요구하면 끝내 성을 나가지 않을 수 없을 것입니다. 그러나 이것은 염려할 것도 못 됩니다. 국가가 패망하는 데에는 한 가지 이유만 있는 것이 아니니, 가령 이렇게 해서 겹겹의 포위를 벗어난다 한들 앞으로 명분에 대해 무슨 말을 하겠습니까.

인 조 위로는 종묘사직을 위하고 아래로는 신민을 위해 이런 결정을 한 것이니, 내 심정이 얼마나 망극하겠는가. 만약 경의 말처럼 실제로 아무 보탬도 되지 않는다면 이 일은 참으로 부질없겠지만, 이렇게 해서라도 위기를 벗어날 수 있다면 얼마나 다행한 일이겠는가.

김상헌은 나라가 망할 때 망하더라도 명분에 어긋나는 항복을 해서는 안 된다고 역설하였으나, 인조는 나라와 백성을 위하여 어쩔 수 없이

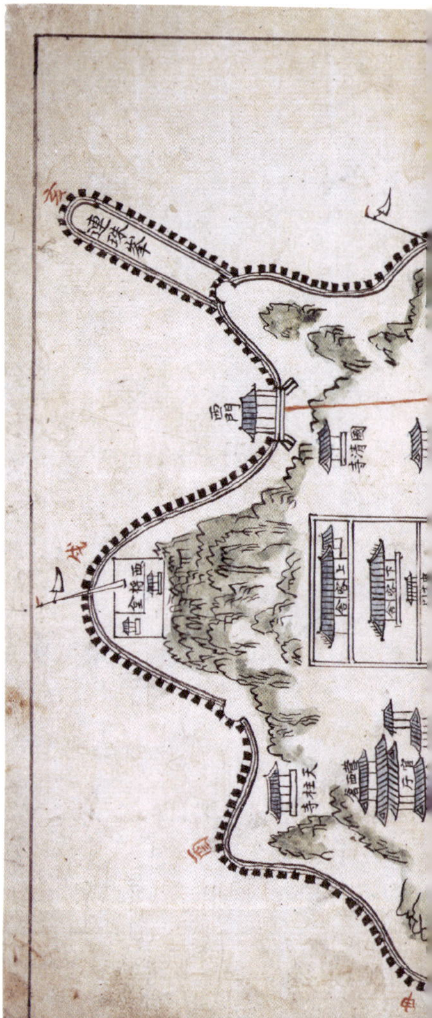

남한산성도南漢山城圖

조선 시대 남한산성은 도성을 지켜주는 보장처保障處로 인식되었다. 1624년(인조 2)부터 대대적인 개축을 시작한 남한산성은 당시 총융사였던 이서李曙의 지휘하에 2년에 걸쳐 새롭게 축성되었다. 1636년 병자호란 때 인조는 남한산성으로 피란하여 약 50일간 청나라에 맞서 싸우다가 1637년 1월 30일 성문을 열고 나가 항복하였다. 현재 남한산성에는 서장대만 남아 있어 그림과 다른 부분이 많지만 우리나라 산성 가운데 당당하고 위엄 있는 규모를 자랑하고 있다. _영남대학교박물관

南漢山城
北門
東門
人和館
鍊兵館
東倉
望月寺
玉井寺
東林寺
東將臺
開元寺

삼전도비三田渡碑
1639년(인조 17) 삼전도에 세워진 청 태종 공덕비로 그 크기가 약 4m에 달한다. 몽고문과 만주문, 한문 세 종류의 문자가 새겨진 유일한 비석이다. 비문은 이경석이 지었는데, 그 내용은 인조가 삼전도에 나가 청 태종에게 항복한 사실을 담고 있다. 이 비는 현재 서울시 송파구 잠실동에 있다. _송파구청

내린 결정이었다고 하였다. 나만갑羅萬甲의 《병자록》과 이긍익李肯翊의 《연려실기술》 등에는 이때 김상헌이 찢어 버린 국서의 조각을 최명길이 주워 다시 붙였다는 이야기가 실려 있다.

김상헌 (국서를 찢고 통곡하며 최명길을 꾸짖었다.) 공의 선친은 명성이 자자한 분인데 공이 어떻게 이런 일을 할 수 있는가.

최명길 어찌 대감이 옳지 않다고 하겠습니까마는, 이는 부득이한

상황에서 내린 결정입니다.

김상헌 차라리 날 묶어서 오랑캐 진영으로 보내 주게.

최명길 (쓸쓸히 웃으며) 대감이 찢었으니 제가 주워야 하겠지요. (오랑캐에게 보내는 답서를 주워 모아 붙였다.)

결국 1637년 1월 30일에 인조는 남한산성을 나가 삼전도에서 청 태종에게 항복하였다.

정묘호란과 병자호란이라는 두 번의 전쟁을 겪는 동안, 최명길은 국가의 존립과 백성의 안녕을 최우선으로 해야 한다면서 화친을 주장하였다. 반면 김상헌은 오랑캐인 청나라와 타협하는 것은 있을 수 없는 일로 나라가 망한다고 해도 명분은 지켜야 한다는 입장이었다.

후일 김상헌과 최명길은 각각 다른 일로 청나라로 붙잡혀 갔다가 심양의 감옥에서 다시 만났다. 그곳에서 다시 만난 그들의 심정은 어떠하였을까? 서로 상대의 처지를 이해하였을까?

임금의 옥체이니 조심하고 또 조심하라

임금은 태어나면서 생을 마칠 때까지 여러 통과 의례를 거친다. 성인으로 인정받는 관례冠禮, 세자 책봉이나 성혼 예식인 가례嘉禮, 성균관에 입학하는 입학례入學禮 등이 그 대표적인 예이다. 그리고 임금이 세상을 떠나면 온 백성이 상복을 입는 국상國喪의 예를 치른다. 《승정원일기》에는 이런 의식 절차에 대한 기록이 상세하게 실려 있다.

1724년경종 4 8월 25일, 경종의 국상 때 당시 왕세제였던 연잉군과 경종의 계비인 선의왕후가 지켜보는 가운데 목욕 의식을 행하였다.

> 왕세제가 원상院相 이광좌李光佐를 안으로 들게 하자 유명응兪命凝, 민기閔圻, 조적명趙廸命이 따라 들어왔다. 침상은 방 가운데 북쪽 가까이에 있었고, 대행왕은 머리를 동쪽으로 두고 있었다. 침상 위에 홍연화문 복석, 비단 요, 화문홍연석이 순서대로 포개어 깔려 있었다. 대행왕의 옥체는 자색 이불을 덮고 그 위에 곤룡포를 덮고 있었다. 왕세제는 머리를 풀고 연마도복 차림으로 침상 북쪽에 앉고, 신하들은 동쪽에 엎드렸다.
>
> 내시가 작은 베개를 빼고 높은 베개로 바꿔서 받쳤는데 모두 자색이었다. 이어서 홑이불을 침상 위로 들어 올려 휘장처럼 전면에 드

경종빈전도감의궤景宗殯殿都監儀軌

1724년(영조 즉위년) 8월 경종이 승하함에 따라 시신을 모시는 빈전을 설치하고 운영하였던 일을 기록한 책이다. 8월 25일 경종이 창경궁 환취정에서 승하한 뒤에 29일 창덕궁 선정전에 빈전을 설치하고 시신을 모셨다. 한순간 한순간 조심스럽고 엄숙하게 진행되었던 경종의 장례 절차들을 살필 수 있는 책이다. _규장각한국학연구원

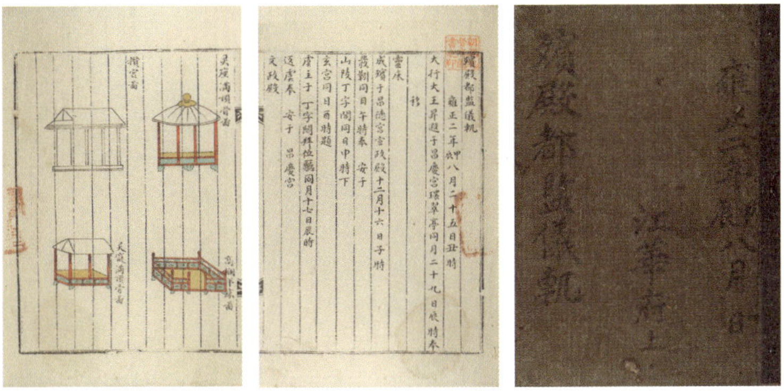

리우고는 집사들과 내시 몇 명만이 그 안으로 들어가 앉았다.

내시 한 명이 대모빗을 가지고 머리를 빗질하여 상투를 틀고 평소 쓰시던 조모라 모자를 씌웠다. 그 다음에 향탕香湯 2동이, 베수건 2개, 명주 수건 1개를 받들어 올렸다.

내 시 (다시 그릇 1개를 받들어 올린다.) 청량미를 씻은 뜨물과 단향을 달인 탕을 대령하였습니다.

집사자 이 탕은 어디에 쓰는 것인가?

혹 자 얼굴 부위에 사용할 것입니다.

(드디어 얼굴을 닦았다.)

이광좌 손톱 발톱을 일시에 다 자를 필요는 없습니다. 먼저 손톱을

자르고서 머리를 감기고 그 다음에 발톱을 자르고 옥체를 닦을지, 아니면 편의대로 할지 여쭙니다.

왕세제 편의대로 하라.

(내시가 작은 칼 2개와 가위를 내놓았다.)

이광좌 심유현沈維賢에게 손톱 발톱을 자르게 하고, 신도 함께 들어가서 옥체 가까운 곳에서 검사하고 지휘하는 것이 어떻겠습니까?

왕세제 그렇게 하라.

이광좌 (일어나 휘장처럼 쳐 놓은 홑이불 안쪽으로 들어가서 사옹

경종 의릉景宗懿陵

조선 제20대 왕인 경종의 능이다. 경종은 숙종과 희빈 장씨의 사이에서 태어났으나 어렸을 때부터 몸이 약하여 왕위에 오른 지 4년 만에 세상을 떠났다. 자식이 없어 이복동생인 연잉군이 왕세제로 책봉되었다가 경종 승하 후 왕위를 이었다. 의릉은 현재 서울시 성북구 석관동에 있다. _문화재청

원 주부 심유현을 경계하며) 칼이 너무 예리한 듯하네. 칼이 너무 예리하면 자를 때 실수하기 쉬우니, 조심하고 또 조심하시게.

(손톱과 발톱을 다 자르고 나니 밀창군 이직李樴이 붉은 비단 주머니 6개를 가지고 와서 좌우의 손톱과 발톱, 머리카락, 빠진 이를 담고는 글씨를 써서 식별해 놓았다. 목욕하기 전에 덮었던 곤룡포를 들어 병풍에 걸었다. 이불을 걷고 입고 있는 바지를 벗겼다. 윗옷은 양 소매를 찢었다. 드디어 목욕을 행하였다.)

이광좌 홑이불로 가리긴 했어도 얼굴 부위가 노출된 지 오래되어 보고 있자니 몹시 편치 않습니다. 무언가로 덮는 것이 어떻겠습니까?

왕세제 솜으로 덮으라.

(목욕을 마쳤다. 남색 장의障衣를 덮고 다시 자색 이불을 덮었다.)

같은 날짜의《경종실록》에는 입시한 신하 정도만 기록되어 있다. 그런데《승정원일기》에는 의식에 참석한 왕세제와 신하들이 앉는 방위는 물론이고 대행왕의 옥체가 누워 있는 위치와 침상에 까는 자리와 요, 베개 빛깔, 또 대행왕의 몸을 덮은 옷, 이불 등이 상세히 기록되어 있다. 이불을 걷어서 침상 앞에 드리워 가리고 집사자와 내시 몇 사람이 들어가서 얼굴을 닦고, 손톱과 발톱을 깎고, 옷을 벗겨 목욕을 시킨 뒤 마무리하는 모습까지 모든 과정이 순서대로 기록되어 있다. 또 날카로운 칼에 대행왕의 옥체가 상하지 않도록 경계하고 왕후가 놀라지 않도록 얼굴 부위를 가리자고 왕세제에게 청하는 등, 의식이 치러지고 있는 동안 소홀함이 없도록 감독하고 배려하는 대신의 긴장된 목소리도 함께 기록되어 있다. 진행되는 상황을 생생하게 담고 있어서 조심스럽고 엄숙한 현장을 가까이서 들여다보고 있는 것 같다. 8월 25일에 승하한 경종은 이런 절차를 거쳐 이 해 12월 16일 의릉懿陵에 묻혔다.

임금과 신하는 아비와 자식 같거늘

무신란戊申亂은 1728년영조 4 3월 15일에 소론 과격파와 남인 세력이 연합하여 일으킨 반란 사건이다. 무신란은 이인좌李麟佐가 주동자였으므로 '이인좌의 난'이라고도 한다. 주동자인 이인좌, 정희량鄭希亮, 박필현朴弼顯 등은 경종이 독살되었다고 주장하고, 경종을 위하여 군사를 일으킨다는 명분을 내세웠다. 진중陣中에 경종의 위패를 모셔 놓고 아침저녁으로 곡을 하고, 또 소현세자의 증손 밀풍군 이탄李坦을 임금으로 추대하였다.

이인좌는 반군을 이끌고 3월 15일에 청주성을 공격하여 함락하고 경기도 안성까지 올라왔다. 이때 도순무사 오명항吳命恒이 이끄는 관군이 3월 24일에 안성의 청룡산에서 반군을 물리치고 이인좌 등을 체포하자 반군 세력이 급격히 와해되었다. 이어서 오명항이 영남 등지에 남아 있는 잔당을 토벌하고, 4월 19일에 개선함으로써 달포 만에 난이 평정되었다. 영조는 무신란을 진압하는 데 공을 세운 오명항 등 15명을 공신으로 책정하고, 그 명칭을 '분무 공신奮武功臣'이라 하였다.

영조는 무신란이 수습되자 4월 22일에 비망기를 내렸다.

> 아! 이번 역적의 변란이 어디서 비롯되었는가? 특별히 다른 계기가 있었던 것도 아닌데, 무슨 심보로 다시 당파를 지을 생각으로 나

오명항 초상吳命恒肖像
오명항이 이인좌의 난을 평정한 공으로 분무 공신 1등에 녹훈된 것을 기념하여 제작한 것으로 보인다. 1728년(영조 4) 3월 24일 도순무사인 오명항이 이끄는 관군이 안성의 청룡산에서 반군을 물리쳐, 난을 진압하는 데 결정적인 공을 세웠다.
난리 속에서 뛰어난 위기 관리 능력을 보였던 그의 흔들림없는 태도가 초상에서도 잘 느껴진다.
_경기도박물관

라의 형세를 이렇게 만들어 백성을 보호할 수 없게 하는가. 각자 사적인 원한이 있더라도 조정에서 감히 원수로 지낼 수는 없는 것이다. 이는 옛일을 통해서도 분명하게 살펴볼 수 있고, 이에 대해서는 선대 조정에서도 신칙한 일이 있다. 어찌 감히 사적인 원한 때문에 임금의 조정에서 벼슬하지 않을 수 있는가. 이러한 의리는 해와 별처럼 환하여 알기 어렵지 않다. 당초 원수로 여길 만한 일이 없는데도

선조 어필宣祖御筆과 그림

선조가, 중국 당나라 한유韓愈가 독서하러 성남에 가는 아들 부符에게 지어 준 시를 적은 것 중 일부이다. 두 집안에서 각각 자식을 낳아 기를 적에 아기 때에는 재주가 그만그만했고 조금 자라 노닐 때에도 무리 지어 노니는 물고기나 다름없지만 커가면서 얼마나 노력하느냐에 따라 그 성공 여부가 크게 달라진다는 내용을 담고 있는 시이다. _규장각한국학연구원

그림은 선조가 난초와 대나무를 그린 것이다. 난초의 청초한 멋과 대나무의 고결한 느낌이 잘 전해지는 그림이다. _한국학중앙연구원 장서각

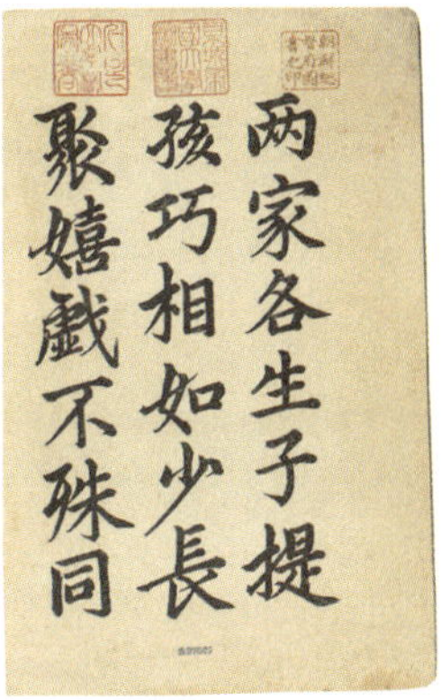

당이 같은 사람들끼리 당파에 얽매여 거취를 함께하기까지 한다. 의리의 세밀한 부분에 대해서야 내가 잘 알 수 없지만 연석에서 한번 분명하게 일깨워 줄 것이다.

아! 임금과 신하는 아비와 자식의 관계와 같다. 아비가 환난을 겪었는데 그 자식이 감히 변란이 막 평정되었다면서 아비를 떠나 먼 곳으로 가서 부모는 돌아보지 않고 붕우만을 위해서야 되겠는가. 선조宣祖께서 의주에 머무실 때 지은 시를 내가 오늘 삼가 낭송한다. 신하들은 나의 말을 마음에 새겨 오늘의 하교가 종이 위의 빈말이 되지 않도록 하라. 그러면 나라를 위해 참으로 다행스러울 것이다.

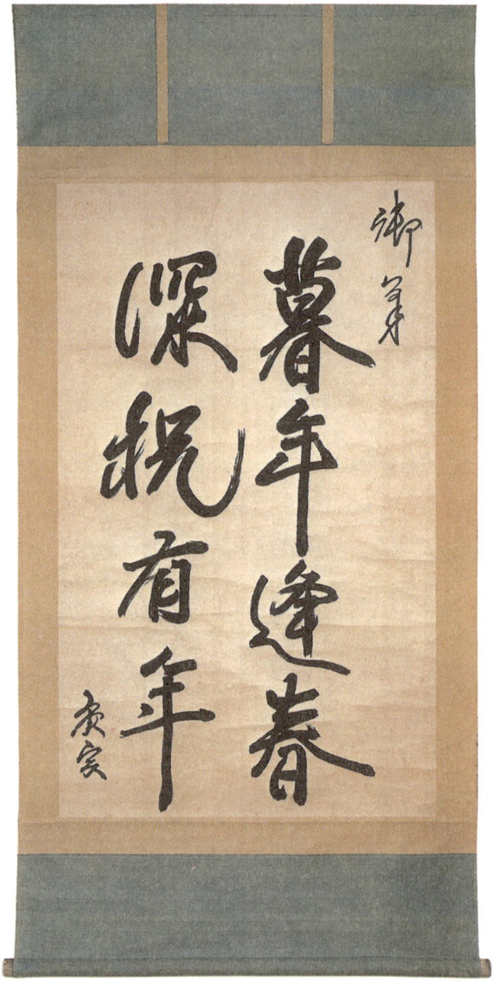

영조어제어필英祖御製御筆
1770년(영조 46) 경인년에
영조가 쓴 어필이다.
"늙어서 봄을 맞아 올 한해도
풍년이 들기를 간절히 바란다."라는
내용이다. 백성들이 바라는 것은
그저 굶주림을 면하고 헐벗지
않는 것 정도인데, 이런 소박한
바람도 농사의 풍흉에 달려 있었다.
왕이 새봄에 풍년을 바라는 마음은
바로 백성들을 아끼고 걱정하는
마음이라고 할 수 있다.
_한국학중앙연구원 장서각

영조는, 먼저 자신이 덕이 없어 나라를 잘 다스리지 못했음을 반성하고, 이어서 무신란이 당쟁으로 인한 사적인 원한 때문에 일어났다고 지적하였다. 그러면서 임진왜란 때 선조가 의주로 피난 가서 지은 시를 낭송하였다.

나랏일이 다급할 때	國事倉黃日
누가 이광필李光弼과 곽자의郭子儀 같은 충성 바칠까.	誰能李郭忠
도성을 버린 것은 국가 대계를 위함이었으니,	去邠存大計
회복하는 일은 신하들에게 의지하리라.	恢復仗諸公
관산 달을 바라보며 통곡하고,	慟哭關山月
압록강 바람을 맞으며 상심하노라.	傷心鴨水風
조정 신하들 오늘 이후로도	朝臣今日後
다시 서인 동인을 말할까.	尙可更西東

시를 낭송해 더 이상 다툼이 없기를 바라면서 영조는 대제학 윤순尹淳에게 이 비망기를 언문諺文으로 번역하여 널리 선포하라고 명하였다. 영조는, 무신란이 당쟁으로 정계에서 축출된 사람들의 불만 때문에 일어났고, 더 근본적인 이유는 당론이라고 생각하였다. 또 당쟁으로 인하여 왕권의 존립마저 위태로워질 수 있다는 사실을 절감하였다. 이러한 분위기는 영조가 표방해 온 탕평蕩平의 명분을 강화해 주었고, 나아가 탕평파가 정국을 주도할 수 있는 계기가 되었다.

탕평을 마음에 새기라

1742년영조 18 3월 26일, 아침에 성균관의 명륜당에서 왕세자의 입학식을 거행하였다. 장남 효장세자가 죽은 후 14년 만에, 금쪽 같은 둘째 아들이 여덟 살이 되어 입학식을 하게 되었으니, 당시 영조의 기쁨은 말로 다하기 어려웠을 것이다. 이때의 왕세자가 바로 훗날 사도세자이다. 영조의 두 아들은 모두 세자로 책봉되었지만 임금이 되지는 못하였다. 효장세자는 영조 4년에 병으로 죽었고, 사도세자는 영조의 나이 40세에 얻은 아들이었지만 뒤주에 갇혀 불행하게 생을 마감했기 때문이다.

이날 사시오전 9~11시에 영조는 창덕궁의 영화당으로 거둥하여 장의 2명과 집사 11명을 만났다. 조금 전에 마친 왕세자 입학식 행사에 유사로 참여한 성균관 유생을 불러 하교할 일이 있었던 것이다. 영조는 먼저 이들의 노고를 치하하고 선물을 하사하였다.

영 조 내가 세자에게 유생 복장을 하고 입시하여 나와 함께 너희들을 만나 보게 하는 것은 뜻한 바가 있어서이다.

영 조 윤재동尹在東은 앞으로 나와 서라. 너도 선조宣祖의 외손이니 홍낙성洪樂性과 다르지 않다. 선조께서 지은 시를 조금 전에 홍낙성에게 일러주었다. 너의 부친도 지금 벼슬하고

왕세자 입학도王世子入學圖
순조의 아들 효명세자孝明世子가 아홉 살 되던 1817년(순조 17) 3월 11일 성균관 명륜당에서 입학식을 거행할 때의 그림이다. 명륜당 안 서안書案과 서 있는 두 신료들 사이 공간이 효명세자가 있었던 자리이다. 아홉 살 어린 나이였던 세자가 수많은 신하들 앞에서 어떤 심정으로 입학식을 치렀을지 궁금하다. _고려대학교도서관

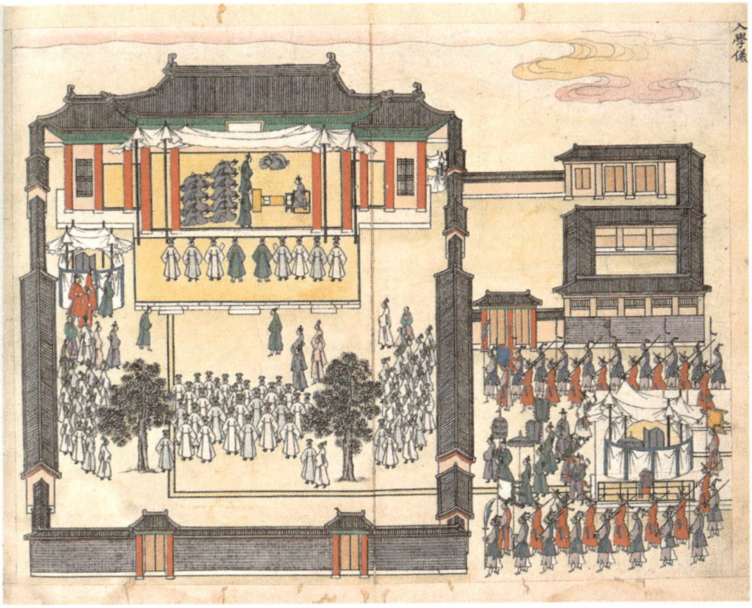

있으니 다른 사람들과는 더욱 경우가 다르고 특별하다. (이어 친필 어제御製 1장을 주었는데, 그 내용은 다음과 같다.)

공평하고 편벽되지 않음은 곧 군자의 공정한 마음이요,

周而不比 乃君子之公心

편벽되고 공평하지 않음은 바로 소인의 사사로운 마음이다.

比而不周 寔小人之私意

영 조 이것을 돌에 새겨 반수교 위에 세우라. 앞의 '주이불비, 비

> 이부주' 8자는 공자의 말씀이고, 뒤의 '내군자지공심, 식소인지사의' 12자는 이 시절을 탄식하고 후생들을 면려하는 의미이다. 사관은 어제를 보고난 뒤에 재임齋任에게 내주어 돌아가 성균관 대사성에게 전달하게 하라. 후세에 공평한 마음을 가진 사람이라면 반드시 내 마음을 알 것이다.

영조는 이 자리에서 선조의 사위 홍주원洪株元과 윤신지尹新之의 5대손인 홍낙성과 윤재동에게 특별히 당부하여 지금은 비록 성균관의 유생이지만 나중에 벼슬을 하게 될 것인데 벌써부터 당론에 빠지면 안 된다고 하였다. 세자가 입학하는 경사를 계기로 성균관 유생에게 당습에 얽매이지 말 것을 당부하고, 친필로 그 뜻을 담은 글을 써서 내리고 돌에 새기게 하였다. 이로써 공평한 마음을 가진 군자로 성장하여 탕평의 정치를 이끌어 줄 것을 기대한 것이다. 이때 세운 '탕평비'는 현재 성균관 앞에 남아 있다.

영조는 81세 때인 1774년 4월 18일에 경희궁 집경당에서 자신의 업적 6가지를 말하였는데, 그 첫 번째를 '탕평'이라 하였다. 즉위 과정에서 치열한 당쟁을 목격하고, 즉위한 뒤에도 자신을 임금으로 인정하지 않는 무신란을 겪으면서 왕권을 확립하고 국정을 수습하여 민생을 안정시키기 위해서는 당론을 조절하여 정국을 안정시키는 탕평책이 최상의 정책이라고 확신했다. 때문에 52년의 통치 기간 내내 탕평을 화두로 삼아 추진했던 것이다.

그러나 이후 수백 년이 지난 오늘날도 정책 결정이나 정국 운영을 둘러싸고 여당과 야당 간에, 같은 당에서도 계파 사이에 의견이 달라서 대

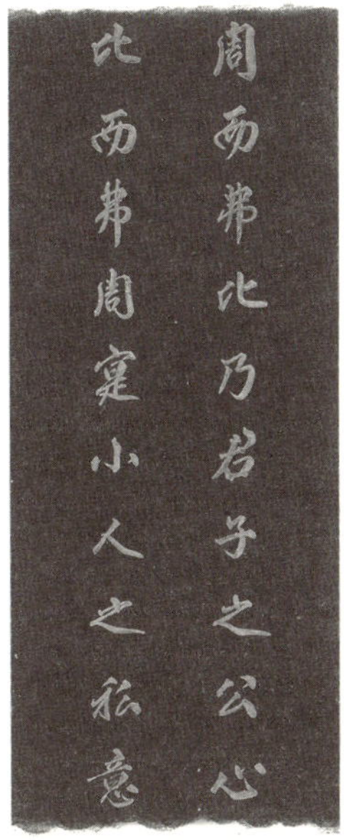

탕평비蕩平碑
영조가 자신이 추진했던 탕평책을 성균관 유생들에게 알리고 당쟁을 경계하기 위하여 세운 것이다. 1742년(영조 18) 3월 26일 사도세자의 입학식을 맞이하여 집사로 참여하였던 유생들에게 이 비문을 어필로 써서 내리고 성균관 반수교 옆에 비석을 세우라고 명하였다. 현재 이 비는 서울시 종로구 명륜동 성균관 앞에 있다.

립하는 경우를 종종 볼 수 있다. '탕평'이란 화두가 아직까지도 풀리지 않고 있는 현실이 안타까울 뿐이다.

판서와 낭청의 기 싸움

조선의 인사 관행에서 당상관 후보는 이조의 최고 책임자인 판서가 참의와 함께 결정하지만, 당하관 후보는 이조 낭청과 함께 결정한다.

1734년영조 10 9월 20일 대간臺諫과 승지 후보를 결정할 일이 있었다. 이때 이조 판서 송인명宋寅明과 실무 관원인 이조 낭청 윤급尹汲 사이에 다툼이 일었다. 지금으로 치면 안전행정부 장관과 5급 사무관이 인사를 두고 대립한 셈이다. 송인명은 소론 계열로 탕평을 지지하였고, 윤급은 노론 계열의 인물이었다. 대간은 관료를 감찰하고 탄핵할 수 있는 대관臺官과 임금에게 글을 올려 간쟁하고 논박하는 임무를 맡은 간관諫官을 합하여 부르는 이름이다. 이 막강한 힘을 지닌 자리의 후보를 두고 서로 치열한 다툼을 벌인 것은 어느 정도 예견된 일이었다.

이날 이조 판서 송인명이 주관한 인사위원회인 이비吏批에서 영조에게 보고를 올렸다. 이날 정사에서 대간 후보를 새로 정하는데 윤급이 권한을 독점하였고, 승지 후보로 이현보李玄輔를 불렀을 때에는 붓을 던지고 나갔다는 내용이었다. 결국 윤급은 이 일로 파직되었다. 그 후 1736년 1월 19일, 윤급은 겸보덕으로 있으면서 상소를 올려 당시에 있었던 일을 상세히 밝혔다. 그가 올린 상소 내용을 가지고 1734년 이비에서 있었던 장면을 재구성해 보면 다음과 같다.

호조낭관계회도
戶曹郎官契會圖

조선 중기(1550년 경)
호조의 전·현직
낭관들의 모임을
기념하여 그린
그림이다. 각 관서의
낭관들은 해당 관서의
실무를 처리했던 핵심
관원이었는데,
특히 이조와 병조의
낭관들은 문반과
무반의 인사에 적극
관여하였다.
_국립중앙박물관

윤 급 (붓을 던지면서) 앞으로 제가 다시 이 자리에 있을 수 없겠지만 방금 한 정사에 관해서 다 말할 것입니다.

(이조 판서가 손을 흔들며 막았다.)

윤 급 교서관 겸교리와 사간원 헌납의 후보는 전관銓官이 담당하는 후보인데, 한 번 정사에서 다섯 명의 후보를 올리는 것은 전에 없던 일로, 이렇게 해서는 안 됩니다. 다만 후보의 순서는 맞아 오원吳瑗과 김약로金若魯 두 사람은 이 자리에 적합합니다. 그러나 헌납 후보에 오른 세 사람의 경우는 말들이 매우 많아 시간이 갈수록 점점 더 여론이 들끓고 있으니, 다시는 이들을 그 자리에 후보로 올려서는 안 됩니다. 그러니 전처럼 선발을 극히 신중히 해야 합니다.

송인명 나는 스스로 공론公論이라고 여겼는데, 낭청이 이렇게 말하니 내 어찌 아무렇지도 않겠는가. 옥당으로 옮겨 제수되면 상소하겠는가?

윤 급 (웃으면서) 제 말에 따라 하기만 한다면 직임이 바뀐들 어찌 꼭 상소할 것이 있겠으며, 판서께서도 어찌 편치 않을 까닭이 있겠습니까.

(윤급이 즉시 일어나 나갔다. 이날 또 정사가 있었다.)

송인명 이번 정사에서 참의를 차출해야겠네.

윤 급 참의 후보를 새로운 인물로 올리는 일을 놓고 참판과 서로 논란이 있었다고 들은 것 같은데, 참판이 들어온 뒤에 차출해도 늦지 않을 것입니다.

송인명宋寅明과 윤급尹汲의 초상肖像
영조가 추진한 탕평을 적극 지지한 송인명의 초상(왼쪽)이다. 덥수룩한 수염이 인상적이다. 초상을 보면서 그 당시 이조 낭관과 인사를 두고 치열한 다툼을 벌인 모습을 상상해 본다. _개인소장
윤급이 훗날 판서를 지낼 때의 초상이다. "사람들이 논의가 지나치게 준엄하다고도 말하지만, 충忠과 역逆의 의리에 엄격하고 지조가 있었다."라는 실록 졸기卒記의 평가 기록을 초상을 살펴보며 떠올려 본다. _국립중앙박물관

송인명 내가 이미 참판과 상의했는데 어찌 꼭 그가 참석하기를 기다리겠는가.

윤　급 아무리 상의를 했어도 조금 기다렸다가 인원을 갖춘 뒤에 하는 것이 좋겠습니다.

송인명 어찌 이리도 고집을 부리는가. 지금 차출하지 않으면 걸리는 일이 많아질 것이네.

(윤급은 하는 수 없이 따랐다. 송인명은 이종성李宗城 · 정우량鄭羽良 · 김진상金鎭商 세 사람을 이조 참의 후보로 올렸다. 윤급이 후

보 명단을 적으면서 말하였다.)

윤 급 전관의 후보를 정할 때는 본래 차례가 있으니, 이렇게 뒤바꿔 적어서는 안 됩니다.

송인명 정우량의 자급이 김진상보다 앞서니 두 번째로 적는 것이 당연하네.

윤 급 전관의 후보는 다른 관직의 후보와는 달라 반드시 전랑이 된 차례대로 해야 격례에 맞아 뒷말이 없을 것입니다.

송인명 정우량, 김진상 순으로 적는다 해서 문제될 게 뭐가 있는가?

윤 급 김진상, 정우량 순으로 적는다 해서 문제될 건 또 뭐가 있습니까? 정우량은 이제 막 벼슬길에 오른 사람이고 김진상은 이미 전랑을 거친 사람이니, 그 선후에 분명한 차이가 있습니다. 게다가 김진상은 부제학 후보로도 올랐던 사람이니 자급이 조금 높은 것보다 더 중요하지 않겠습니까?

이조 판서 송인명과 낭청 윤급이 인사를 두고 벌인 기 싸움은 두 사람에게 어떠한 여파를 미쳤을까? 논쟁이 있은 후에 송인명이 후보로 올린 이종성은 이조 참의가 되어 윤급이 다시 낭청 후보에 오르는 것을 방해하였다. 윤급이 앞서 낭청이었을 때 자신과 당론이 다른 자를 저지했다는 이유에서였다. 그 후 이종성이 파직되고 신방申昉이 이조 참판이 되었을 때, 다시 윤급을 낭청 후보에 올리고자 하였다. 그러나 판서 송인명은 윤급을 응교로 승진시키면서까지 이조 낭청이 되는 것을 반대하였고, 그 뒤에 바로 자기 쪽 사람인 이종성을 참의 후보에 올렸다. 이처럼 두 사람 사이에 인사를 두고 벌인 논쟁은 이후 정치 행보에 영향을 미쳤다.

삼사三司를 통해 정치적 논쟁을 벌였던 조선의 정치 구조 안에서 삼사의 관원 추천권을 가진 낭청의 자리를 두고 다툼을 벌였던 것은 어찌 보면 당연한 일인지도 모른다. 1741년영조 17 4월에 당시 좌의정인 송인명이 참여한 자리에서 이조 낭청의 선발과 관련한 9개 조항의 절목이 제정되었다. 그 가운데에는 이조 낭청이 당하관의 후보를 결정하는 것을 혁파하는 내용이 포함되었다. 영조 10년에 있었던 이조 판서와 낭청의 의견 대립이 결국 이조 낭청의 당하관 후보 결정권을 없애는 데 영향을 미친 셈이다.

당시의 정치적 논란은 논외로 하더라도 한 나라의 인사 책임자인 판서와 인사권을 가진 낭청이 인사를 두고 벌인 치열한 기 싸움을 보면 인사가 공정하기란 얼마나 어려운 일인지를 실감할 수 있다.

영조와 사도세자의 어느 봄날

사도세자思悼世子는 영조의 둘째 아들이면서 영조에 의해 뒤주에 갇혀 죽음을 맞이한 비운의 왕세자이다. 하지만 사도세자의 어린 시절에는 이런 참혹한 운명을 상상조차 할 수 없었다.

1738년영조 14 1월 21일《승정원일기》에는 영조와 어린 사도세자가 창덕궁 양정합에서 함께하는 장면이 기록되어 있다. 영의정 이광좌李光佐, 영중추부사 이의현李宜顯, 판중추부사 서명균徐命均, 우의정 송인명宋寅明, 부원군 어유귀魚有龜, 청양군菁陽君 유엄柳儼, 세자시강원 사서 김상구金尙耈 등이 함께한 자리였다. 이 자리에서 사도세자를 바라보는 영조의 눈길은 여느 아버지처럼 다정하기 그지없었다.

이광좌 오늘은 먼저 용안을 살피고 다음에 동궁을 살피는 것이 어떻겠습니까?

영 조 그리하라.

이광좌 동궁의 안색은 전보다 더 발그레하고 윤기가 흐릅니다.

영 조 그렇다.

이광좌 오늘 동궁이 책을 읽으려고 할지요?

영 조 오늘 동궁이 책을 읽고 싶어 한다.

이광좌 큰 소리로 시원하게 읽을 수 있겠지요?

(동궁이 나지막한 소리로 글을 읽었다.)

영 조 동궁 소속 관원 한 사람이 나와서 글 읽기를 도우라.

(김상구가 나와 엎드렸다.)

김상구 신들이 먼저 읽어야겠지요?

(영조가 동궁에게 말하였다.)

영 조 네가 먼저 읽겠느냐?

(동궁이 대답하지 않았다.)

영 조 (웃음을 지으며) 글씨를 쓰겠느냐?

(내시가 종이 2장과 함께 붓과 벼루를 가져왔다. 동궁이 붓을 잡고 글자를 썼다.)

영 조 (웃음을 지으며) 글자 쓰는 건 어려워하지 않는데 글 읽는 건 몹시 싫증을 낸단 말이야.

이광좌 신이 사부로 있으니, 오늘 쓴 글씨를 받고 싶습니다.

(영조가 동궁에게 하교하였다.)

영 조 글씨 쓴 종이를 네 스승한테 갖다 드려라.

(동궁이 즉시 일어나서 이광좌에게 직접 주었다. 이의현과 서명균이 잇따라 서로 글씨를 달라고 청하였다. 동궁이 다시 글씨 쓴 종이 1장을 어유귀에게 주었다.)

사도세자는 1735년영조 11에 태어났다. 1738년 1월에 있었던 일이니, 이제 겨우 네 살이 되었을 때였다. 큰 소리로 책을 읽어 보라는 스승의 권유에 수줍은 듯 기어들어가는 소리로 책을 읽었다. 영조는 아들이 책

사도세자가 어린 시절에 쓴 글씨(동궁보묵, 사도세자간찰첩, 효봉)

'군신유의君臣有義'는 8세 때 쓴 글씨를 모아 엮은 필첩《동궁보묵東宮寶墨》에 있는 글씨이다. 필획이 바르고 크며 글자체가 정확하고 위엄이 느껴진다는 평을 받았다. _규장각한국학연구원

'안부하여安否何如'는 10세 때 혜경궁 홍씨를 세자비로 맞이한 후 장인 장모에게 문안하는 첫 번째 편지이다. 1806년(순조 6) 사도세자가 장인인 홍봉한洪鳳漢에게 보낸 간찰을 혜경궁홍씨가 수습하여 만든 간찰첩에 들어 있다. _일본 야마구치현립도서관, 권두환 사진제공

'효봉孝奉' 두 글자는 효성으로 부모를 봉양한다는 뜻이다. 혜경궁홍씨에게 안부를 묻는 홍용한의 어머니에게 직접 써서 내린 것이다. _개인소장, 수원화성박물관 제공

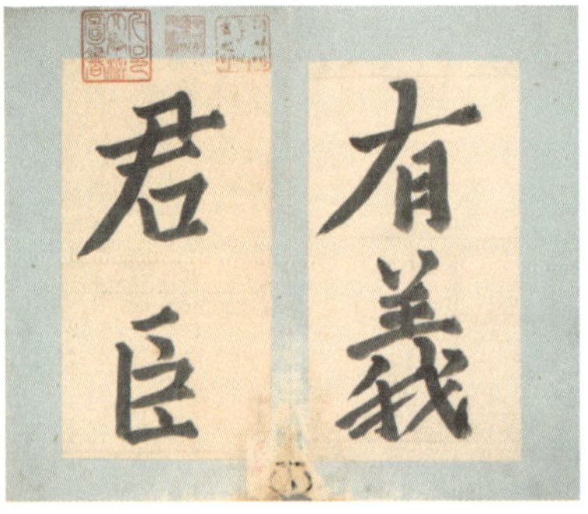

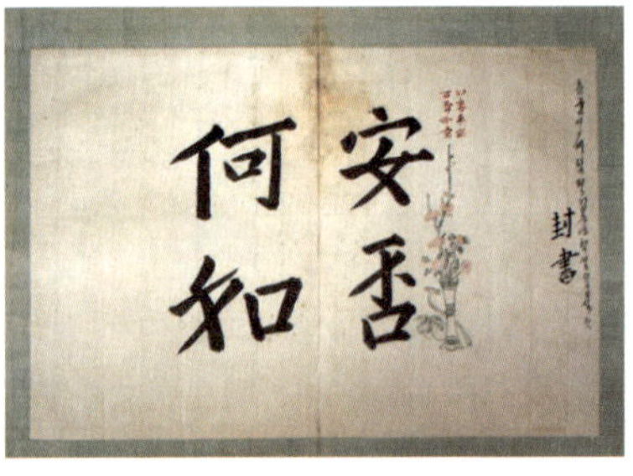

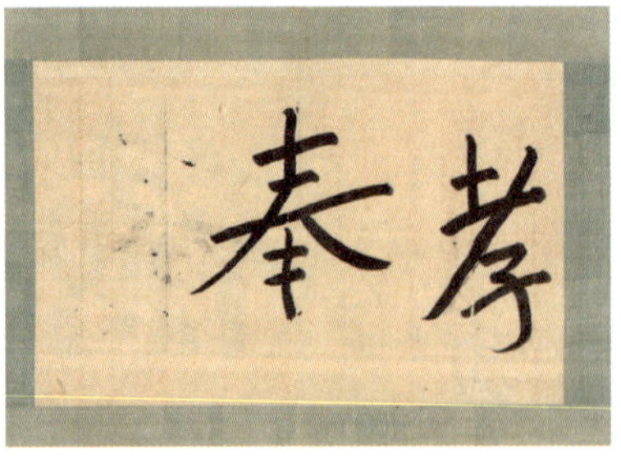

읽을 생각이 없다는 것을 알고 빙그레 웃으며, 글씨를 써 보라고 권했다. 그리고 신하들과 함께 아들이 글씨 쓰는 모습을 흐뭇하게 지켜보았다.

이광좌 동궁이 일찌감치 온화한 모습을 갖추고 슬기로운 지혜를 이루었으니, 훗날 조금만 노력해도 크게 이룰 것입니다. 종묘사직을 생각할 때 더없이 큰 기쁨과 경사입니다. 다만 어린 사람에게 올바름을 길러줄 때에는 솔선해서 가르치는 것 만한 일이 없습니다. 비록 어리긴 하지만 반드시 바르고 공경스러운 태도로 성취해 나가기를 신은 바랍니다.

영 조 맞는 말이다.

서명균 말은 법도가 되고 행동은 모범이 되는 것이니만큼 오늘날 동궁을 인도하는 방법으로 전하께서 솔선수범하시는 것만큼 좋은 것이 없습니다. 그런데 전하께서는 평소 감정 조절을 잘 못하시는 점이 많으니, 신은 우선 성상께서 돌이켜 살펴보시어 더욱 힘쓰시기를 바랍니다.

송인명 슬기로운 자질을 성취하는 데는 바른 사람을 궁관으로 두는 것이 가장 좋습니다. 반드시 잘 선택하여 오랫동안 담당하게 하는 것이 좋겠습니다.

유 엄 신은 마음속으로 늘 종묘사직을 근심해 왔는데, 오늘 연석에 나와 동궁의 총명한 모습을 보니 걱정이 싹 사라졌습니다. 종묘사직을 생각할 때 매우 다행스러운 일입니다.

이로부터 3년이 지난 1741년 6월 22일 미시오후 1~3시에, 영조는 경

경현당 어제어필 화재첩景賢堂御製御筆和載帖
1741년(영조 17) 6월 22일 영조가 《춘추》 강독을 마치고 선온宣醞하려고 승정원과 홍문관 신료들을 경덕궁 경현당에서 만난 모습을 그렸다. 중앙에 영조의 어좌를 그리고 우측에 사도세자의 자리를 배치하였다. 영조와 사도세자가 한 화폭에 등장하는 유일한 그림이다. _서울역사박물관

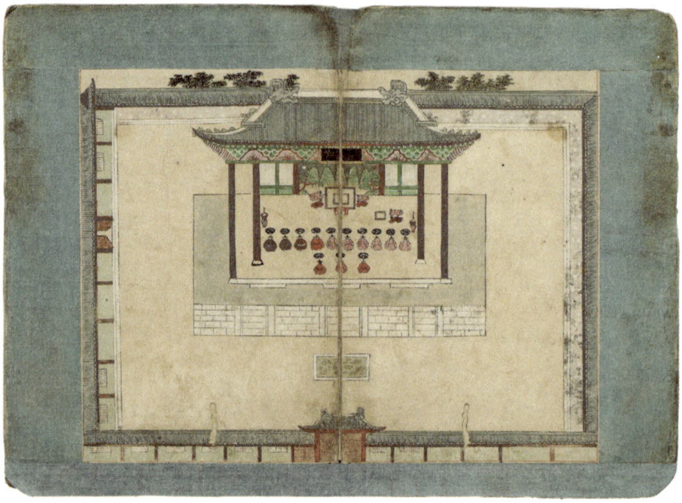

덕궁 경현당에 나아가 도승지 권적權𥛚, 좌승지 김상성金尙星 등 여러 승지와 옥당의 관원 등을 불러서 만났다. 영조는 이 자리에서 왕세자에게 《동몽선습》을 읽도록 하였다. 잠시 후 영조는 세자시강원 필선인 박필간朴弼幹에게 동궁이 읽은 곳 중에 어려운 글자를 골라 물으라고 명하였는데, 세자는 묻는 글자마다 정확하게 짚어내었다.

박필간 어떤 자가 '귀貴' 자입니까?
세　자 (글자를 가리키며) 이 자.
박필간 어떤 자가 '친親' 자입니까?

세 자 이 자.

영 조 '보輔' 자가 어려울 것 같으니, 한번 물어보라.

박필간 어느 자가 '보' 자입니까?

세 자 (책장을 한 줄 한 줄 자세히 보더니 이내 손으로 가리키며 말하였다.) 이 자.

영 조 배운 지 여섯 달이나 지났는데도 잊지 않았구나.

여러 신하 영특한 기품을 지닌 어린아이도 책을 읽은 지 오래되면 잊기가 쉬운데, 저하께서는 어린 나이에도 이와 같으시니 무척이나 놀랍고 다행스럽습니다.

영 조 어린 나이에 많은 줄을 읽으면 질리기 쉽다.

김상성 그렇사옵니다. 조금씩 읽으면서 글의 뜻을 되새기고 글자의 뜻을 자세히 보는 것이 좋습니다. 만약 빨리 외는 것만을 주로 한다면 대충대충 넘어가기가 쉬울 것입니다.

세자의 교육에 대해 의논하는 자리에서 신하들은 세자의 자질이 훌륭하다고 칭찬하였다. 아울러 어린 세자를 바르게 인도하기 위해서는 임금이 솔선수범하는 것이 가장 좋은 방법이니, 평소에 감정을 잘 조절하지 못하는 부분에 주의하라고 충언하였다.

이때 세자의 나이는 일곱 살이었다. 무릎을 꿇고 꼿꼿이 앉아 큰 소리로 책을 읽었는데, 음성이 맑고 구두句讀가 분명하였다. 신하들은 어린 세자가 총명하고 기억력이 뛰어난 것을 칭찬하였고, 영조 또한 세자의 영특함을 대견해 하였다. 이때만 해도 여기에 있었던 어느 누구도 훗날 일어날 비극적인 사건은 상상조차 할 수 없었을 것이다.

영조의 오십 세 축하 잔치

조선 시대 궁중에서 베푸는 연회로는 회례연會禮宴, 풍정豐呈, 진연進宴 등이 있다. 회례연은 매년 설날이나 동짓날에 임금이 신하들의 노고를 치하하기 위하여 베푸는 연회이다. 풍정은 임금의 탄신을 경축하고 축수祝壽할 때 여는 연회인데, 중종 이후로는 시행하지 않았다. 이후 풍정의 규모를 줄여 간소하게 하는 연회인 진연을 자주 시행하였다.

영조가 즉위한 뒤에도 대비를 위한 진연은 몇 번 행하였으나, 임금을 위한 연회는 없었다. 그러다가 1743년영조 19 9월 16일, 창경궁 명정전에서 '어연御宴'을 거행하였는데, 이는 조선 시대에 한 번뿐이었던 연회였다.

어연은 어떻게 행하게 되었을까? 먼저 같은 해 설날 하례에서, 예조판서 정석오鄭錫五가, 숙종이 보령寶齡 오순五旬을 맞아 진연을 설행하였던 고사를 본받아 오순을 맞은 영조에게 진연을 행할 것을 청하면서 논의가 시작되었다. 영조는 흉년이 들어 백성들이 고달픈 상태인데 임금으로서 그들에게 혜택을 준 것이 없다는 이유로 이 청을 거절하였다. 그 대신 대왕대비 인원왕후仁元王后가 자신을 보호해 준 은혜에 보답하고 축수하기 위한 진연이 필요하다고 하였다.

이후 신하들의 계속되는 요청에도 영조는 자신을 위한 진연은 거절하고, 대왕대비를 위한 진연을 행하도록 하였다. 7월에 신하들이 대왕대비에게 진연 설행을 요청하였다. 그러자 대왕대비는 영조도 진연을 받는다면 자신을 위한 진연도 허락하겠다는 언문 교서를 내렸다. 영조는 신하들의 요청과 대왕대비의 권유에 못 이겨 결국 진연을 받겠다고 허락하였다.

영조는, 자신이 받는 연회는 임금과 신하가 함께 마음을 나누는 자리이므로, 연회를 올린다는 '진進' 자 대신에 임금과 함께한다는 의미로 '어御' 자를 써서 '어연'이라 명명하였다. 그리고 올리는 술잔의 수도 진연에서 아홉 잔을 올리던 것을 일곱 잔으로 줄이는 등 의식을 간소하게 하겠다고 하였다. 이렇게 하여 영조의 탄신일인 9월 13일 묘시오전 5~7시에는 대왕대비에게 진연을 올리고, 3일 뒤인 16일 진시오전 7~9시에는 어연을 거행하였다.

> 주상이 익선관을 쓰고 곤룡포를 입었다. 여輿에서 내려 명정전에 나아갔다. 여민락與民樂을 연주하였다. 도승지 유건기兪健基를 비롯한 승지들이 들어와 좌우에 나뉘어 엎드렸다. 상례相禮가 왕세자를 인도하여 동문으로 들어와 절하는 자리에 서게 하고, 인의引儀가 종친과 문무 2품 이상을 나누어 인도하여 동쪽과 서쪽의 편문으로 들어와 절하는 자리에 서게 하였다. 여민락을 연주하고, 네 번 절하였다. 음악이 그쳤다.

> 사옹원 제조가 술잔을 올릴 때 여민락을 다시 연주하였다. 술잔을 올린 뒤에 음악이 그쳤다. 왕세자 이하가 모두 무릎을 꿇었다. 제조

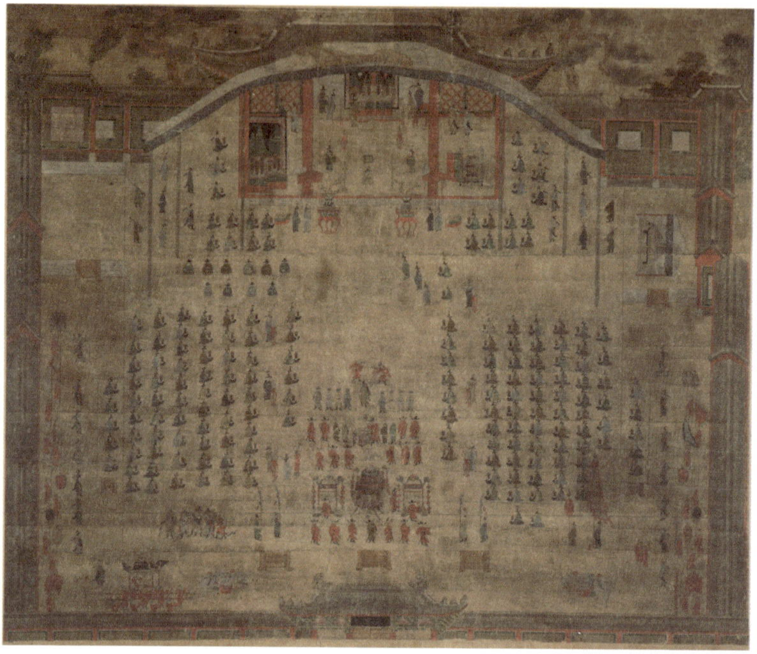

숭정전갑자진연도병崇政殿甲子進宴圖屛
영조는 1744년(영조 20) 9월 9일 신하들의 요청으로 기로소에 들어갔다. 51세가 된 것과 기로소에 들어간 것을 기념하여 같은 해 10월 7일 숭정전에서 진연을 설행하였는데, 이 도병은 이때의 일을 기록화로 남긴 것이다. _국립중앙박물관

술잔, 받침
궁중의 각종 제례와 행사에서 사용하는 술잔을 작爵이라 하고, 그 받침을 작점爵坫이라고 한다. _국립고궁박물관

가 수건이 담긴 함을 받들었다. 여민락을 연주하였다. 내시가 무릎을 꿇고 수건을 올렸다. 음악이 그쳤다. 제조가 음식상을 올렸다. 여민락을 연주하였고 음악이 그쳤다. 정휘량鄭翬良이 화반花盤을 받들었다. 내시가 꽃을 들어 익선관 오른쪽에 꽂았다. 왕세자 이하가 부복俯伏, 흥興, 평신平身을 하였다. 왕세자가 동쪽 계단으로 올라가 정문을 거쳐 술이 있는 곳으로 나아갔다. 제조가 술을 담은 첫 번째 잔을 왕세자에게 주었다. 왕세자가 술잔을 받고 어좌 앞에 나아가 무릎을 꿇었다. 내시가 술잔을 받들어 음식상 위에 놓았다. 왕세자가 동문으로 나와 절하는 자리에 가서 무릎을 꿇었다. 치사致詞를 읽는 관원이 왕세자를 대신하여 앞으로 나아가 "왕세자가 삼가 천천세를 축수합니다."라고 하였다. 왕세자가 내려와 자리로 돌아갔다. 임금이 잔을 들었다. 여민락을 연주하였다.

임금이 창경궁 명정전에 들어와 어연을 시작할 때부터 왕세자가 제1작을 올릴 때까지의 기록을 간략하게 정리해 보았다. 이후로 영의정 김재로金在魯가 제2작을, 판중추부사 유척기俞拓基가 제3작을, 금평위 박필성朴弼成이 제4작을, 밀창군 이직李樴이 제5작을 올렸다. 식은 잠시 쉬었다가 신시오후 3~5시에 다시 시작된다. 월성위 김한신金漢藎이 제6작을, 금성위 박명원朴明源이 제7작을 올렸다.

제7작을 끝으로 식을 마치고 음식을 나누어 주고, 죄가 가벼운 죄수들을 사면하도록 명하였다. 연회를 끝낸 뒤 임금이 창덕궁으로 돌아와 신하들과 이날 어연에 대하여 마무리하였다.《승정원일기》에는 이 모든 과정이 한 편의 동영상을 보는 것처럼 세밀하게 기록되어 있다.

영조는 원만한 식의 진행을 위해 행사가 진행되는 사이에도 개입한다. 백관들이 계단 위에서 절을 하는 것은 실례라고 지적하고 도감 당상을 엄하게 추고하라고 지시하기도 하고, 명정전에 군복을 입은 사람이 마음대로 다니는 것을 지적하고 해당 내시를 엄하게 추고하라고 지시하기도 하였다. 또 효종의 사위로 당시 92세인 박필성이 제4작을 올리자 영조가 그에게 자손들의 부축을 받아 술잔을 올리라고 지시하고, 꽃을 나누어 줄 때 혼란스러웠던 상황을 지적하여 시정하라고 하는 내용들도 중간 중간에 삽입되어 있다.

이날 행사에 대한 기록이《영조실록》에도 실려 있으나, 그 내용은 어연을 실시하고 누가 술잔을 올렸다는 정도로 매우 소략하다. 그러나《승정원일기》에는 언제 어떤 음악을 시작하고 그치는지, 무슨 춤을 추는지까지도 기록하였다. 조선 시대 궁중 잔치를 오늘날에도 그대로 재현할 수 있게 해 주는 소중한 기록이다.

백성에게 군역의 길을 묻다

조선 후기의 양역은 양인良人이 부담하는 군역軍役을 가리키는데, 그 부담을 포布로 대신하게 함으로써 국가의 주요 재정 수입으로 삼았다. 그러나 많은 양인들은 군역 부담을 지지 않기 위해 유학幼學으로 신분을 바꾸었다. 이 때문에 신분을 바꿀 수 없었던 양인의 부담이 과도해졌고, 이는 민생을 위협하는 심각한 요인이 되었다.

이러한 양역 문제를 해결하기 위하여 많은 논의가 있었다. 이 가운데는 세금을 물리는 논밭인 전결에다 포布와 전錢을 부과하고 그 수입으로 양역가良役價를 대체하자는 결포론結布論, 인정人丁 단위로 포를 걷는 대신에 가호家戶 단위로 포를 걷자는 호포론戶布論 등이 있었다. 영조도 즉위한 이래로 양역의 폐단을 해결하고자 노력을 하였으나, 양반들이 자신에게 군역이 부과되는 것 자체를 반대하다 보니 어떤 결론도 내지 못하였다.

1750년영조 26 3월에 이르러 충청 감사 홍계희洪啓禧가 '결포'를 주장하고, 5월에 호조 판서 박문수朴文秀가 포를 걷을 때 포의 품질이 문제가 되는 것을 막기 위해 포 대신 전으로 걷자는 '호전戶錢'을 건의하면서 논의가 재개되었다. 영조는 정책을 결정하기에 앞서 두 번이나 백성들을 만나 의견을 들었다.

어제 문업御製問業
영조가 재위 50년이 되는 1774년 4월 18일 경희궁 집경당에서 자신의 업적을 탕평蕩平, 균역均役, 준천濬川, 복고復古, 서중敍衆, 작정昨政 6가지로 정리한 어제첩이다. 준천은 청계천을 준설한 것이고, 복고는 여자종의 공납을 폐지한 것이고, 서중은 서얼에게 청직淸職 진출을 허용한 것이고, 작정은 적첩에게 모두 아들이 없는 경우 동족의 아들을 양자로 삼는다는 《경국대전》의 입후 조항을 따른다는 것이다. _한국학중앙연구원 장서각

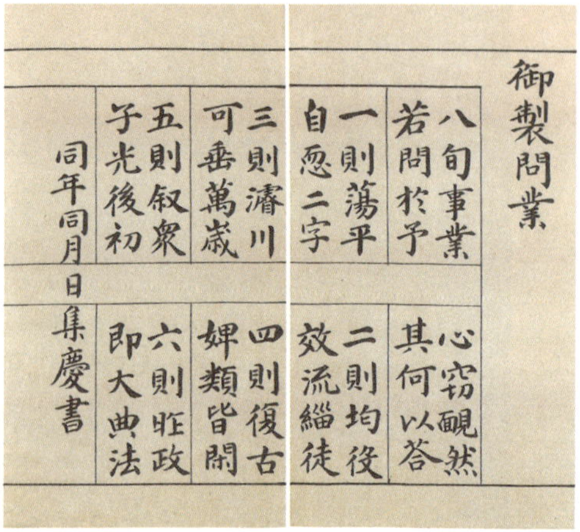
御製問業
八旬事業 心窃靦然
若問於予 其何以答
一則蕩平 二則均役
自愧二字 效流緇徒
三則濬川 四則復古
可垂萬歲 婢類皆閑
五則敍衆 六則昨政
予光後初 即大典法
同年同月日集慶書

첫 번째 만남은 같은 해 5월 19일에 있었다. 영조가 직접 창경궁 홍화문으로 나아가 한성 5부 내의 사서인士庶人과 금군禁軍 50여 명을 만났다. 이날 영조는 '호포'와 '결포' 중에 어느 것이 이로운지를 물었는데, 사서인들은 다투어 호포가 편리하다고 말하였고, 결포가 좋다고 말한 자는 열에 두셋 정도였다.

두 번째 만남에서는 7월 3일 같은 장소에서 성균관 유생 80여 명과 한성 5부의 방민坊民을 만나 호전의 찬반 여부만을 물었다. 그러자 유생들은 모두 호전에 반대하였고, 방민들은 호전이 편하다고 답하였다.

영　조 하나는 호포요, 하나는 결포요, 하나는 양반과 유생에게까지 포를 징수하는 유포遊布요, 하나는 일정한 연령층의 모든 사람에게 포나 돈을 징수하는 구전口錢이다. 유포와 구전의 불편함은 지난번 홍화문에 왔을 때 이미 말한 적이 있다. 한편 결포는 간편한 것 같지만 세를 더 부과하는 셈이다. 지금 호포를 호전으로 바꾸려 하는 것은 근본적으로는 같은 셈이지만 가벼운 쪽을 택한 것이다. 아! 우리 사대부와 군민軍民은 각자 소회를 다 말하고 물러가서 허튼소리를 하지 말라.

유생 이봉령李鳳齡 호포와 결포 모두 폐단이 있으므로 결코 시행해서는 안 됩니다. 성상의 뜻이 백골징포를 없애려는 것인데 새로 생기는 백골징포의 폐단은 또 어떻게 막으시렵니까?

유생 이규응李奎應 호전의 폐단은 장차 양역의 폐단보다 더 커질 것이니, 작은 폐단을 고치려다 큰 폐단을 낳게 해서는 안 됩니다.

유생 정석원鄭錫元 호전은 몹시 불편합니다.

유생 이세희李世熙 이번 변통은 부역의 증가를 면치 못할 것입니다.

(권후權詡 등도 모두 호전을 시행해서는 안 된다고 하였다.)

(영조가 이번에는 방민에게 들어와서 소회를 아뢰도록 하였다. 방민들이 대부분 호전을 시행할 만하다고 하였는데, 그중 이후배李厚培와 이하창李夏昌은 이렇게 아뢰었다.)

이후배와 이하창 방금 여러 방민들은 모두 거짓된 자들입니다. 밖

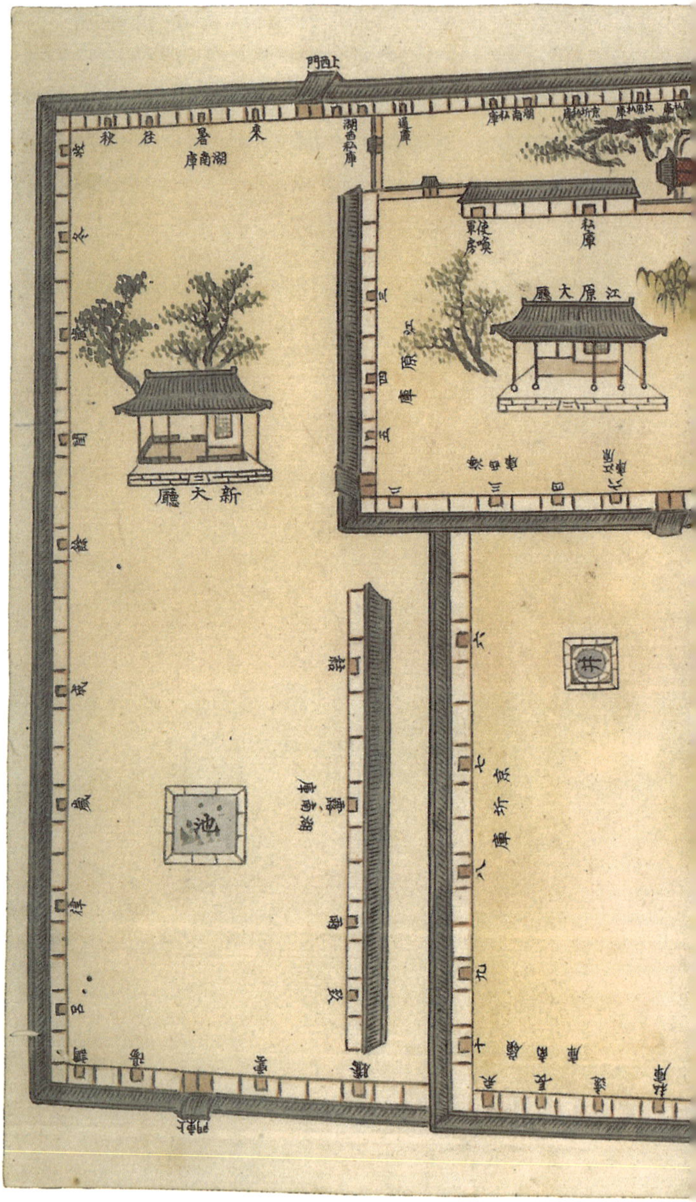

선혜청 내 균역청

균역청은 균역법 시행에 따른 제반 업무를 담당하던 관청이다. 이 그림은 하석霞石 한필교韓弼敎가 자신이 근무했던 관청을 그림으로 남겨 둔 《숙천제아도宿踐諸衙圖》 속 '선혜청'의 모습이다. 1753년 선혜청에 합쳐진 균역청이 그림의 상단 부분에 위치하고 있다.

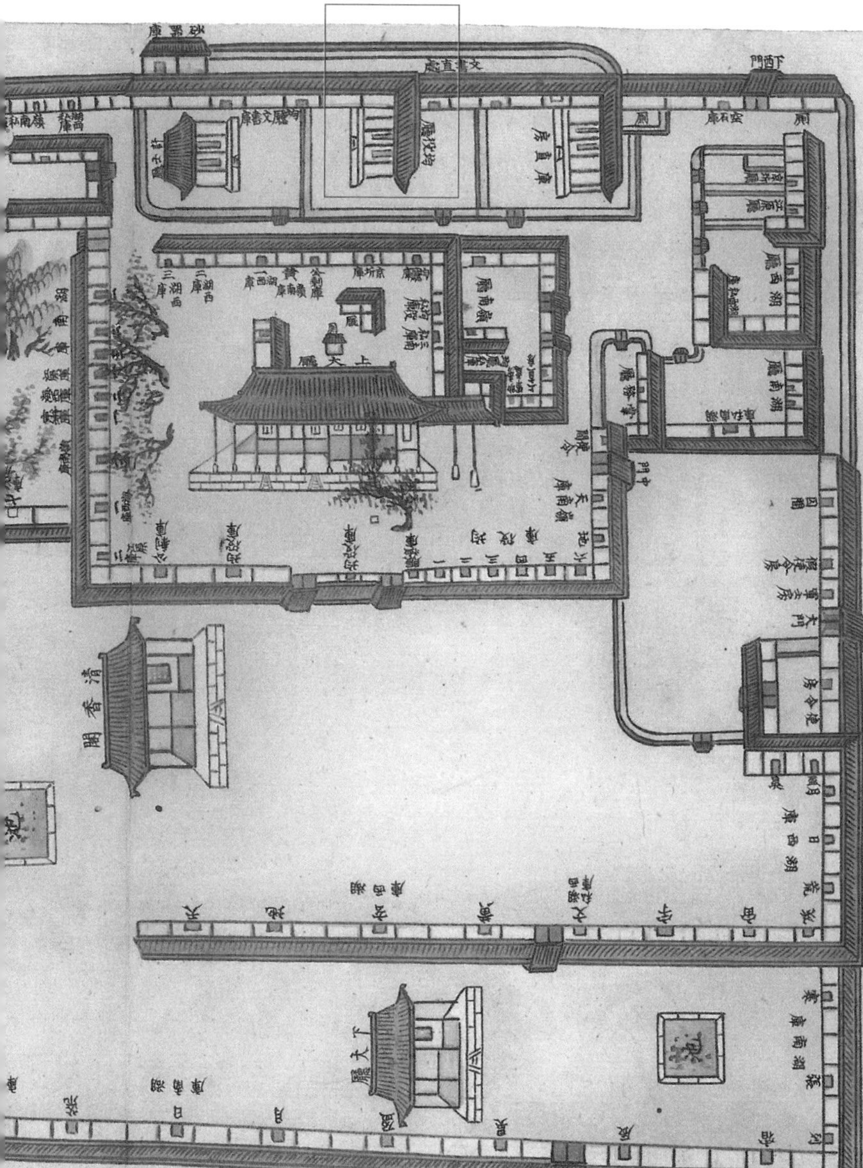

宣惠廳 在南部

辛酉十一月初九日差郞廳 掌均役色

壬戌三月三十日拜星州牧使 未赴任○四月十六日呈遞

에서는 입을 삐쭉거리면서 불평하다가 성상 앞에서는 겁을 먹고 편하다고 하니, 이러한 백성은 모두 죽여야 합니다.

영조가 신하들을 뜰에 모아 놓고 호전이 편하다고 여기는 자는 북쪽에 서고, 불편하다고 여기는 자는 남쪽에 서라고 하였다. 신하들이 모두 남쪽에 섰다. 다시 결포가 편하다고 생각하는 자는 북쪽에 서고, 불편하다고 생각하는 자는 남쪽에 서라고 하였다. 대부분 남쪽에 서고 북쪽에 선 사람은 겨우 10여 명이었다. 대부분의 신하가 호전이나 결포에 반대하는 것이었다.

이렇게 두 번이나 여론을 들었지만 신분 계층 간의 이해 관계로 인하여 별다른 성과를 얻지 못하였다. 이런 과정에서 어떤 개혁 방안도 당시 상황에서는 시행하기가 어렵다는 사실이 확인되었다. 결국 영조는 양민들에게 실질적인 혜택을 주기 위하여 양역의 부담을 줄이는 감필減疋을 결심하였다. 그리하여 같은 해 7월 9일, 창경궁 명정전에 대신, 비변사와 육조의 당상, 사헌부와 사간원의 신하들을 불러 모았다. 그 자리에서 양역가를 2필에서 1필로 줄이고, 1필을 줄이면서 생길 재정 결손에 대한 대책을 마련할 것을 명한다.

호포나 결포 모두 민폐가 있고 또 편치 않은 단서도 있으니, 이제 1필을 줄이는 정책으로 온전히 돌려야 할 것이다.

대동미 가운데서 지방 재정에 쓰도록 남겨둔 저치미儲置米와 몇몇 지방에 대해 특별한 상황을 고려해 책정해 준 상정미詳定米를 활용하여 1필을 줄인 데서 오는 결손을 보완할 방법을 마련하여 아뢰고,

그 밖에 생각할 수 있는 것도 강구하여 아뢰라.

아! 오늘 이 정책은 바로 나라의 양역가를 균일하게 1필로 하는 제도이니, 대동大同의 정책과 다름이 없다.

양인이니 양반이니 하는 신분에 상관없이 각 가호나 전결에 균등하게 군역을 부과하고자 한 애초의 논의는 한계에 부딪친 터라, 이전의 제도를 유지하면서 그 부담만 줄여 주는 감필 정도에 그칠 수밖에 없었다. 다만 줄어든 군포를 충당할 재원의 확보를 위해 각 궁방이나 군문 등의 특권으로 자리 잡았던 어염세를 국가에 귀속시키고, 양반이 아니면서도 양역의 부과 대상에서 빠져 역을 피한 사람에게도 선무군관포를 부과하고, 평안도와 함경도를 제외한 6도의 토지에 쌀 또는 돈을 걷는 결전結錢을 징수하는 등의 방법으로 정책을 보완해 나갔다. 비록 근본적인 해결은 하지 못하였더라도 폐단을 최소화하고자 백성들에게 균역의 방책을 묻고 적극적으로 의견을 수렴했던 과정은 높이 평가할 만하다.

서얼의 꽃, 규장각 검서관

조선 시대에 아버지를 아버지라 부르지 못하고 형을 형이라 부르지 못하던 사람들이 있었다. 그들을 서얼이라고 불렀는데, 서庶는 양반 양첩의 자식을, 얼孼은 천첩의 자식을 가리킨다. 이들은 과거 시험 응시의 길이 막혀 있었다. 음직蔭職으로 벼슬길에 나선다 해도 정해진 관직이나 품계 이상은 받을 수 없는 차별 속에서 살아가는 존재였다.

그러다가 1625년인조 3 이후 오랫동안 막혀 있던 이들의 과거 응시와 관직 진출에 숨통이 트이는 조처가 있었다. 《승정원일기》 인조 11년 10월 15일자에 이조가 올린 계사啓辭를 보면 큰 변화를 느낄 수 있다.

> 지난 을축년1625 영중추부사 이원익이 정승으로 있을 때에, 홍문관에서 올린 차자로 인하여 서얼의 관직 진출을 허용하도록 정하였습니다. 양첩 소생은 손자 대에 가서 허용하고, 천첩 소생은 증손 대에 가서 허용하도록 하며, 과거에 급제한 뒤에는 요직은 허용하되 청직은 허용하지 않는 것으로 여쭈어 성상의 재가를 받았습니다. 이른바 요직은 바로 호조와 형조, 공조 등 3조의 낭청 및 각 시寺의 관원 등을 말합니다. 지금부터는 전교하신 대로 재능에 따라 의망하는 것이 어떻겠습니까?

어제 광탕御製廣蕩

'광탕'은 '임금의 넓고 큰 은혜'를 뜻한다. 1774년(영조 50) 4월 18일 영조가 노년에 업적을 이루고 심경을 읊은 율문이다. '아! 늘그막에야 내 일을 마쳤구나'라고 한 것이 무슨 일인지는 명확하지 않으나, 《영조실록》 1774년 4월 17일 기사를 통해 볼 때 서얼의 가계 계승을 허용하는 법을 시행한 것인 듯하다. _한국학중앙연구원 장서각

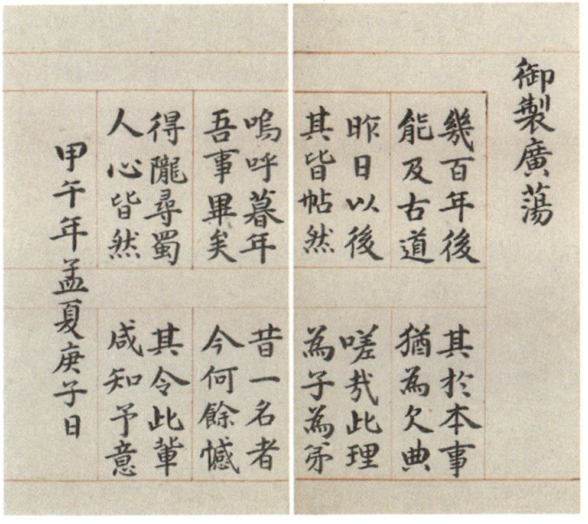

이후 1772년영조 48 8월 15일에는 서얼에게 청직淸職과 현직顯職까지 허용하고, 16일에는 아비를 아비라 부르고 형을 형이라 부를 수 있게 해 주라는 하교를 내렸다. 1777년정조 2에는 한걸음 더 나아가 이른바 서얼의 허통許通 범위를 크게 확대하는 정유절목丁酉節目을 내렸고, 이듬해 3월 27일에는 홍국영洪國榮의 건의를 받아들여 규장각에 검서관 자리를 만들어 서얼을 등용하기로 하였다.

규장각 제학 홍국영 신이 규장각의 일로 아뢸 말씀이 있습니다. 규장각은 본래 중요한 역할을 하는데, 특히 전하의 정사를 보좌하는 일에 있어서 그러합니다. 그래서 서리까지도 반

규장각도 奎章閣圖
단원 김홍도가 그린 규장각의 전경이다. 정조는 즉위년(1776)에 창덕궁의 후원에 규장각을 설치하였으며, 자신이 추진하는 개혁 정치의 산실로 삼았다. 정조는 서얼 출신이었던 유득공, 이덕무, 서이수, 박제가 등을 규장각 검서관으로 등용하였다. _국립중앙박물관

드시 글재주 있는 사람을 택하니 아무리 말단이라도 직임에 걸맞은 사람을 갖추려는 것입니다. 하늘이 재주 있는 사람을 낼 때는 각각 제대로 쓰일 수 있도록 한 것인데 지금 서얼 중에 많은 사람들이 문학과 식견을 갖추고도 벼슬길이 막혀 지닌 능력을 써 보지도 못하고 있으니, 참으로 애석합니다. 교서관은 본각의 외각外閣에 소속되어 있는데, 이곳에서 교열하는 직임은 매우 중요합니다. 교서관 잡직 중에 네 자리를 따로 두어 '검서관'이라 하고, 서얼 가운데 합당한 자를 선발해서 차임하여 전하의 재가를 받는 것이 좋을 듯합니다. 이어 정해진 임기를 마치면 승문원의 이문학관 자리나 능마아청의 낭청 자리로 옮겨 주어 훌륭한 조정에서 인재를 아끼는 뜻을 보여 주는 것이 좋을 듯합니다. 또 규장각에서 도서 편찬의 직임에 참여하도록 한다면 실질에 힘쓰는 정사에 부합할 듯합니다. 대신에게 하문하신 뒤에 절목을 만들어 거행하소서.

(정조가 대신들에게 물었다.)

영의정 김상철 제학이 아뢴 내용은 규례를 뜯어고쳐야 하는 폐단도 없고, 훌륭한 시대에 인재를 아끼는 뜻과 저들에게 벼슬길을 터 주는 방도 등 모든 면에서 합당합니다.

좌의정 서명선 이것은 버려진 인재를 수습하는 것일 뿐만 아니라 문치文治를 드러내 보일 수 있는 측면도 있습니다. 아뢴 대로 절목을 만들어 거행하는 것이 좋겠습니다.

(정조가 이대로 따랐다.)

노상알현도路上謁見圖

조선 후기 풍속화가 김득신金得臣의 그림이다. 말을 타고 가는 양반을 향해 엉덩이가 하늘을 향하도록 몸을 굽혀 절하는 상민의 모습이 재미있다. 뛰어넘기 어려웠던 신분의 한계를 단적으로 보여 주는 그림이다.

홍국영이 규장각의 위상을 높이려는 정조의 의도를 받들고, 당시 문명을 떨치고 있던 능력 있는 서얼들을 등용하기 위해 이렇게 건의하였는데 그것이 받아들여진 것이다. 이때 설치된 검서관은 동반이나 서반의 9품 체계 안에 드는 관직이 아니고 잡직 품계로 임명되는 일종의 실무직이었다. 그러나 일정 기간을 복무한 후에는 9품 관직 체계 속으로 편입될 수 있는 기회를 주었다. 이해 6월에 이른바 '사검서'인 유득공柳得恭, 박제가朴齊家, 이덕무李德懋, 서이수徐理修가 맨 처음으로 검서관에 임명되었다. 이들 네 검서관은 규장각에서 정조의 수많은 서책 편찬에 참여하여 문화를 꽃피우는 데 크게 기여하였다.

《승정원일기》 정조 5년 12월 12일자 기록을 보면, 정조가 이날 학문이 특출하여 선발된 초계문신抄啓文臣에게 강경과 제술 시험을 보이고 성적 우수자에 대한 시상이 끝난 뒤, 이 시험의 진행 요원들에게도 격려차 상을 주겠다고 한 전교 내용이 보인다.

> 시관試官인 직제학 심염조沈念祖와 정지검鄭志儉에게는 각각 초피貂皮와 입이엄笠耳掩 1부 및 대내에서 내린 후추 2말, 원임 직제학 정민시鄭民始에게는 대내에서 내린 후추 1말, 시소試所의 승지 서유방徐有防에게는 대내에서 내린 후추 5되, 검서관 이덕무·유득공·서이수·박제가에게는 각각 대내에서 내린 후추 5되와 동개筒箇 1부를 하사하라.

당시에는 귀한 물품이었던 후추와 활과 화살을 넣어 등에 매는 가죽 주머니인 동개까지 하사해 주는 모습을 통해 정조가 서얼을 각별히 대우했음을 알 수 있다. 임금의 인정과 배려를 토대로 서얼은 그들의 능력을 펼쳐 조선 후기 문예 부흥에 크게 기여할 수 있었다.

그날의 일을 승정원일기에서 지워 주소서

1776년영조 52 1월 30일, 당시 왕세손이었던 정조는 영조의 명에 따라 효장궁에 나아가 효장세자에게 책보冊寶와 시호諡號를 올리는 예를 거행하였다. 효장세자는 열 살 때 병으로 죽은 영조의 큰아들이다. 사도세자가 뒤주에 갇혀 죽은 뒤 정조는 큰아버지인 효장세자의 양자가 되었다. 이날 예를 거행하면서 임오년영조 38에 죽은 생부 사도세자를 생각하였다. 그리고 2월 4일에 할아버지인 영조에게 상소를 올려 조심스러우면서도 강한 어조로 그때의 일을 《승정원일기》에서 지워 줄 것을 청하였다.

> 삼가 아룁니다. 전하는 신에게 있어 곧 하늘입니다. 머리끝부터 발끝까지 모두 전하께서 내려 주신 것이고, 덮어 길러 주고 생성해 주신 것이 모두 전하의 은덕입니다. 신이 25세가 된 것은 모두 조화로 길러 주신 가운데 얻어진 것입니다.
>
> 지금 성상께서 종통宗統의 중대함을 깊이 생각하시어 근본을 이을 계획을 세우셨습니다. 그리하여 책보를 올리고 나서 특별히 시호를 내리는 예를 거행하셨으니, 신은 영광되고 감격스러워 몸 둘 바를 모르겠습니다. 죽어서 결초보은하고 온몸이 가루가 된다 한들 어

유세손서諭世孫書**와 유서통**諭書筒

영조가 83세 때에 25세인 손자 정조가 올린 상소를 읽고 내린 유서와 이를 담아 두었던 통이다. 상소의 뜻이 엄정하여 만세에 드리울 만하다고 칭찬하는 내용, 상소에서 청한 대로《승정원일기》에서 사도세자와 관련한 기록을 세초할 것을 약속하는 내용, 그리고 인장을 새겨 효성스러운 마음을 길이 전한다는 내용, 삼백 년 종묘사직을 지켜줄 것을 당부하는 내용이 적혀 있다. 오래되어도 훼손되지 않도록 유서통에 담아 두었다.
_국립고궁박물관

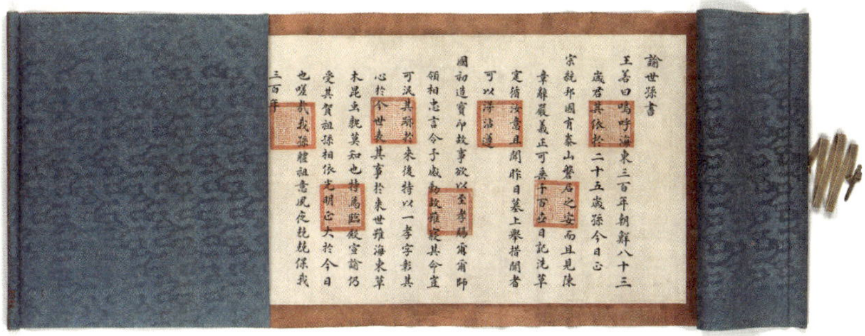

찌 만분의 일이나마 보답할 수 있겠습니까.

신에게는 너무도 가슴 아프고 절박한 사정이 있습니다. 이번 일로 간절한 마음이 더욱 격해져 스스로 억제할 수 없습니다. 말을 하자니 먼저 목이 메고 글을 쓰자니 먼저 눈물이 흘러내립니다. 아! 이는 전하께서 차마 들을 수도 없고 소자가 차마 말할 수도 없는 바입니다. 그러나 끝내 입을 다물고 말하지 않는다면, 인자하게 감싸 주시는 하늘을 스스로 막아 버려 신의 사정을 길이 드러낼 날이 없게 될 것입니다. 이에 감히 큰 소리로 호소하여 간절한 진심을 아뢰오

효손 은인孝孫銀印

영조가 세손에게 "효성스러운 세손. 내 나이 83세에 쓰다.孝孫. 八十三書"라는 글씨를 새겨서 내려준 은제銀製 보인寶印이다. 1776년 2월 4일 세손이었던 정조가 할아버지인 영조에게 상소를 올려 사도세자의 죽음과 관련된 기록을《승정원일기》에서 지워 줄 것을 청하자 영조가 이에 감격해 유서와 함께 내린 은인이다. 정조가 간절히 청한 그 내용은 영조도 간절히 바라던 바가 아니었을까 하는 생각이 든다. _국립고궁박물관

니, 전하께서는 불쌍히 여겨 굽어살펴 주소서.

아! 임오년의 처분은 바로 우리 성상께서 종묘사직을 위해 부득이 내리신 결단이었습니다. 바르지 못한 무리들이 틈을 엿보려고 멋대로 추숭追崇 의견을 낸 것에 휘말려 신이 망녕되이 의리를 뒤집으려는 것이라면 이는 실로 전하의 죄인이 되는 것입니다. 전하의 죄인이 될 뿐만 아니라 종묘사직의 죄인이자 만고의 죄인이 될 것입니다. 하늘의 상제가 위에 계시고 종묘의 신령이 옆에서 질정하고 계시니, 신이 어찌 감히 속이겠습니까.

다만《승정원일기》로 말하면, 그 당시의 사실을 모두 다 기록하여 모르는 사람이 없고 보지 않은 사람이 없습니다. 본 사람이 전하고 들은 사람이 논하다 보니 온 세상에 유포되어 모든 사람들이 보고 듣게 되었습니다. 그러니 신의 애통한 마음은 마치 돌아갈 곳 없는 곤궁한 사람과도 같습니다. 만약 신의 애통함이 혹 전하의 처분에 대해 걸리는 것이 있어서 그런 것이라고 한다면 이는 그렇지 않습니다. 대개 전하의 처분은 곧 천리의 공정함에서 나온 것이고, 신의 애통함은 인정人情의 궁극에서 비롯된 것입니다. 처분은 처분이고 애통함은 애통함이니, 진실로 이른바 "같이 가도 어그러지지 않으며 둘 다 두어도 손상될 것이 없다."라는 것입니다.

이 당시 왕세손이었던 정조는 영조를 대신해 국정을 맡고 있었는데, 통한이 있어 백관을 대하기가 어렵다는 언급을 하며, 자신의 뜻은 임오년 처분을 문제 삼자는 것이 아니라 자신의 애통함을 보살펴 달라는 것임을 강조해 밝혔다. 그리고 역사 사실은 다른 책을 통해서도 전해질 수 있으니 많은 사람이 볼 수 있는《승정원일기》에까지 기록할 필요가 없다는 뜻을 전했다. 상소를 읽은 영조는 세손의 청을 수용하여 그때의 일기를 승지 한 사람과 주서 한 사람이 함께 창의문 밖 차일암에 나가서 지우라고 전교하였다. 이 일로 인해《승정원일기》에서 사도세자의 죽음과 관련한 기사는 사라졌다.

이틀 뒤인 2월 6일, 경희궁 집경당에 대신과 내의원 제조 등이 입시한 자리에서 나눈 대화를 통해 영조가 이 상소를 읽고 얼마나 감격했는지를 알 수 있다.

(상이 도승지 서호수徐浩修에게 명하여 세손이 올린 상소를 읽게 하였다.)

영 조 어떠한가?

김양택金陽澤 종통을 지키고 의리를 밝혔으며, 글의 뜻이 간절하고 효성이 뛰어나 신 등은 감탄해 마지않습니다.

영 조 어질고 어질다. 내게 이런 손자가 있다.

채제공蔡濟恭 위의 단락은 의리가 분명하고 아래 단락은 효성이 지극하니, 천리와 인정이 극진합니다. 종통을 바로잡는 내용은 특히나 엄격하니, 상소의 말을 보면 지극히 엄정함을 알 수 있습니다.

영 조 참으로 기쁘고도 기쁘다. 세손이 이렇게까지 종통에 대해 엄격하였구나.

서호수 의리와 효성이 모두 극진합니다. 어제 세자시강원에서 수

세검정도洗劍亭圖
겸재謙齋 정선鄭敾이 그린 세검정 그림이다. 《궁궐지宮闕志》에 의하면, 세검정의 명칭은 인조 반정 때 이귀李貴·김류金瑬 등 반정의 주체들이 모여 칼을 씻은 곳이었다는 데서 유래했다고 한다. 이곳에서는 실록이 편찬된 뒤 편찬 과정에서 나온 종이를 씻어 글씨를 지웠는데, 사도세자와 관련한 《승정원일기》 기록 또한 이곳에서 흐르는 물에 씻겨 역사의 뒤안길로 사라졌다. 현재 서울시 종로구 부암동에 있는 세검정은 이 그림을 바탕으로 1977년에 복원한 것이다.
_국립중앙박물관

행한 자의 말을 들어 보니, 봉심奉審하고 전배展拜할 적에 눈물이 턱을 타고 줄줄 흘렀는데 오열하면서도 슬픈 감정을 억눌러 좌우의 신하들도 모두 흐느껴 울었다고 합니다. 신도 그 소식을 듣고 저도 모르게 눈물이 흘러 옷깃을 적셨습니다.

채제공 세손이 종통을 지키고 의리를 밝힌 것은 모두 학문에서 나온 것입니다. 격물치지格物致知 공부가 없었다면 어찌 오늘과 같은 일이 있을 수 있겠습니까.

영 조 과연 배운 바가 있다 하겠다. 내 손을 잡아다오, 내 손을 잡아다오.

(세손이 엎드려 성상의 손을 잡았다.)

영　조 참으로 기쁘고도 기쁘다. 내 손자, 내 손자.

김양택 등 이는 실로 종묘사직의 더없이 큰 경사입니다. 신들이 축하를 올립니다.

영　조 맞다. 내가 축하를 받아야겠으니, 오늘 축하하라.

영조는 세손의 글을 두고 종통을 바로 세우고 의리가 삼엄하다고 하면서 자신이 지어도 이렇게 못 짓는다고 칭찬하였다. 그리고 세손이 이러하니 조선의 미래는 도에 가까울 것이라고 하였다. 또 전날 묘소에서의 광경을 전해 듣고는 보는 것처럼 눈에 선하여 콧날이 시큰해졌다고도 하였다. 유서諭書를 친히 지어 "나의 손자는 할아비의 뜻을 깊이 유념

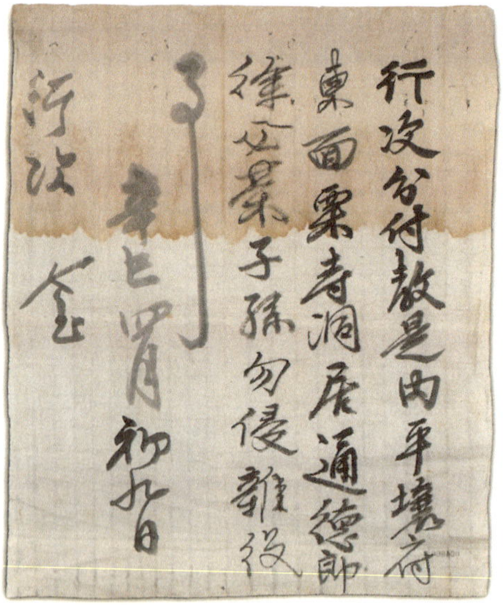
行次分付教是內平壤府
東面栗寺洞居通德郎
徐必榮子孫勿侵雜役
辛巳四月初九日
行次

왕세자 영지王世子令旨
영지는 세자의 명령을 말한다. 이 영지는 1761년 4월 9일 사도세자가 평양에서 내린 명령서이다. 평양부에 사는 통덕랑 서필영徐必榮의 자손을 잡역에서 면제해 주라는 내용이 담겨 있고, 마지막에 사도세자의 수결이 있다. 임오화변이 있기 1년 전에 쓴 글씨이다.
_국립중앙박물관

하여 밤낮으로 애써서 삼백 년 종묘사직을 지켜다오."라고 당부하고, "효성스러운 세손. 내 나이 83세에 쓰다.孝孫 八十三書"라는 은인銀印을 만들어 주었다. 그 후 한 달이 지난 3월 5일 영조는 경희궁 집경당에서 승하하였다. '차마 들을 수도 없고 차마 말하지도 못하던 일'과 관련한 무거운 마음의 짐을 그렇게나마 내려놓고 이 세상을 떠났다.

서학은 불교의 별파입니다

천주교가 서양 문물과 함께 처음 조선에 들어왔을 때에는 서학西學으로 불리며 서양 문화에 대한 다양한 관심사 중 하나인 정도로만 인식되었다. 조선 사회를 지탱해 온 성리학 중심의 학문 풍토와 통치 체제가 워낙 견고했기 때문에 서양에서 유입된 천주교의 영향력에 대해서는 그리 심각하게 생각하지도 강하게 배척하지도 않았다. 그러는 사이 천주교의 교리는 어느새 억압된 민중들의 마음을 파고들어 점차 뿌리를 내려가고 있었다.

1783년정조 7 겨울에 이승훈李承薰이 북경에 가서 영세를 받고 천주교 서적을 들여온 이후, 1785년에 전교 활동이 형조에 적발되어 중인中人 김범우金範禹가 신문을 당하고 정배된 일이 있었다. 1787년에는 이승훈과 정약용丁若鏞 등이 성균관 근처 김석태金石太의 집에 모여 천주교 서적을 강습하고 설법하다 적발된 일도 있었다.

사간원 정언 이경명李景溟은 1788년 8월 3일에 상소를 올려 서학 유포의 심각성과 위험성에 대해 말하며 조정에서 여러 도의 관찰사와 수령들에게 엄히 신칙하여 서학이 다시 번성하는 일이 없게 할 것을 건의하였고, 정조는 성정각에서 대신과 유사 당상과 함께 이에 대해 논하였다.

천주실의天主實義

1603년에 마테오 리치가 저술한 책이다. 174개 항목에 걸쳐 서양학자와 중국학자 간에 토론하는 형식을 취해 천주교의 교리를 폈다. 채제공蔡濟恭은 정조에게 이 책을 구해 보았는데 인륜을 해치는 설로 그 해로움이 심하다고 아뢰었다. 정조는 천주학이 군신, 부자, 장유 간의 질서가 없이 화를 받는다거나 복을 받는다거나 하는 설을 내세워 보편타당한 이치에 반한다고 말하였다. _숭실대학교박물관

天主實義下卷
耶穌會士利瑪竇述
第五篇辯排輪廻六道戒殺生之謬說而揭
齋素正志
中士曰論人類有三般一曰人之在世謂生而
非由前跡則死而無遺後跡矣一曰夫有前後
與今三世也則吾所獲福禍於今世皆由前世
所爲善惡吾所將逢於後世吉凶皆係今世所
行正邪也今尊教曰人有今世之暫寄以定後
天主實義 下卷 一 20

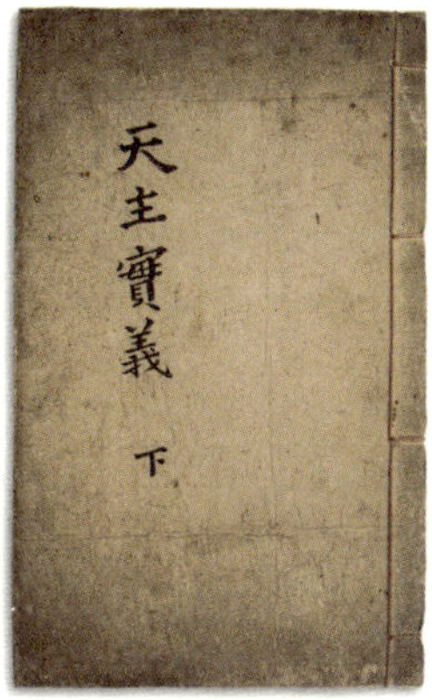

정　조 이경명의 상소에서 서학의 폐해를 강력히 논했는데, 경들은 보았는가?

이성원李性源 상소 원본을 아직 못 보았습니다.

정　조 그렇다면 상소 원본을 보라.

이성원 전에 서학의 설이 성행했다가 근래에는 잠잠해져서 신은 그 설이 지금까지 남아 있는 줄도 몰랐습니다. 그 당시에 이미 이 건에 대해 전교와 처분이 있었는데 아직까지도 잠잠해지지 않았으니 몹시 놀라운 일입니다. 다시 더욱 엄금하지 않아서는 안 됩니다.

정　조 우의정의 뜻은 어떠한가?

채제공蔡濟恭 서학이란 것이 세상을 현혹시키고 그 주장이 성행하였는데, 그 학문의 이면이 어떠한지는 몰랐습니다. 그래서 신이 끝까지 알아내고자 《천주실의》라는 책 두 권을 구해 보았습니다. 이는 이마두利瑪竇 마테오 리치가 문답한 것으로, 모두 인륜을 해치는 설입니다. 신의 소견으로는 그 해로움이 양주楊朱와 묵적墨翟이 도리를 어지럽히는 것보다 훨씬 심하다고 봅니다. 그런데 거기에 천당 지옥에 관한 설이 있기 때문에 무식한 촌백성들이 쉽게 현혹되어 거부하는 자가 없습니다. 그러나 그것을 금지하기도 어렵습니다. 만약 감시하고자 한다면 백성들을 소요시키는 결과를 빚을 텐데, 관찰사와 수령이 무슨 수로 농부와 촌백성들을 모두 가둘 수 있겠습니까. 오직 나라에서 금지령을 내려 어리석은 백성들을 일깨우고 궁궐에 법규를 제시하여 범법해서는 안 되는 의리를 보인다면 잘못을 바로잡아 구제하는 방도가 될 것입니다.

정 조 내 생각에는 유학儒學을 크게 천명한다면 이런 사설邪說은 일어났다가도 저절로 없어질 것이라 본다. 그러니 그것을 믿는 자들을 다시 보통 사람으로 돌리고 그 책을 불살라 버린다면 금지할 수 있을 것이다. 천주학은 마음의 성정을 주로 하는 것이지만 세밀한 곳에서는 아주 미묘한 차이가 있고, 우리 유학과 대체는 그다지 다르지 않지만 적용하는 데에서는 상반된다. 그러므로 끝에 가서 일으키는 폐단이 이 지경이 되는 것이다.

황사영백서黃嗣永帛書

1801년(순조 1) 밀입국하여 포교하던 중국인 신부 주문모周文謨가 처형되었을 때, 초창기 한국 가톨릭 교회 지도자의 한 사람인 황사영이 신유박해의 전말과 그 대응책을 흰 비단에 적어 중국 북경의 구베아 주교에게 보내고자 했던 비밀 문서이다. 이 내용 가운데 서양 배 수백 척을 끌어들이려 한 일 등은 조정의 위기 의식을 고조시켰고 천주교인들에 대한 탄압을 한층 더 강화하는 계기가 되었다.

좌의정 이성원이 전에 서학의 설이 성행하다가 근래에는 잠잠해서 그 설이 지금까지 남아 있는 줄도 몰랐다고 한 것이나, 정조가 유학儒學을 크게 천명한다면 이런 사설은 일어났다가도 저절로 없어질 것이라 본다고 한 것으로 볼 때, 이때까지만 해도 조정에서는 천주교의 파급에 대해 별로 심각하게 생각하고 있지 않았음을 알 수 있다.

채제공 그 가운데 좋은 부분도 간혹 있으니, 이를테면 하느님이 굽어살피시어 사람들의 좌우에 강림한다는 설이 바로 그

것입니다. 다만 그 인륜을 무시하고 상도常道를 배반하는 것 가운데 큰 것으로는, 저들이 숭배하는 대상이 첫째는 하느님이고, 둘째는 조물주입니다. 제 아비는 세 번째로 여기니, 이는 아비를 무시하는 것입니다. 게다가 저들 나라 풍속은 그들 중 남녀 간의 정욕이 없는 자를 정신이 응집된 사람이라 여겨 그 가운데 특별한 사람을 선택해 그를 군주로 삼는다 합니다. 이것이 임금을 무시하는 것이 아니고 무엇이겠습니까. 그 학설이 행해지면 폐해가 어떠하겠습니까. 이는 양주와 묵적의 해 정도에 비할 바가 아닙니다.

정 조 유학과 불교의 본체에 어찌 다른 점이 있겠는가. 다만 적용하는 데에서 차이가 나서 스스로 사람들로부터 떠나고 세속과 단절되는 지경으로 빠져드는 것이다. 그런데 서학의 경우는 불교와 비교하여 더더욱 빠져드는 점이 있다.

채제공 이는 서방의 종교인데, 말이야 불교를 배척한다고 하지만 대개 불교의 어떤 소견을 훔친 것입니다. 신은 이것이 불교의 별파別派라고 봅니다.

이성원 어리석은 남녀들이 그 책을 신명神明처럼 받드니 참으로 걱정스럽습니다.

정 조 천주학은 세상의 보편타당한 이치에 반한다. 군신, 부자, 장유 간의 질서가 없이 화를 받는다거나 복을 받는다거나 하는 설을 내세우다 보니, 그 말에 속거나 홀리기가 쉬운 것이다.

채제공 그 책에 "하느님이 내려와서 예수가 된 것이 중국에 요순

堯舜이 있는 것과 같아, 예수가 와서 소경이 눈을 뜨게 하고 절름발이가 잘 걷게 하였다." 하였는데, 이것은 허무맹랑한 말입니다. 하늘의 문을 열고 날아서 들어간다는 설에 이르러서는 아무리 어리석은 사람이라도 어찌 속을 리가 있겠습니까. 이단을 엄히 금하는 명을 내리시는 게 좋을 것이니, 만약 그것이 일어났다 저절로 사그라지기를 기다린다면 반드시 더욱 치성할 염려가 있습니다.

정 조 이들의 설이 을사년1785에 크게 성행하였는데, 김화진金華鎭이 형조 판서로 있을 때에 대략 수색해 다스렸으니, 이 일은 유사에게 맡기는 것이 옳다. 만약 큰 사건으로 만들어 조정으로 넘긴다면 어찌 일이 잘못되지 않겠는가. 잘못된 도를 가지고 사람들의 귀를 현혹시키는 것이 어찌 서학뿐이겠는가. 중국의 경우 육상산陸象山의 학설이니 양명학이니 불교니 도교니 하여 도가류와 불가류 등이 있었지만 언제 금지령을 내린 적이 있었던가. 하지만 지금 우의정의 말에도 일리가 있다. 대간의 상소가 있었으니만큼 그대로 두어서는 안 되겠다.

채제공은 서학의 설 가운데 하느님이 굽어살펴 사람들 곁에 강림한다는 내용은 좋다고 하면서도 하느님을 제일 높이다 보니 아비를 낮게 보는 결과를 빚어 인륜을 무시하고 상도를 배반하게 된다고 비판하였다. 또 허무맹랑한 말들이 절로 사그라지기를 기다린다면 더욱 치성해질 염려가 있으니 이단을 엄히 다스리라는 명을 내리는 것이 좋을 것이라고

하였다.

이 자리의 기록을 더 살펴보면, 정조는 서학이 일어나는 근본 원인으로 유생들이 경전을 읽지 않고 명말청초明末清初의 기괴한 문체의 소설을 읽는 데 있다고 판단하였다. 이후 조정의 천주교 대응 방식은 교화를 위주로 하였던 데에서 엄한 법률로 다스리는 방향으로 흘러갔다.

1791년 윤지충尹持忠이 그의 어머니가 죽자 천주교 교리에 따라 위패를 불태우고 제사를 지내지 않은 사실이 관가에 알려졌는데, 끝까지 자신의 정당성을 주장하다가 불효·불충·악덕 죄로 사형되었다. 또 1801년

되재 성당

프랑스 파리 외방선교회 소속 빌모 신부가 1895년 건축한 성당이다. 최초의 한옥 성당으로 알려져 있으며, 1896년 뮈텔 주교에 의해 축성되었다. '되재升峙'라는 명칭은 전라북도 완주군 화산면 승치리에 자리 잡은 고개를 가리키는 말이다. 험준한 고개 너머 깊숙한 골짜기에 자리한 것을 통해 당시 천주교에 대한 탄압이 얼마나 심했는지를 짐작해 볼 수 있다.

에 밀입국하여 포교하던 중국인 신부 주문모周文謨가 처형되었을 때 남인 황사영黃嗣永이 프랑스 함대를 끌어들이려 한 사건은 조정의 위기의식을 고조시켰다.

조선에 천주교가 정착하는 과정에서 보인 조정의 인식과 논의 과정을 《승정원일기》를 통해 잘 알 수 있다.

오늘부터 승선원을 폐지한다

1894년고종 31 11월 21일, 고종은 경복궁 함화당에서 총리대신 김홍집金弘集과 각 아문의 대신을 불러 만났다. 이날 김홍집은 8조항의 칙령에 대해 고종의 재가를 받았다. 칙령의 제1호가 바로 '재가한 공문식제公文式制를 반포하고 종전의 공문 반포 규례는 오늘부터 폐지하며, 승선원承宣院과 공사청公事廳도 아울러 없앤다.'라는 것이었다. 승선원은 같은 해에 갑오개혁으로 궁내부 관제를 두었을 때 승정원이 궁내부 소속으로 개편되면서 바뀐 이름이다.

김홍집 신 등은 오늘 반포할 칙령과 새로운 공문식을 재가 받기 위하여 이 자리에 나왔습니다.

고 종 오히려 실시가 늦어진 감이 있다.

김홍집 명을 받들어 칙령 제1호를 써서 바칩니다.

(상이 어압御押을 하고 궁내부 대신이 어보御寶를 찍었다. 김홍집이 또 칙령 제2호부터 제8호까지 모두 써서 바치니, 어압을 하고 어보를 찍었다.)

고 종 승선원을 이미 없앴으니 별도로 시종하는 관원을 두어야 할 것이다.

고종과 원로대신들
1908년 고종이 정무를 맡아 보던 경운궁(현 덕수궁) 준명당 앞에서 원로대신들과 함께 찍은 사진이다. 나라의 운명이 풍전등화 같았던 시기여서일까, 왕과 대신들의 어깨가 초라하고 무거워 보인다. _한미사진미술관

김홍집 궁내부의 직제를 개정하였으니 시종하는 관원을 두어야 하겠지만, 당분간은 궁내부 참의가 겸행하는 것이 좋을 듯합니다.

(신병휴申炳休가 일어났다가 엎드려 아뢰었다.)

신병휴 신이 외람되이 승선의 자리에 임명되었으나 지금 본원을 혁파하는 시점에서 감히 현직을 그대로 차지하고 있을 수가 없습니다. 신은 신분이 낮고 말을 해도 무게가 실리지 않는데 주제넘게 함부로 말씀드리는 것 같아 매우 황송합니다. 본원은 임금의 명령을 출납하는 곳으로서 국가가 생

긴 이래 반드시 승지와 사관이 곁에서 시종해 왔습니다. 그런데 이번에 갑자기 혁파해 버리시니 서글프고 답답한 마음을 견딜 수가 없습니다.

(상이 미처 하교하기도 전에 김홍집이 아뢰었다.)

김홍집 이 점에 대해 군이 그렇게 아뢸 것이 없습니다.

고 종 대신은 자리로 돌아가라.

(대신에게 먼저 물러가라고 명하고, 또 사관에게 자리로 돌아가라고 명하였다. 뒤이어 신하들에게 물러가라고 명하니, 차례로 물러 나왔다.)

왕명을 출납하는 승정원과 승지의 역할이 얼마나 중요한지는 두말할 필요가 없다. 그런 줄을 알면서도 고종은 이때 승선원을 폐지한다는 칙령을 재가함으로써 스스로 왕명 출납 통로를 봉쇄한 서글픈 존재가 되고 말았다. 왕권이 무력해진 현실 앞에서 답답하고 서글픈 심정을 토로했던 승선 신병휴도 불과 15년 뒤에 국권을 송두리째 일본에 넘긴다는 순종의 양위 칙서가 나오리라고는 짐작하지 못하였을 것이다. 그 자리의 쓸쓸한 분위기가 그대로 전해지는 장면이다.

그 후 승선원은 1895년고종 32 4월에 시종원侍從院의 비서감祕書監이 되었다가 11월에 독립하여 비서원祕書院으로 개편되고, 1905년광무 9에 다시 비서감으로 바뀌었다가 1907년융희 1에 폐지되었다. 그리고 이날 임금이 하교하기도 전에 승선의 말을 막을 정도로 기세등등했던 김홍집은 친러 내각이 구성되자 고종을 설득하러 가다가 종로에서 성난 군중에게 맞아 죽었다.

고종의 커피에 몰래 아편을 넣다

1898년광무 2 2월 19일, 고종은 조령詔令을 내려 정2품 김홍륙金鴻陸을 한성부 판윤으로 삼았다. 김홍륙은 출신이 미천한데 러시아어 통역관으로 특채되어 고종의 총애를 받다가 이날 한성부 판윤에 제수되었다. 이에 대해 김홍륙은, 자신은 '어魚' 자와 '노魯' 자도 구별하지 못할 정도로 우매하여 적임자가 아닌 데다 담이 뭉치는 증세까지 있어 명에 응할 수 없다는 내용의 상소를 여러 차례 올렸고, 3월 6일에 뜻대로 하라는 허락을 받았다. 그러나 몇 달 지나지 않은 7월 7일에 고종은 김홍륙을 유배하라는 명을 내린다.

> 교섭하는 자리에서 통역을 할 때 말 한마디의 차이가 끼치는 영향이 적지 않거늘, 저 교활한 자가 국가의 후한 은혜는 생각지 않고 동東을 가리켜 서西라 하고 가可를 바꿔 부否라 하여 두 나라가 서로 의심하게 만들었다. 또 공무를 빙자하여 온갖 짓을 다해 사리사욕을 채웠다. 그 죄상을 따져 보면 어떤 형벌을 적용해야 하겠는가? 그런데도 아직까지 이렇게 지체하여 내버려 두고 있으니, 나라의 떳떳한 법에 흠이 된다. 전 한성부 판윤 김홍륙을 법부로 하여금 형률을 적용하여 유배형에 처하게 하라.

김홍륙은 총애를 믿고 권세를 부리면서 인사권을 지닌 신하들과 깊이 결탁하였다. 그러고는 그들을 사주하여 바라는 바를 실현하고자 하였다. 안으로는 각 아문의 관직에 동조자들을 포진시켰고, 밖으로는 360개 군 중에서 군수가 바뀌지 않은 곳이 대여섯 군데에 불과할 정도로 제멋대로 전횡하고 농간하였다. 하지만 결국 착복한 사실이 드러나서 전라남도 흑산도에 유배를 당하게 된 것이다.

그는 원한을 품고 궁중에서 음식 만드는 일을 담당하던 전선사의 주사인 공홍식孔洪植에게 아편을 주면서 고종이 먹는 음식에 넣도록 요구하였다. 공홍식은 다시 은전 1,000원을 주겠다는 조건을 제시하며 알고 지내던 김종화金鍾和를 꾀었다. 김종화는 주방에 사람이 없는 틈을 타 들

고종과 왕세자

1888년경 고종과 당시 왕세자였던 순종이 익선관에 곤룡포 차림으로 찍은 사진이다. 이 사진을 찍은 뒤 10년이 흐른 1898년 역관 김홍륙의 사주를 받은 전선사 주사 공홍식이 은전 1,000원을 주겠다는 조건으로 김종화를 꾀어 고종과 황태자가 마실 커피가 끓고 있는 다관에 아편을 넣는 사건이 벌어진다. _한미사진미술관

어가서 화로 위에서 끓고 있는 커피 다관茶罐에 아편을 넣었으나 다행히 고종이 이를 마시지 않아 화를 면했다. 이 사건에 대한 조사는 엄격하고도 은밀하게 진행되었으나, 소문이 퍼져나가 죄인을 처벌하고 궁궐 관원들의 기강을 엄히 다스리라는 신하들의 상소가 이어졌다.

8월 3일, 전 부사과 이세진李世鎭 등이 상소하여 죄인 김홍륙을 효수할 것을 청하였다.

> 아! 너무도 슬픕니다. 어찌 차마 말할 수 있겠습니까. 지난 을미사변 때에 만일 국법을 밝히고 바로잡아서 성가신 무리들을 모조리 죽여 없앴다면 어찌 종자가 남아 다시 흉역한 짓을 자행하였겠습니까. 김을 맬 때 반드시 잡초의 싹까지 뽑아내는 것처럼 이 흉역한 무리를 제거했더라면 더러 한두 사람이 법망에서 빠져나가는 일은 있을 수 있다 하더라도 어찌 오늘날 이와 같은 흉악한 계획을 다시 마음에 품을 수 있었겠습니까.
>
> 폐하께서는 속히 유사에게 명하여 김홍륙을 잡아다 국문한 다음 효수하여 경책하소서. 그리고 그의 처자를 노비로 삼거나 죽임으로써 후일에 다시 변고를 일으킬 잔당을 남기지 말고, 사주를 받아 흉악한 짓을 한 공홍식과 당시 음식을 검사한 액속腋屬들을 일일이 적발하여 처단하도록 하소서. 아울러 조정에 있는 흉악한 괴수의 족속과 동조자들을 죽이거나 귀양 보냄으로써 성상 가까이에 발붙이지 못하게 하소서. 특별히 분명한 어조의 조서를 내리시어 궁궐을 엄숙하고 깨끗하게 하시고, 아무 때나 입시하는 무리를 일제히 끊어 버리시고, 사옹원의 관원을 다시 임명하여 도제조 이하부터 날마다 돌

아가며 당번을 서도록 하소서. 음식은 다른 곳에서 올린 것은 드시지 마시고 반드시 사옹원에서 올린 것만을 드시고, 음식을 드실 때에는 해당 관원이 늘 먼저 맛보도록 하여 "요리한 자가 음식을 맛본 뒤에 왕이 먹는다."라는 《주례》의 전례를 따르소서. 그리하신다면 흉역한 무리들이 더 이상 악독한 수법을 행하는 일이 없고, 간사한 무리들이 수시로 출입하는 폐단 또한 근절할 수 있을 것입니다.

이 옥사에 대한 결과는 《일성록》 같은 해 8월 25일자 기사에 보인다. 이 사건으로 김홍륙, 공홍식, 김종화는 모반대역죄로 교수형에 처해졌고, 김홍륙의 처 김씨는 지아비가 일을 꾸미는 것을 몰랐을 리가 없는데

집옥재集玉齋
고종이 서재로 사용하던 곳으로, 경복궁 건청궁 안에 있다. 고종은 이곳에 선대 임금의 어진을 봉안하고, 외국 사신들을 접견하는 장소로 이용하였다. 국제 정세를 파악하기 위해 수집한 서양 관련 서적들이 중국 서적과 함께 소장되어 있었다.

도 끝내 실토하지 않았다는 죄로 태笞 100과 징역 3년에 처해졌다. 그리고 음식을 미리 맛보지 않고 올린 액속들은 태 50에 처해졌다.

같은 해 10월 29일에 최익현崔益鉉은 의정부 찬정을 사퇴하며 올린 상소에서 음식을 삼가서 성체를 보호할 것을 청하였다.

> 음식을 삼가서 옥체를 보호하소서. 지금 외국에서 만들어진 음식은 아무리 맛이 좋다고 해도 늘 드시는 것이 아닌 데다가 맛이 바르지 못하며, 또한 우리나라에서 생산되는 것과 달라 위장 기능에 해롭습니다. 공자께서 계강자季康子가 보내온 약을 드시지 않은 것을 통해 보더라도 한 젓가락이라도 입에 대어서는 안 됩니다. 비단 그것 때문만이 아닙니다. 근일 김홍륙이 저지른 것을 보십시오. 흩어져 있는 역적이 김홍륙 하나뿐이겠습니까. 만에 하나 감히 흉역의 마음을 품고 잇달아 음모를 행한다면 성상께서는 장차 어떻게 살피시렵니까. 선대의 왕들은 외부에서 들어온 모든 음식물을 드시지 못하게 법으로 명시해 두었으니, 이는 미연에 화를 방지하려 한 것입니다. 신은 바라건대, 오늘부터 외국에서 들어온 음식이나 다과를 일절 드시지 마시어 옥체를 보호하신다면 매우 다행이겠습니다.

자라 보고 놀란 가슴은 솥뚜껑 보고도 놀랄 수밖에 없다. 최익현은 고종이 좋아하는 커피에 아편을 탔던 일을 떠올리며 외국에서 들어온 음식이나 다과를 먹는 것까지도 경계할 것을 청하였다. 커피 한 잔 마음 놓고 마실 수 없는 위태로운 시기에 신하로서 무엇보다 신경 써야 할 일은 임금의 옥체를 보호하는 것이었으리라.

2 그 시절 그 풍경

중국 사신은 보름 동안 서울에서 무엇을 했을까

조선 초기부터 이어진 명나라와의 외교 관계에서 명나라 사신을 접대하는 일은 국가의 중요 행사였다. '천사天使'라고 불리는 명 황제의 사신은 황제의 등극이나 조선의 왕위 계승, 세자·왕비의 책봉 등 국가적 사안이 있을 때 주로 왕래하였다. 명나라 초기에는 학자 출신의 문신들이 주로 파견되어 온 터라 명의 선진 문화와 학문이 이들을 통해 전파되었고, 이는 조선 관각 문학의 발달을 자극하는 계기가 되기도 하였다. 그러나 임진왜란 이후 명나라 말기에는 주로 탐욕스러운 환관이 파견되어 무리한 예물 요구와 횡포를 일삼았기 때문에 조선의 재정이 고갈되는 요인이 되었다.

1634년인조 12 6월 20일, 명나라 사신이 인조의 장자인 소현세자의 왕세자 책봉을 허락하는 황제의 칙서를 가지고 서울에 왔다. 임금은 교외에 나가 다섯 번 절하고 세 번 머리를 조아리는 오배삼고두五拜三叩頭의 예를 행하고 칙서를 받았다. 명나라 사신들의 횡포를 잘 알고 있었던 임금과 조정 신하들은 이번 사신 행차의 폐해가 어느 때보다 심각하리라는 것을 알고 있었다.

사신들이 서울로 들어온 다음 날, 환영의 뜻으로 여는 잔치인 하마연下馬宴에서 명나라 사신이 예단을 물리치는 사태가 발생하였다. 이유는

의순관영조도義順館迎詔圖
1572년(선조 5) 10월 11일 명나라 사신이 신종神宗의 등극을 조선에 알리기 위해 압록강을 건너 의주에 있던 의순관에 도착했을 때의 광경을 그린 것이다. 명나라 초기에는 명의 선진 문화와 학문이 이들을 통해 전파되어 조선 관각 문학의 발달을 자극하는 계기가 되었지만 임진왜란 이후에는 주로 탐욕스러운 환관이 파견되어 무리한 예물 요구와 횡포를 일삼아 조선의 재정이 고갈되는 요인이 되었다. _규장각한국학연구원

인삼 근수가 줄었다는 것이었다. 이어 명나라 사신이 준 예물에 대해 우리가 답례하자 이를 보고서 "우리가 보낸 물품 가격의 반에도 못 미친다."라며 물리쳤다. 심지어 아예 사신들이 직접 나서서 자기들이 준 물품을 도로 돌려달라고 하기까지 하였다.

25일에 다담상茶啖床을 들일 때부터는 노골적으로 은銀을 요구하기 시작했다. '오늘부터는 다담상을 차리지 말고 그 비용을 모두 은으로 쳐서 달라.'는 요구를 담당 역관을 통해 해 왔다.

좌승지 정백창鄭百昌은 사신이 선조의 사위인 영안위永安尉의 처소에 보낸 예물 명목 등을 모두 보고하였다.

> 두목 등이 관소館所 안의 역관에게 말하기를 "왕친王親과 의빈儀賓 누구누구의 이름이 알고 싶다."라고 하였다고 합니다. 역관이 두들겨 맞고 욕을 먹더라도 절대로 이름을 말하지 말아야 했는데 겁을 먹고 알려 주고 말았습니다. 이를 이용하여 저들이 영안위의 처소에 예물을 보냈습니다. 한번 이러기 시작하면 왕자와 부마駙馬가 모두 침해를 받아서 장차 물품 요구를 감당할 수가 없고 본조의 물력 또한 고갈될 것이니, 지극히 통탄스럽고 놀라운 일입니다. 저들이 여러 곳에 예물을 보내면 대체로 본래 예물 값의 배를 되돌려 주었습니다. 그러다 보니, 저들이 꾀를 쓰기를 좋아해 점점 더 막기 어려워지게 된 것입니다. 이후로는 해당 관사로 하여금 답례 물목을 정해진 수효 이상으로 마련하지 말도록 하여 이익을 독차지하려는 마음을 막는 것이 합당할 것 같습니다. 천사의 예물 명목과 해당 관사의 답례 물품의 수효를 모두 보고합니다. 감히 아룁니다.

명나라 사신은 먼저 예물을 보내면 우리가 갑절로 답례하는 관례를 노리고, 왕친과 의빈 앞으로 예물을 보내려고 이름을 물어 왔다는 보고 내용이다. 인조는 이에 대해 예전부터 전해 내려온 규례를 하루아침에 바꾸기는 어려우니, 역관을 엄하게 신칙하여 예물을 보내는 길을 막도록 하라고 지시하였다. 이후로도 사신의 횡포는 계속 이어졌다.

6월 26일, 역관 장예충張禮忠이 명나라 사신의 말을 전했는데, 유람 일정을 모두 중지하고 그 비용을 모두 은으로 대신 지급해 달라는 것이었다.

7월 1일, 재신宰臣들이 관소에 가서 술을 대접하는 주봉배晝奉盃 행사 때에도 기어이 은을 받아 내려 하였다. 사신 접대를 담당한 관반사館伴使조차 이런 사람을 빈주賓主가 서로 공경하는 예로 대우할 수 없다고 분노하였다.

7월 3일, 출발 예정일 하루 전에 행하기로 되어 있는 상마연上馬宴을 사신 측에서 돌연 취소하였다. 예정했던 은 수량을 채우지 못하자 답답한 심사를 드러낸 것이다. 사신들은 결국 이틀을 더 머물렀고, 준비한 연회를 사양하면서 은을 챙겼다. 심지어는 돌아가는 도중에 먹을 쌀값까지 은으로 쳐서 받아가기도 하였다.

마침내 7월 6일 전별연을 끝으로 명나라 사신은 서울을 떠났다. 15일간 그들의 일정은 임금과 두 번 접견한 것 말고는 오로지 은을 모으는 일로 일관되었다. 머무는 동안 매일 지급되는 체류 비용조의 좌지은坐支銀과 각종 행사와 연회를 사양하고 대신 받은 은을 합하면 그 양이 얼마나 될까?

7월 4일 호조가 올린 초기에 의하면, 명나라 사신에게 지급된 은만 5만 5,000여 냥이고 가져온 물건을 민간에 팔아 챙긴 것이 6만 1,800여

냥으로, 저들 수중에 들어간 은자는 총 11만 6,800여 냥에 달하였다. 당시 소 1마리의 값이 은 7냥이고, 호조에 비축된 은이 1만 1,000여 냥뿐이었으니, 국가적 손실이 얼마나 컸을지 가늠할 수 있다.

우승지 이경헌李景憲은 임금에게 올린 글에서 '사람의 도리라곤 전혀 없어서 실로 인도人道로 논하기가 어렵다'는 한탄을 했다. 결국 이들은 명나라에서 온 마지막 사절단이 되었다.

10년 뒤인 1644년, 명나라는 북경北京을 청나라에 내주었고 끝내 국권을 회복하지 못하였다. 이른바 대국 사신들의 이러한 몰염치한 행적이 바로 멸망을 눈앞에 둔 한 나라의 모습이었던 것이다.

임금과 신하, 마음을 논하다

오늘날 정치 지도자는 어떤 공부를 주로 할까? 조선 시대 임금과 신하들은 경연經筵이라는 자리를 통해 학문을 논했다. 요즘에 말하는 학문은 어떤 분야를 체계적으로 배워 익히는 것을 가리키지만, 조선 시대까지만 해도 학문이라 하면 바른 성정性情을 기르고 배운 바를 실천하는 것을 뜻하였다. 마음을 논하는 자리이다 보니, 임금과 신하가 경전이나 역사서를 놓고 강독하는 자리에서는 때에 따라 유학이 아닌 종교에 대한 비판이 오가기도 했다.

1669년현종 10 1월 10일, 좌의정 허적許積, 판중추부사 송시열宋時烈, 병조 판서 홍중보洪重普, 호조 판서 민정중閔鼎重, 참찬관 이민적李敏迪 등은 양심합養心閤에 나아가 《주자어류》를 진강하였다. 진강하면서 현종이 불가의 참선과 관련하여 유학에서 말하는 개념과의 연관성을 묻자 신하들이 공통점과 차이점을 논했다.

현 종 불가에서 말하는 집중하지 못하고 생각이 흐른다는 뜻의 '유주상流注想'이란 《대학》에서 말한 "마음이 거기에 있지 않다.心不在焉"라는 것인가?

송시열 옛사람이 "잠깐 사이에 만 리 밖으로 달아난다."라고 한

경연일기經筵日記
학봉鶴峰 김성일金誠一이 1571년과 1572년 사이에 왕과 신하들이
학문을 연구하는 자리인 경연에서 강의하고 토론한 내용을 기록한 공식 일기이다.
이러한 일기는 사관史官들이 작성해서 보관했는데, 강독한 책의 제목, 범위, 왕과 신하들의
토론 내용, 정치 사안에 대한 논의 등이 기록되어 있다. _국립중앙박물관

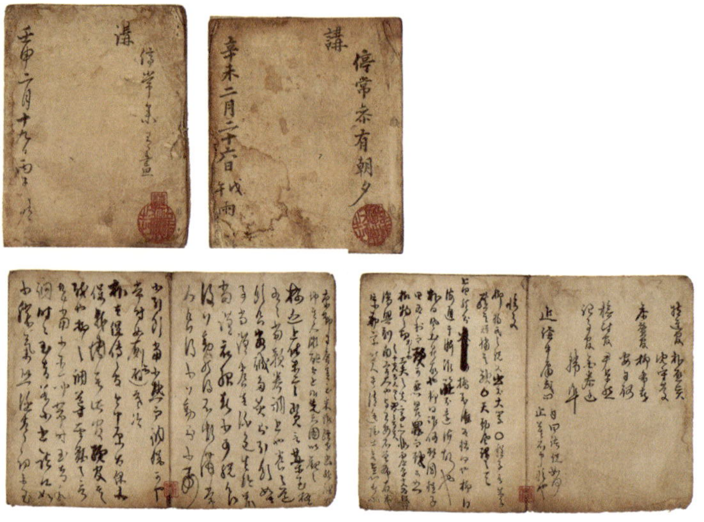

말이 바로 '유주상'을 가리킨 것입니다.

현 종 유가에서는 모든 일에 대응하면서 마음을 다스리기 때문에 어렵고, 불가에서는 모든 일을 끊어 버리고 마음을 다스리기 때문에 쉬운 것이다.

송시열 성상의 말씀이 지당하십니다.

현 종 맹자가 말씀한 양주楊朱와 묵적墨翟은 석씨釋氏와 같은 부류인가?

송시열 양주와 묵적은 인仁과 의義를 배우다가 잘못된 자들로 그

내용이 천근하여 잘못된 것임을 알기가 쉽지만, 불가는 심성을 가리켜 말하였기 때문에 후세의 학자들이 그 학설에 많이 빠져들어 피해가 큽니다. 석가는 주周나라 시대의 사람으로 자비를 내세워 살생을 금하고 윤회설을 지어 사람들에게 선善을 행할 것을 권하였으니, 그 말이 지극히 천근하였습니다. 그 후 양 무제梁武帝 때에 달마達摩라는 자가 비로소 심성을 설파하여 점차 정밀하고 자세한 논리를 갖추었습니다. 그 학설이 유가의 학설과 매우 흡사하였는데, 송宋나라 때에 이르러 더욱 성하였습니다. 때문에 정자程子와 주자朱子도 처음에는 모두 좋아했던 것입니다.

현종은《대학》의 '심불재언'과 불교의 '유주상'을 연관 지어 볼 수 있는지를 묻고, 유가에서는 모든 일에 대응하면서 마음을 다스리는 것이 불가와는 다르다고 말하였다. 또 양주나 묵적이 잘못된 것이 불교와 견주어 어떤지를 물었다. 송시열은 양주와 묵적은 유학을 배우다 잘못된 자들이어서 그들의 설이 잘못되었음을 알기가 쉽지만, 불가에서는 심성을 가리켜 말하였기 때문에 그 학설에 빠져들기가 쉬워서 사실상 양주와 묵적보다도 위험하다고 말한다.

현 종 참선이란 어떤 것인가?

송시열 선은 말라죽은 나무나 식은 재와 같은 마음을 가리킵니다.

허 적 불가에는 선종과 교종이 있는데, 선禪은 마음을 다스리는 것이고, 교敎는 도를 행하는 것입니다.

회강반차도會講班次圖
왕세자가 세자시강원 관원들과 강론하는 모습을 그린 그림이다. 5첩으로 구성된 이 반차도에는 회강이 시작되기 전에 미리 진강할 내용을 확인하는 모습, 왕세자가 사·부·빈객 등을 맞이하는 순서, 서안書案을 사이에 두고 왕세자와 사·부·빈객이 진강하는 장면 등을 그려 두어 회강의 절차와 의례를 자세히 알 수 있다. _규장각한국학연구원

송시열 불가에서는 선은 부처의 마음이고, 교는 부처의 교화라고 하였습니다.

현　종 선은 단지 자신의 마음을 다스리는 것이므로 그 피해가 적지만, 교는 그 도를 펴서 세상을 속이는 것이므로 그 피해가 큰 것이다.

송시열 선을 통해 마음을 다스리는 것으로, 장래의 일을 알 수도 있습니다. 우리나라에 희언熙彦이란 자가 있는데 그도 참선한 중입니다. 토실을 지어 놓고 거처하면서 문을 닫아걸

고 음식을 먹지도 않았습니다. 여러 중들이 희언이 모르게 밥을 가져다 문밖에 놓고 오면 희언이 밥을 먹고는 가져온 중의 방문 앞에다 그릇을 도로 가져다 두었는데, 틀린 적이 없었다고 합니다. 이것이 이른바 '타인의 마음을 읽는 능력他心通'입니다. 인조 때에는 각성覺性이란 중이 있었는데, 그는 교종 승려였습니다.

허 적 신이 전라 감사를 지낼 적에 각성을 만나서 천당과 지옥의 설에 대해 물었습니다. 그러자 그는 천당과 지옥은 실제로 있는 것이 아니고 다만 이것으로 세속 사람들이 선에 나아가고 악을 피하도록 권면하기 위한 것이라고 하였습니다. 그러니 이것이 형장刑杖으로 백성을 부리는 것과 무엇이 다르겠습니까. 사또도 어리석은 백성은 덕으로는 교화시킬 수 없어 형장을 써서 다스리는데, 불가의 지옥설도 이와 같다고 하였습니다.

현종은 선禪은 단지 자신의 마음을 다스리는 것이므로 그 피해가 적지만, 교敎는 그 도를 펴서 세상을 속이는 것이므로 그 피해가 크다고 하였다. 불교 가운데 선종에 대해서는 상대적으로 우호적인 인식을 하고 있음을 보여 준다. 송시열과 허적은 각자 선종과 교종의 승려에 관해 보고 들은 내용을 임금께 아뢰었다. 천당과 지옥의 설이 유학에서 형장을 쓰는 것과 내용상 상통한다는 이해를 바탕으로, 유교와 불교가 겉으로야 다르지만 내용상 맥을 같이하는 부분들에 대해 연관 지어 이야기하는 경연의 모습이 흥미롭다.

국가 정보 공개의 빛과 그림자

정보는 힘이다. 지피지기知彼知己면 백전백승百戰百勝이라 하였다. 어떤 일을 시작할 때 그에 관한 정보가 없다면 현실에 맞는 계획을 세울 수 없고, 그렇게 되면 자연 일을 성공시키기 어렵다. 그러나 우리만 알아야 할 정보가 애초 의도와는 다르게 다른 나라로 넘어가는 일이 있다면 큰 문제가 된다.

조선 시대에는 조정의 '소식'을 알리는 '조보朝報'가 있었다. 조보는 승정원에서 주서가 그날의 인사 기록이나 상소문, 연석에서 있었던 주요 내용을 정리해 작성하였다. 입직 승지의 검열을 거쳐 내놓으면 사헌부와 사간원의 기별서리奇別書吏가 먼저 베끼고 이후 각 관사의 기별서리가 차례로 베껴 갔다.

각 관사에서는 이를 다시 베껴 기별군사를 통해 소속 관사 및 전·현

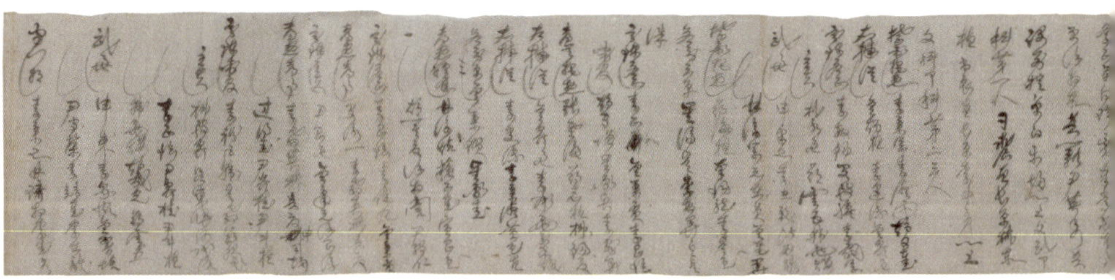

직 관료들에게 배포하였다. 이때 전날의 조보를 다음 날 아침에 배포하는 것이 일반적이었으며, 특별한 사정이 있어 서두를 경우 당일 저녁에 받아 보는 것도 가능하였다. 공식적으로 조보는 역로驛路를 통해 전국에 배포되어 늦어도 보름 안에는 조정의 소식이 먼 변방까지 전달되었는데, 개인적인 친분 관계에 의해서도 유통되었다.

1724년영조 즉위년 10월 15일, 영조가 무망각無妄閣의 거상居喪하는 여막에 나아가 전 평안 감사 오명항吳命恒을 불러 만났다.

영 조 새로 제수된 감사는 떠나기 전에 반드시 불러서 보지만, 체차되어 온 감사는 부를 필요가 없다. 그런데도 오늘 그대를 불러 만나는 뜻은 경이 막 평안도에서 돌아왔기 때문에 백성의 일에 대해 묻고자 해서이다.

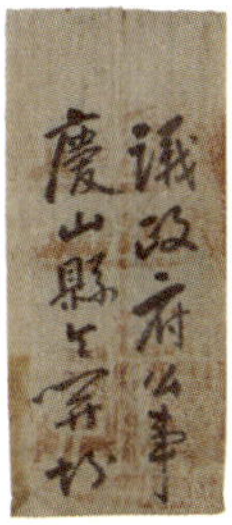

조보朝報

조정의 소식을 전하는 문서로, '기별奇別'이라고도 하였다. 이 문서는 경산 현령 앞으로 보낸 것으로 1803년(순조 3) 윤3월에 작성된 것이다. 같은 달 23일에 있었던 인사 내용을 담고 있다. _국민대학교박물관

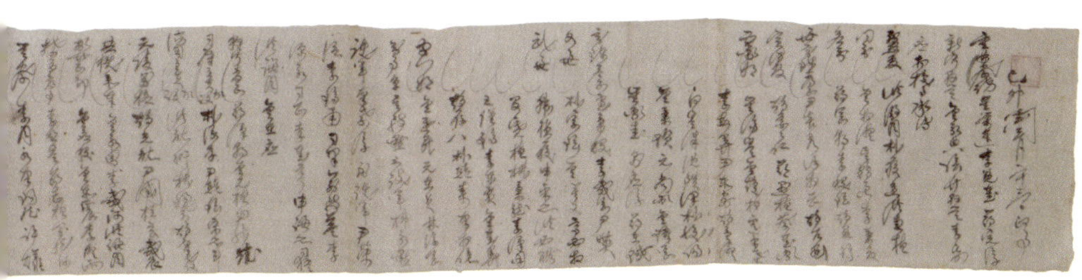

오명항 성상께서 현재 상중에도 밤낮없이 매우 염려하시면서 백성의 고통에 대해 듣고자 일반적인 격례를 벗어나서 이렇게 불러 주셨습니다. 백성이 겪는 어려움에 대해 하문하시니, 백성의 일로 봐도 참으로 다행스러울 뿐만 아니라 소신의 영광스러움도 지극합니다.

지금 백성을 위한 급선무는 양역良役을 변통하는 일입니다. 소신이 평안도에 있으면서 조보를 계속해서 받아 보았는데, 상께서 하교하신 뜻이 매우 간절하였으므로 노약자나 병든 자까지도 모두 감격의 눈물을 흘렸습니다. 다만 평안도 지방에서는 호포 1필씩 내는 역을 전부터 이미 시행하고 있으므로 양역에 대해서는 변통할 일이 별로 없습니다. 그런데 연달아 전염병이 돌고 흉년이 들어서 백성이 지치고 병들어 있는데도 근래에 계속해서 나오는 칙사에게 들어가는 비용 대부분을 민간에서 거두고 있는 게 현실입니다. 평안도 백성들이 겪는 고질적인 어려움이 전적으로 여기에서 기인합니다.

오명항은 평안도에 있으면서 조보를 계속 받아 보고 조정에서 논의되고 있는 사항을 파악하고 있었다. 그렇기 때문에 임금의 관심사를 바로 알아듣고 평안도의 특수한 상황에 대해 덧붙여 설명할 수 있었다. 조보를 통해 먼 변방에서도 정부 정책과 관련된 소식을 알 수 있었고, 이를 바탕으로 정책을 검토하고 개선책을 건의할 수 있었던 것이다.

그런데 이러한 조정의 정보가 공개되다 보니, 알아서는 안 될 사람들에게 흘러들어가는 폐단이 나타났다.

다음은 1673년현종 14 7월 5일에 상이 창덕궁 희정당에 나아가 우의정 김수홍金壽興과 병조 판서 김휘金徽 등을 인견하는 자리에서 나온 이야기이다.

김수홍 신의 조부가 급제하였을 때가 병신년1596이었는데, 이때 황신黃愼이 사신으로 일본에 갔다가 돌아왔습니다. 황신이 돌아와서 치하하면서 대판성大阪城에 있을 때 과거 합격자 명단을 보고 기뻐했다고 말하였는데, 대판성에서 그것을 본 날이 방이 붙고 나서 얼마 지나지 않은 때였다고 합니다. 별로 중요하지 않은 방목도 이렇게 빨리 전해지니, 중대한 것이야 얼마나 빨리 들어갈지 짐작할 수 있습니다.

현 종 한 장에 값을 많이 쳐주기 때문에 그렇다고 한다.

김 휘 조보에도 정해진 값이 있다고 합니다.

현 종 우리나라 사람은 저 나라의 정세를 모르면서 우리나라의 정세를 그들에게 말할 줄만 알아 밥숟가락 크기까지도 다 말하니, 마음이 못된 데다 입까지 가벼운 것이다.

김수홍 실로 마음이 못된 데서 비롯된 일입니다만, 통관通官 족속들이 이와 관련해 몰래 내통하는 폐단이 없지 않습니다.

현 종 조보 같은 경우 어떻게 그들 족속이 다 알 수 있는 것인가?

김 휘 그저 저들이 돈을 주고 사들였기 때문에 그런 것입니다.

일본은 돈을 주고 통관들로부터 조보를 사들여 정보를 모으고 있었다. 그러다 보니 밥숟가락 크기까지 안다고 할 정도로 시시콜콜한 정보까지 일본으로 속속 빠져나가고 있었다.

반면 조선은 어땠을까? 1672년현종 13 10월 22일자 기사에 김수항金壽恒과 임금이 대화한 내용을 보면, 역관이 구해 오는 일본의 통보通報 종류는 우리나라 조보와는 달라 별로 긴요한 내용이 없으므로 선조先朝께서도 가져오지 말라고 명령했다고 하였다. 그 시절 조선은 일본과의 정보전에서 한참 밀리고 있었던 것은 아닐까.

기상 이변에 두 다리를 펴고 누워 본 적이 없다

천재지변 앞에서는 죄 없는 사람도 두려워지는 게 사실이다. 조선 시대 임금들은 재이災異가 있을 때 그 원인을 자신이 덕이 부족한 탓으로 돌렸다. 그리고 이를 계기로 정치에 잘못이 없는지, 사람을 등용하는 데 실수가 없었는지, 형옥刑獄에서 원통해할 만하거나 적체된 일은 없는지를 점검하고 반성하였다. 평소 살던 궁전에서 거처를 옮기고, 수라상의 반찬을 줄여서라도 하늘의 견책에 응하고자 하였고, 신하들로 하여금 각각 시정時政의 폐단을 숨김없이 진술하도록 하기도 하였다.

1724년영조 즉위년 9월 17일, 승정원에서 늦가을에 우레가 친 기상 이변을 두고 더욱 마음을 경계할 것을 청하자, 다음과 같은 전교를 내렸다.

> 아! 덕이 없는 내가 이 지위에 있다 보니 깊은 골짜기에 떨어지기라도 할 듯하여 아침저녁으로 경계하고 두려워하였다. 만물을 수렴하여 저장하는 달에 우르릉거리고 번쩍거리며 천둥 번개가 치는 기상 이변이 갑자기 나타났으니, 두려움이 배나 더하여 어찌할 바를 모르겠다. 아! 어질고 자애로운 하늘이 이렇듯 경계를 보이는데, 돌이켜 스스로 반성하지 않는다면, 하늘인들 이를 어찌하겠는가. 이는 하늘이 경고하지 않아서가 아니다. 사람이 스스로 기회를 버린 것이

관상감 관천대觀象監觀天臺
관상감에서는 매일 천체를 관측하고, 천문 현상이 발생하면
기후를 관측한 단자를 작성하여 왕에게 보고하였다. 조선 후기에는
창덕궁 금호문 밖과 경희궁 개양문 밖 두 군데에 관상감이 있었다.
조선총독부 관측소에서 1913년 간행한《일용편람日用便覽》에
수록되어 있는 이 사진은 창덕궁 금호문 밖에 있었던 관상감의 관천대이다.
현재 서울시 종로구 계동 현대사옥 앞에 있다. _국립기상연구소

다. 가만히 생각하다 이런 생각까지 드니, 먹고 쉰다 해도 어찌 편안 하겠는가.

이번에 경계하도록 아뢴 것은 나라를 걱정하고 임금을 사랑하는 데서 나온 것으로 말이 매우 절실하고 지극하니, 깊이 생각하지 않을 수 있겠는가. 아! 어려운 일들이 눈앞에 가득하여 민생이 곤궁한

때에 상하가 돕고 보호하는 방책을 제대로 세우지 못한다면, 정말이지 백성이 장차 어찌 되겠는가. 폐단을 고치고자 한다면 형식적인 것에 매이지 말고 내실을 기하는 데 힘써야 한다. 이것이 동중서董仲舒가 말한 '주周나라의 형식文을 조금 줄이고, 하夏나라의 내실忠을 극대화해야 한다.'는 것이다. 실천하지 못할 말을 하는 것은 내 뜻과는 다른 것이다. 경들은 오직 정성을 다하여 나의 부족한 부분을 채우는 데 힘써 주기 바란다. 내가 비록 불민하지만 스스로 반성하는 도리를 어찌 소홀히 할 수 있겠는가.

기상 이변이 있을 경우 임금은 비망기를 내려 이변을 초래한 것을 반성하고, 널리 직언을 구한다.

1728년영조 4 10월 3일, 며칠 전 기상 이변이 있었으나 임금이 비망기를 내리지 않자 신하가 이것을 문제 삼았다. 이에 대해 영조는 깜빡 잠이 들어 몰랐노라고 변명한다.

내가 평소 하늘을 공경하는 정성이 하늘에 닿을 정도는 아니지만 마음가짐만은 조금도 소홀히 한 적이 없었다. '천天' 자가 적힌 것이라면 종이쪽이라 해도 감히 함부로 밟지 않았다. 이런 행동이 별스럽다 싶긴 해도 본래부터 이렇게 해 왔다.

27일 밤의 경우는, 비가 내릴 계절이 아닌데 밤새도록 비가 그치지 않아 속으로 몹시 경계하고 두려워하였다. 그래서 그때 밤 시각을 알리던 북소리가 여러 번 울렸는데도 바로 잠자리에 들지 못하고 청사를 배회하며 한밤중까지 잠들지 못했다. 그때 유신儒臣은 잠

평혼의平渾儀
평혼의는 환재桓齋 박규수朴珪壽가 평면의 원에 별자리를 표시한 도구이다. 남반구와 북반구에 표시된 별자리 위치를 통해 시간과 계절을 측정해 볼 수 있다. 혼천의는 천체의 모습을 입체적으로 제작하였는데, 평혼의는 이를 평면 위에 표시해 간편하게 만든 기구라 할 수 있다._실학박물관

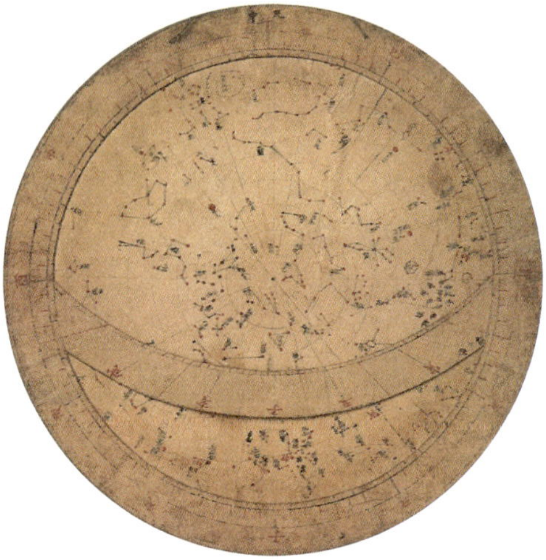

들지 않고 있다가 천둥 치는 소리를 들은 것인가? 나는 그 소리를 못 들었으니, 아마도 내가 잠든 사이에 천둥이 쳤던 모양이다. 그렇지만 나는 지금까지 기상 이변이 있는 날이면 마음 편히 잠을 잔 적이 없었고, 혹 잠을 잔다 해도 감히 두 다리를 쭉 펴고 누워 본 적이 없다. 유신이 아뢴 말이 이처럼 절실하니 내 마땅히 더욱 유의하겠다.

기상 이변이라는 계기를 통해 신하는 임금의 마음 상태가 공경스러운지를 점검했고, 임금은 자신을 돌아보고 신하들에게 더욱 정성을 다해 보좌해 줄 것을 당부하였다. 순조롭지 못한 자연 현상을 보면 위정자가 순리를 따르지 않은 것으로 인해 초래된 일은 아닐까 하여 스스로를 돌아보았던 옛 풍경이다. 신하가 임금에게 글을 올려 한시도 긴장을 늦추

지 말고 마음을 경계하도록 청하고, 임금이 자신을 반성했던 이유는 모두 군주의 잘못된 마음가짐과 행동으로 인해 나라와 백성에게 고통을 줄까 염려해서였다.

근무 성적 평가는 공정했을까

오늘날에도 조직 사회의 구성원들은 평소 자신의 능력을 발휘하고 실적을 쌓아 고과考課를 잘 받으려고 노력한다. 그리고 승진자 발표 시기가 되면 결과에 관심이 쏠리게 마련이다. 조선 시대에는 어떤 방식으로 관리들의 업무 능력을 평가하였을까?

조선 시대 관원의 고과 평정을 보면, 중앙 관원은 그 관사의 당상관이, 지방 수령은 관찰사가 근무 성적을 평가하여 매년 6월 15일과 12월 15일에 임금에게 문서로 보고하였다. 이를 포폄 계본褒貶啓本 또는 전최 계본殿最啓本이라 부른다. 평가 등급이 낮은 것을 폄貶과 전殿이라 하고, 높은 것을 포褒와 최最라 하였다. 평가 대상 관원을 네 글자 또는 여덟 글자의 한자 제목으로 평가하고 그 성적에 따라 상·중·하로 등급을 매겼다.

포폄 계본은 반드시 임금 앞에서 개봉하였고, 임금은 계본을 보고 평가 등급이 적절치 않다고 여기면 붉은색으로 점을 찍어 내리기도 하였다. 그럴 경우 평가 성적이 '상'이면 '중'으로 수정하고, 평가 성적이 '중'이면 '하'로 수정하는 방식으로 평가를 확정하였다. 아울러 평가를 제대로 하지 못한 관찰사나 통제사 등은 죄를 다스려 추고하였다. 임금이 점을 찍어 내리면 평가 등급이 하향 조정될 뿐만 아니라 경우에 따라서는 파직되기도 하였는데, 이러한 사례가 《승정원일기》의 곳곳에 보인다.

> 충청도 청산 현감 윤복尹馥이 "부세 징수가 공평하지 않고, 송사가 많이 적체되었다."는 평가 제목에 걸맞지 않게 '중' 등급을 받았다 하여, '하' 등급으로 수정하고 파직하였다.

> 함경도 영흥 부사 김정하金鼎夏가 "부임한 지 1년이 지났는데, 잘 다스린다는 소문이 아직 없다."는 평가 제목에 걸맞지 않게 '중' 등급을 받았다 하여, '하' 등급으로 수정하고 파직하였다.

> 전라도 장성 부사 박수의朴守義가 "교활한 아전을 단속하지 못하여 비방을 면치 못하였다."는 평가 제목에 걸맞지 않게 '중' 등급을 받았다 하여, '하' 등급으로 수정하고 파직하였다.

이때 이조와 병조에서는 각기 그 계본을 검토하여, 등급 판정에 문제를 발견한 경우 지방 수령에 대해서는 이조에서, 변장에 대해서는 병조에서 평가 등급을 재조정하겠다고 임금에게 보고한 뒤 최종 평가를 하였다. 그러고 나서 승정원으로 포폄 계본을 내렸는데, 승정원에서는 검토한 결과에 따라 다시 등급 조정을 하기도 했다.

1724년영조 즉위년 12월 16일에 도승지 김동필金東弼이 경기 감사 서명균徐命均 등이 고과 평정을 잘못하였다는 이유로 추고를 청한 것이 그 예이다.

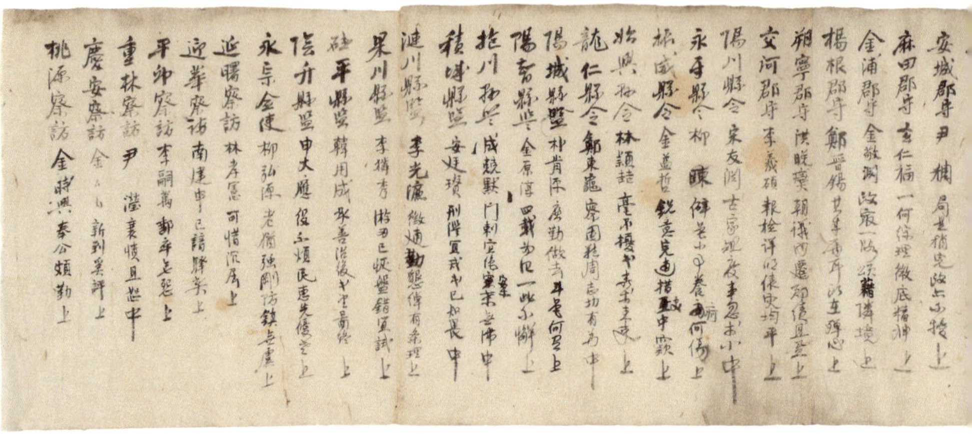

신이 삼가 각 도의 포폄 계본을 보았습니다. 경기 감사 서명균의 계본에서는 통진 부사 유성징柳聖澄에 대해 "정사에 상당히 흠이 많고, 백성들의 비방을 초래하였다."라고 평가하였으며, 통제사 윤오상尹五商의 계본에서는 구산 첨사 김성협金聖協에 대해 "소나무 벌목을 엄히 금지하지 못하였고, 일 처리도 엉망이다."라고 평가하였으며, 전라좌도 수군절도사 민창기閔昌基의 계본에서는 사도 첨사 신형申珩에 대해 "병이 깊어 직무를 방치하였고, 일 처리가 대부분 적절치 않았다."라고 평가하였습니다. 그러니 의당 하고下考에 두어야 합니다. 그런데도 모두 중고中考에 두어 번거롭게 점을 찍어 내리시도록 하였습니다.

경상 감사 권이진權以鎭의 계본에서는 남해 현감 박민재朴旻梓에 대해 "무역을 하며 백성들을 성가시게 하였으니, 비록 관례라 하더라도 폐해를 끼쳤다."라고 평가하였으니, 하고에 두어야 하는데 중

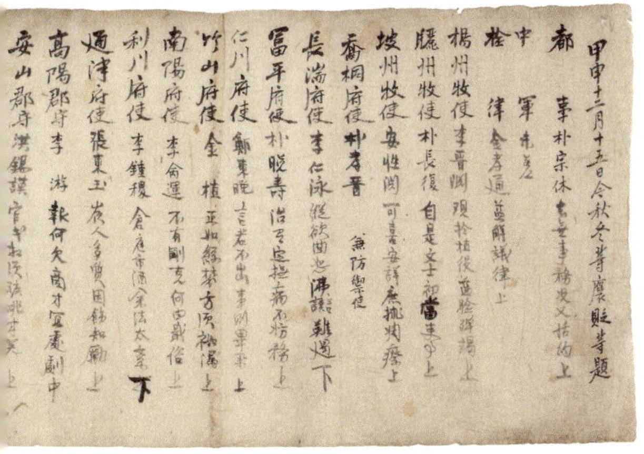

추동등포폄등제秋冬等褒貶等題
순조 24년(1824) 12월 15일 경기 관찰사 박종기朴宗琦가 자신의 관할 지역 내 관리들의 가을과 겨울의 근무 성적을 평가한 것이다. 평가 내용을 기재하고 그 아래에 상·중·하로 구분하여 성적을 매겼다. 양주 목사 이진연李晉淵에게는 온 힘을 다해 지방을 다스렸다는 이유로 '상'을 주었으며, 장단 부사 이인영李仁泳에게는 탐욕이 많아 여론이 들끓는다는 이유로 '하'를 주었다. 고과 평정 내용이 구체적임을 알 수 있다.
_경기도박물관

고에 두었습니다.

황해 감사 김시환金始煥, 황해도 수군절도사 김중려金重呂, 경기 수군절도사 이익한李翊漢, 강화부 유수 이진망李眞望, 북병사 이은성李恩晟, 전라좌도 수군절도사 민창기 등의 계본 가운데에는 하를 맞은 수령과 변장이 한 사람도 없었으니, 엄정하게 전최하는 뜻이 전혀 없습니다. 모두 추고하여 경책하는 것이 어떻겠습니까?

김동필은 유성징, 김성협, 신형 등에 대해 평가한 제목에 걸맞게 '하' 등급을 주어야 하는데 '중' 등급을 주어 임금이 점을 찍어 표시하게 했다는 것을 문제 삼았고, 한 명에게도 '하' 등급을 주지 않은 데 대해서는 평가를 신중히 하는 뜻이 없다고 하여 지방관들을 징계하기를 청하였다. 그리고 영조는 이를 윤허하였다.

고금을 막론하고 포폄은 관리들의 업무 수행과 기강 확립을 위한 제도인 만큼 공정성을 담보하는 것이 관건이다. 포폄 계본과 관련하여 《승정원일기》에 기록된 대부분의 내용은 근무 평정의 문제점을 지적하고 징계를 청한 것이다. 조선이 500여 년 간이나 국가 체제를 유지할 수 있었던 데에는 포폄 제도도 어느 정도 기여하지 않았을까 하는 생각이 든다.

수령의 하직 인사

수령은 임금을 대신하여 백성을 다스리는 중대한 임무를 맡은 지방관이다. 임금은 이들이 부임하는 지방으로 떠나기 전에 하직 인사를 받는다. 그 자리에서는 주로 수령으로서 해야 할 바를 묻고 선정을 베풀어 달라는 당부의 말을 한다.

수령이 하직 인사를 하는 절차를 살펴보면, 수령이 임금 앞에 나와서 소회와 이력을 말하고 나면 임금이 지방관이 힘써야 할 일곱 조목인 수령칠사守令七事를 외도록 하는 것이 일반적이다. 수령칠사란 농상農桑을 진흥시키고, 호구戶口를 늘리고, 학교를 일으키고, 군정軍政을 잘 다스리고, 부역賦役을 고르게 하고, 사송詞訟을 간결하게 하고, 간활奸猾이 없어지게 하는 등의 일곱 가지 일을 말한다.

그런데 경우에 따라 임금은 특별히 관심을 가질 만한 인물이 있으면 인사를 받는 자리에서 여러 가지 질문을 하기도 하였다. 1725년영조 1 2월 19일, 영조가 창경궁 시민당에서 하직하는 수령들을 만났는데, 그 중에서 회덕 현감 이간李柬에게 특별한 관심을 보였다.

영 조 각자 소회와 이력을 말하고 수령칠사를 외라.

(회덕 현감 이간이 나아와 엎드려 먼저 관직과 성명을 아뢰었다.)

영 조 어떤 관직을 지냈는가?

이 간 소신은 과거를 거쳐 벼슬을 한 자가 아니고 숙종조에 사림을 수용할 적에 외람되이 천거를 받았습니다. 임진년1712에 상릉 참봉이 되고, 을미년1715에 시강원 자의가 되고, 정유년1717에 다시 자의가 되었다가 6품으로 올라 종부시 주부가 되었으며, 이번에 회덕 현감에 제수되었습니다.

영 조 그러한가? 자의를 지낸 사람인가?

박성로朴聖輅 그렇습니다.

영 조 내가 미처 몰라보았다. 산림山林으로서 책을 읽었으니, 필시 학문하는 요령을 알 것이다. 듣고 싶구나.

이 간 신이 본래 아둔하고 정밀하지 못해 그저 옛사람이 밝혀 남긴 학문 가운데 찌꺼기나 들었을 뿐입니다. 그러니 무슨 소견이 있겠습니까.

영 조 지나치게 겸양하지 말라.

이 간 성현의 말씀이 모두 서적에 실려서 법을 이루고 학설로 정해져 있으니, 그 가운데 자연히 요령이 있을 것입니다. 전하께서는 타고난 자질이 높고 밝은 데다 오랫동안 학문에 전념하셨으니, 필시 학문하는 요령을 스스로 아실 것입니다. 신이 어찌 감히 우러러 대답할 말이 있겠습니까.

(일어나 물러나려고 하자, 영조가 친히 손을 들어 말리며 일렀다.)

영 조 앉으라. 수령이 이런 연석筵席에 들어오기도 쉽지 않은데 이런 기회에 어찌 소회를 말하지 않는가. 또한 의리를 논하는 말은 아침에 들어도 좋고 저녁에 들어도 좋으며 날마다 들으면 더 좋다. 내가 경학 공부에 대해 듣고 싶은데 그대는 어찌하여 이렇게까지 겸양하는가?

이 간 신이 본 것은 없지만 전에 선배들이 했던 논의를 들으니, 학문하는 본말本末은 지知와 행行뿐인데, 지와 행에는 다시 각각 완벽하게 도달하는 경지가 있다고 합니다. 지에 이르는 것이 격물 공부인데, 일 한 가지, 물건 하나, 풀 하나, 나무 하나까지 모든 이치를 알아야 합니다. 날마다 몸과 마음에 적용하면 틀림없이 윤리와 기강을 분명하게 이해할 수 있게 됩니다. 이것이 바로 완벽하게 지에 도달한 경지일 것입니다. 행으로 말하자면, 모든 선善과 모든 행에 최선을 다해야 하는 것입니다. 《대학》 성의장誠意章의 요지가 선을 좋아하고 악을 싫어하는 것이 아니겠습니까. 수기修己 면에서 천리와 인욕을 분명하게 구별하고, 치인治人 면에서 선을 좋아하고 악을 싫어하는 일에 진실하게 힘을 쓴다면, 이것이 바로 힘써 행하는 데에 완벽하게 도달한 경지일 것입니다. 학문을 하면서 그처럼 완벽하게 도달하는 것을 우선시하지 않는다면 학문을 하는 요령이 아닐 듯합니다. 《맹자》에서 "먼저 그 큰 것을 확립한다."라고 한 말이 이것을 가리키지 않겠습니까.

영 조 참 좋은 말이다. 어찌 많은 말이 필요하겠는가. 의리의 큰 줄거리는 한마디로 포괄할 수 있다.

영조는 이간의 이력을 듣고 학식과 덕이 높은 산림 출신이라는 데에

김홍도 평생도 중 관찰사부임觀察使赴任

각 도에 파견된 지방 행정 최고 책임자인 관찰사가 부임하는 장면을 그린 그림이다. 관찰사에게는 도 내의 모든 수령을 지휘·감독하고 근무 성적을 평가하여 보고하는 권한이 주어졌다. 또 도 내를 순찰하면서 관리들을 규찰하는 임무를 맡았다. _국립중앙박물관

특별한 관심을 보이고, 학문하는 요령에 대해 고해 주기를 원하였다. 그런데 이간이 겸양하여 답변하기를 여러 차례 사양하고 자리에서 일어나 물러나려 하자 손으로 만류해 가면서까지 기어이 학문을 하는 요령에 대해 듣고자 하였다. 이간의 의견을 들은 후 이어 문벌과 연원淵源을 물었다.

영 조 어느 집안의 자손이고 누구에게서 학업을 전수받았는가?

이 간 신의 문벌은 단출하고 보잘것없습니다. 신의 아비는 진사이고 신의 할아비는 무관으로 곤수閫帥를 지냈으니, 이렇다 하게 아뢸 만한 것이 없습니다.

영 조 문벌이 무슨 상관인가.

이 간 신이 본래 재주가 없어 배워 터득한 것은 없으나, 일찍이 선정신 권상하權尙夏를 추종해 섬겨 그의 문하에서 학업을 닦았습니다.

영 조 선정 문하에서 학업을 닦았으니 연원도 좋구나. 최근 사림이 외직에는 더러 부임하기도 하나 내직은 청요직淸要職이라는 이유로 번번이 사양하여 회피하는데, 의리상 그럴 필요가 없다.

이 간 지금 제수받은 본직이 일개 수령이라 할지라도 재주가 엉성한 신으로서는 감당하지 못할 자리입니다. 하지만 신에게 80세의 병든 어미가 있어 편하게 봉양하는 일이 급하여 마지못해 제수하는 명에 따랐습니다. 안으로 저 자신을 돌아볼 때 두렵고 부끄러운 마음을 가누지 못하겠습니다.

옛사람이 내직은 사양하고 외직은 맡았던 것은 출처出處의 의리를 고려한 것인데, 신과 같은 사람이 어찌 출처를 말할 수 있겠습니까. 개인적인 사정에 급급하여 공의公義는 생각지도 않았으니 실로 너무나 외람됩니다.

영 조 노모가 지금 내려가 있다고 들었다. 지금 진강할 사람을 얻기가 몹시 어려우니, 조만간 올라와 함께 강론하여 내게 부족한 것을 보충해 주기를 바란다. 그때는 너무 사양하지 말라.

이 간 미관말직에 있는 사람이 외람되게 하문을 받은 데다 아뢴 내용도 조리가 없었는데, 끝내 성상께서 이처럼 간곡하게 하교하시니 신이 더없이 황공하고 감격하여 무슨 말을 해야 할지 모르겠습니다.

영 조 내직이건 외직이건 관직으로서 차이가 없으니 또한 힘써야 한다.

이 간 성상의 하교를 직접 받들었으니, 어찌 감히 힘을 다해 종사하지 않겠습니까.

문벌이 별 볼 일 없다고 하자, 영조는 문벌이 무슨 상관이겠느냐고 답할 정도로 이간에게 관심을 보였다. 그리고 지방관으로 내려갔다가 조만간 내직으로 올라와 함께 강론하며 자신을 도울 것을 당부하였다. 임금이 초야에서 학문과 덕을 쌓은 산림 출신의 신하를 대하는 태도가 어떠했는지를 알 수 있는 대목이다.

선비의 기개를 꺾어서는 안 됩니다

성균관의 유생들은 공부만 했을까? 성균관은 생원과 진사 자격을 갖춘 사람이 입학하는 조선 시대 최고의 국립 교육 기관이었다. 성균관에 들어간 유생들은 대부분 그곳에서 먹고 자면서 공부를 했다. 기숙하는 곳이 양현재이고, 공부하는 곳이 명륜당이다. 하지만 성균관 유생들은 학문을 닦고 연마할 뿐만 아니라 나라의 정치 사안에 대해서도 의견을 표명할 수 있었다. 선비는 나라의 원기라고 여겨 임금이나 대신도 이들의 의견을 무시하지 않았다.

생원 정유鄭楺 등 수백 명이 신축년1721, 경종 1에 연잉군을 왕세제로 세울 때 반대한 자들의 죄를 다스리도록 청하는 상소를 올렸다. 1725년 영조 1 6월 11일, 영조는 입직한 승지를 만나는 자리에 상소를 올린 우두머리인 정유를 불렀다. 영조는 성균관 유생으로서 역적을 토벌하기를 청한 것은 옳다고 하면서도, 상소 내용 중에 조태억趙泰億이 지은 교문敎文을 언급한 부분에 대해서는 문제를 삼았다. 이에 대해 답변하는 과정에서 정유는 임금의 심기를 상하게 했다.

영 조 너는 유생의 관을 쓰고 유생의 옷을 입고 성균관에 거하니, 오륜五倫을 알 것이다.

정 유 신이 오륜을 알기 때문에 이러한 상소를 한 것입니다.

영 조 사람의 자식으로서 차마 들을 수 없는 말을 계속 제기하니, 이 어찌 된 일인가?

정 유 성상의 하교가 매번 이와 같으시니, 이것이 바로 아랫사람들이 답답해 하는 이유입니다. 성상의 하교에 매번 차마 제기할 수 없는 말이라고 하셨는데, 그렇다면 이 뒤로는 악역惡逆이 있어도 문제를 제기하여 아뢸 수 없을 것입니다. 그렇게 되면 난신적자가 이리저리 날뛰더라도 이를 징토하는 자가 없어 나라가 반드시 망할 것이니, 어찌 마음이 아프지 않겠습니까.

(상이 책상을 치고 큰소리를 내어 하교하였다.)

영 조 우리나라의 윤리와 기강이 이에 이르러 끊기고 말았다. 승지는 어찌 감히 이러한 소장을 받아서 들였는가?

정 유 전하께서는 윤리와 기강이 신 때문에 끊겼다고 하셨지만, 신은 바로 그 윤리와 기강을 부지하기 위해서 한 일입니다.

(상이 서진書鎭을 들어 책상을 치니, 서진의 중간이 부러져 바닥에 떨어졌다. 또 소장을 밀어 계단에 던졌는데, 음성과 안색이 매우 엄하였다.)

홍석보洪錫輔 어찌하여 소장을 바닥에 던지실 수 있습니까. 서진도 중간이 부러졌습니다.

한마디도 지지 않고 또박또박 말을 받는 정유를 보고 격노한 영조는 책장이 날리지 않도록 눌러 두는 서진을 들어 책상을 내리치고 소장을

성균관친림강론도
成均館親臨講論圖
임금이 성균관에 친림하여 유생들의 공부 상황을 살피고 강론하던 것을 그린 그림이다. 성균관 유생들은 학문을 닦고 연마할 뿐만 아니라 나라의 정치 사안에 대해 의견을 표명할 수 있었다. 선비는 나라의 원기라고 여겨 임금이나 대신도 성균관 유생의 의견을 무시하지 않았다. _고려대학교박물관

집어 던질 정도로 노여워하였다.

신방申昉 신이 감히 소회가 있어 우러러 진달하겠습니다. 모든 일은 반드시 심기를 화평하게 하고서 해야 합니다. 그런 뒤에야 말이 간곡하고 자세하여 정도를 벗어나는 근심을 면할 수 있습니다.

홍석보 사람의 감정 가운데 가장 제어하기 어려운 것이 노여움입니다.

영 조 이렇게 한 것이 어찌 노여워서만 그런 것이겠는가.

홍석보 임금은 사람을 죽일 수도 있고 살릴 수도 있으니, 진실로 너그럽게 용서해야지 이와 같이 기를 꺾어서는 안 됩니다. 더구나 성균관 유생의 상소는 다른 유생의 상소와는 차이가 있는데, 어찌 이렇게 하신단 말입니까.

이교악李喬岳 내일 아침 간신諫臣들과 의논할 일이지, 지금 어찌 상소를 땅에 내던지실 수 있습니까.

홍석보 성균관 유생의 상소는 대신의 상소와 다름이 없습니다. 나라가 서고 300년 동안 성균관 유생의 상소를 비답 없이 도로 내려 준 일도 없었습니다. 만약 비답을 내리지 않는다면 반드시 식당에서 밥을 먹지 않고 시위하는 권당捲堂이 있을 것입니다. 비록 '상소의 내용이 착실하지 않으니 특별히 돌려주도록 하겠다.'라는 내용이라 하더라도 반드시 비답을 내려야 합니다.

신하들은 영조에게 노여움을 진정할 것과 유생의 기개를 꺾지 말 것을 요청하였다. 결국 여러 승지들이 번갈아 가며 비답을 내려 주라고 설득하자, 영조는 재삼 숙고하여 처리하겠다는 말을 하며 마음을 돌렸다.

임금 앞에서 뜻을 굽히지 않는 유생, 감정을 행동으로 드러내는 임금, 격노한 임금 앞에서 눈치를 보지 않고 임금을 설득하는 신하의 모습들이 생생하게 그려져 있다. 포장되지 않은 임금의 인간적인 모습을 엿볼 수 있는《승정원일기》의 한 장면이다.

건강이 어떠하십니까

임금의 건강은 나라의 안위와도 직결되기 때문에 조선 시대 임금의 건강을 관리하는 일은 정기적으로 이루어졌다. 승정원의 업무 규정집인 《은대조례》에 따르면 내의원의 입진入診은 매달 6차례 한다고 되어 있다. 또 5일마다 하는 정기 입진 외에도 날씨가 몹시 덥거나 추울 때, 교외에 거둥하거나 특별한 의식을 거행한 이튿날에 한다고 되어 있다.

1725년영조 1 8월 6일 사시오전 9~11시, 창덕궁 진수당에서 내의원이 입진하였을 때 도제조 민진원閔鎭遠이 기후가 어떤지 상세히 물었다.

민진원 어제 신들이 뵙기를 청하여 입시했을 때에 성상께서 응대하시면서 목소리를 제대로 내지 못하셨는데, 감기 기운이 있다고 하교하셨습니다. 이어 삼가 들으니 밤이 깊어서야 소대召對를 끝냈다고 하였습니다. 날씨가 매우 안 좋고 밤공기도 다소 싸늘했는데 감기 기운이 더 악화되는 근심은 없으셨습니까? 현재의 증후는 어떠하십니까? 신들은 지극히 놀랍고 염려스러운 마음을 견딜 길 없습니다.

영 조 어제는 현기증만 있었고 감기 기운이 분명한 것은 아니었다. 인견이 끝난 뒤에 추워서 오싹해지는 증상이 약간 있었지만 잠시 후에 진정되었다. 소대는 밤이 깊어서야 끝났으나 감기 기운이 특별히 더 심해지지는 않았다. 오늘 아침에는 머리 빗고 세수하고 난 뒤로 추워서 오싹해지는 증상이 있는 것 같기는 해도 어제보다 낫다. 그러나 콧속이 매우 후끈거리고 팔다리의 관절도 아프다. 또 며칠 전부터 설사 증상이 있어 변을 보는 횟수가 매우 잦은데, 여름에서 가을로 접어들 무렵이면 전부터 매번 이런 병이 있었다. 아마도 감기에 걸린 듯하다.

민진원 변이 묽은 증상은 며칠 전에 비해 어떠하십니까?

영 조 심각한 정도는 아니지만 아직도 멎지 않고 있다.

민진원 수라를 드실 때에 입맛은 어떠하십니까?

영 조 입맛이 변한 건 아닌데, 밥상을 대하면 전혀 먹고 싶지가 않다.

민진원 침수는 어떠하십니까?

매화틀
임금이 사용했던 변기이다. 발받침이 있는 나무 좌대와 청동으로 만든 용변기로 구성되어 있다. 조선 시대 내의원 의관들은 임금의 건강을 관리하는 일을 담당하였는데, 그 가운데 임금의 용변을 확인하는 것 또한 빼놓을 수 없는 중요한 일이었다.
_국립고궁박물관

영 조 잠은 평상시만 못하지만, 땀을 흘리고 나면 다소 낫다.

민진원 대변을 보실 때에 복부가 뒤틀리면서 아프십니까?

영 조 현재 소화불량이 매우 심하고, 아랫배는 음식을 안 먹어도 배불리 먹은 것 같다. 이 때문에 변을 보는 횟수가 상당히 잦다.

민진원 묽은 변을 보실 때에 뒤가 묵직한 기운은 없으십니까?

영 조 뒤가 묵직한 기운은 일단 없다.

민진원 의관들에게 진맥하게 하는 것이 어떻겠습니까?

영 조 알았다.

의사가 환자를 진찰할 때 빼놓을 수 없는 과정이 바로 문진問診이다. 의사는 환자로부터 현재 앓고 있는 병에 대해 그 증세가 나타났을 때의 상황과 차도가 있는지의 여부, 고통의 정도를 듣고서 진단한다. 이날 영조는 오한과 현기증이 있는 데다 팔다리가 쑤시고 설사를 하고 있으며, 입맛이 없고 잠도 푹 못 잔 상태임을 알 수 있다.

이날의 입진 기사에는 문진에 이어 여러 의관이 돌아가며 진맥하고 소견을 말하는 내용이 기록되어 있다. 그리고 진맥이 끝난 후 민진원은 다시 임금에게 몸을 따뜻하게 하고 땀을 낼 것을 권했다.

민진원 의관의 진맥이 끝났으므로 물러나 약을 의논해야 하는데, 지난번에 평상시 땀을 내지 못한다는 하교가 있었습니다. 지금부터는 항상 온돌에 계시면서 창문을 열지 마시고 의복도 두껍게 착용하십시오. 신들을 소견하실 일이 있더라

휴대용 약갑
조선 후기 한방에서 약재를 따로 따로 분류하여 넣어 두는 여러 개의 서랍이 달린 목제장이다. 정면에 미닫이 덮개가 있고 안쪽에 모두 6개의 약서랍이 있다. 약갑의 옆에는 반달 모양의 손잡이가 붙어 있다. _서울역사박물관

침통
침을 보관하던 통이다. 침을 놓아 몸의 혈자리에 자극을 주어 질병을 예방하거나 치료하였다. _가천박물관

도 반드시 침전에서 맞으시어 땀을 내도록 하시는 것이 어떻겠습니까?

영 조 아뢴 대로 거처해야겠지만, 어떻게 잠깐 걸린 가벼운 병 때문에 이와 같이 한단 말인가.

민진원 일시적인 가벼운 병이라 하더라도 땀을 내야 증세가 쉽게 완화됩니다.

영 조 맞다.

《승정원일기》의 입진 기사에는 약 처방이나 치료와 관련된 내용이 자주 보인다. 문진하고 처방을 쓰는 것뿐만 아니라 증세를 놓고 어떤 처방을 낼지 의논하는 대목도 많다. 당대 최고의 의관들이 병을 진단하고 약을 처방하는 과정이 고스란히 담겨 있어 한의학 연구 자료로서도 매우 귀중한 가치를 지닌다.

임금이 부르면 곧장 달려와야 하거늘

전화나 전자우편 같은 통신 수단이 없던 시대에 임금은 신하를 어떻게 불러들였을까?

임금이 관원을 부르는 방식으로 《승정원일기》에 가장 빈번하게 보이는 것이 '패초牌招'이다. 패초는 국왕이 승정원을 통해 패를 보내 해당 관원을 부르던 제도로, 대상 관원의 지위에 따라 그 방식이 달랐다. 패에는 영의정 등 세 대신과 포도대장, 군영의 대장, 병조 판서 등을 긴급한 일로 부를 때 사용한 명소패命召牌, 삼사와 승지 등의 관원과 3품 이상의 당상관을 부르는 명패命牌, 한림이나 주서 등의 당하관을 부르는 분패粉牌 등이 있었다. 패를 받은 신하는 보통 참석 여부를 기입하여 본인이 직접 궐문 밖에 와서 바쳐야 했다.

관원이 패를 받고 나오지 않는 경우도 있지만, 법규상 특별한 일이 있지 않으면 이에 응해야 했다. 그런데 《승정원일기》 내에는 패초에 응하지 않아 처벌을 받은 신료들의 사례가 많다.

"패초를 어기는 규례가 고질적인 폐단이 되어 조정의 신료들이 서로 전수하여 기이한 방법을 만들어 내고, 패초에 나와야 할 자가 반드시 한두 번 패초를 어기고 난 뒤에야 나온다."라고 한 영조의 말이나, "근래에 관원들이 패초에 나오지 않는 것이 잘못된 습관으로 굳어져 세 번 패초

시강원 명패侍講院命牌
임금이 왕세자의 교육을 담당했던 시강원의 관원을 부를 때 썼던 패이다. 1885년(고종 22)에 사용하던 것으로 상아로 만들었다. 앞면에는 '시강원'이라는 글자를 새기고 그 아래에 어압을 새겼다. 뒷면에는 '명命'자를 새겨 넣었다.

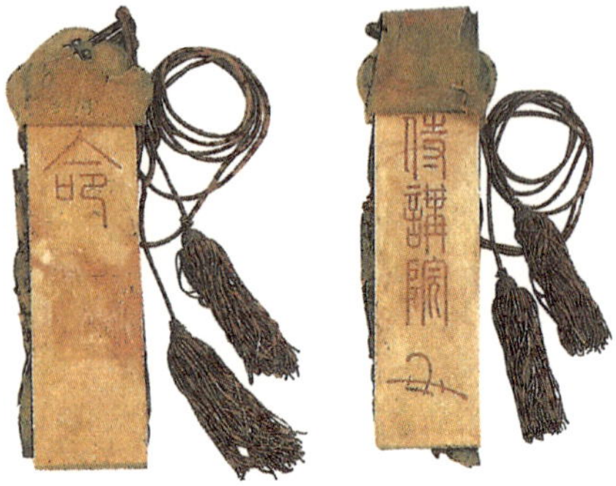

하여도 나오지 않는 일을 일상다반사로 여긴다."라고 한 영조대 서명균徐命均의 말로 미루어 보면, 그 당시 관원들이 패초를 어떻게 인식했는지 짐작해 볼 수 있다.

1726년영조 2 4월부터 이조 판서 이병상李秉常이 근 50차례나 패초를 어긴 일이 벌어졌다. 문제의 발단은 대사헌 정형익鄭亨益이 조정의 신하가 거의 다 모인 자리에서, 이조 판서인 이병상이 대제학을 겸직하는 것은 기강과 체모에 어긋난다고 말한 데서 비롯되었다. 이병상은 이를 두고 공적인 탄핵을 받은 것이라고 상소를 올려 체차를 청하였다. 이후 영조는 이병상을 부르기 위해 47차례나 패초를 하였다.

그 과정에서 조정의 신료들은 이병상이 임금의 소명을 어긴 것은 고금에 없는 일이며, 일의 체모에 어긋난다는 의견을 개진하였다. 결국 영조는 5월 29일, 이병상이 올린 상소에 비답을 내려 대제학 겸직을 체차해 주었다.

> 상소를 보고 잘 알았다. 경은 참으로 심하게 고집을 부리고, 참으

선전표신宣傳標信
나라의 긴급한 일을 전할 때 사용하는 증표로 상아로 만들었다. 표신의 앞면에는 '선전宣傳'이라는 글자를 새기고, 그 오른쪽에는 '소신昭信'을 낙인하고, 왼쪽에는 일천一天부터 일황一黃까지 일련 번호를 새겼다. 뒷면에는 어압을 새겨 넣었다.
_고려대학교박물관

로 지루하게 소명召命을 어기는구나. 여러 차례 혐의를 풀어 주었는데 조금도 생각을 바꾸지 않아 47번이나 패초하게 하여 형식적인 일처럼 만들어 버렸다. 염치로 보나 일의 체모로 보나 이와 같은 일에 대해서는 나뿐만 아니라 경도 분명 들어 보지 못했을 것이다. 내 뜻이 정해진 이상 백 번을 어긴다 한들 어찌 체차하겠는가.

다만 군신 간에는 서로 마음이 미더운 것을 귀하게 여긴다. 경의 상소를 연달아 보고 경이 스스로 결심한 뜻을 알았는데, 이런 줄을 알면서도 줄곧 강요한다면 이는 예로써 신하를 부리는 뜻이 아니다. 일의 체모를 약간 손상하더라도 군신 간에 마음이 서로 막히지 않게 하는 것이 낫지 않겠는가. 겸직한 대제학은 지금 우선 체차해 주겠다.

아! 내가 경에게 이와 같이 간곡하게 하였는데, 경이 달리 무슨 말을 하겠는가. 모름지기 이러한 마음을 헤아려 본직을 오래 비워 두지 말고 속히 나와서 공무를 행하라.

임금은 예우를 갖추어 신하를 불러내지만 신하가 임금의 부름에 응하지 않는 경우도 많았다. 패초에 응하지 않아 받는 비난보다 자신이 지켜야 하는 명분이 더 중요하였기 때문이다. 근 50차례의 부름에도 응하지 않았던 이조 판서 이병상의 경우도 마찬가지였다. 신하가 임금의 부름에 응하느냐 마느냐 하는 데 기준이 되는 것은 '신하로서의 도리分義'와 '처신의 도리處義'였다. 이는 명분과 도리를 중요시하였던 조선 시대 신료들이 거취를 결정하는 실질적인 기준이었다.

국정 운영에 몰두하는 임금은 시도 때도 없이 생기는 사안을 처리하기 위해 적재적소에 인물을 배치하여야 했다. 하지만 신하는 자신이 처한 정치적 입장이나 이해관계에 따라, 혹은 개인이 처한 상황에 따라 임금의 부름에 응할 것인가 말 것인가를 판단하였다.

《승정원일기》의 패초 관련 내용을 통해 임금이 신하를 불러오려는 '간절한 마음'뿐만 아니라 '신하 된 도리'와 '처신의 도리' 사이에서 고민하는 신료들의 심정도 헤아려 볼 수 있다.

임금을 만나는 자리

조선 시대에 임금이 신료들과 만나는 대표적인 자리로는 이들이 함께 공부하는 경연經筵, 의정부 당상관과 대간, 홍문관 관원들과 만나는 차대次對, 각 관서의 실무 관원들과 만나는 윤대輪對 등이 있었다. 오늘날로 치면 대통령이 주관하는 국무 회의, 국정 보고 자리 등이라고 할 수 있지 않을까?

《승정원일기》에는 일반적으로 임금과 신료들의 만남을 '○시. 상어○○○. ○○○입시시.'의 형태로 기록하였다. 언제 임금이 어디서 누구와 만났는지를 알려 주고 있다.

입시 자리에는 임금을 중심으로 좌우로 신하들이 배석하였다. 임금을 가까운 거리에서 보필하거나 임금의 말과 행동, 정책 논의 내용을 기록하는 관원을 제외하고는 위계에 따라 정해진 자리에 앉는다. 신료들은 마음대로 얼굴을 들고 임금을 바라볼 수 없었으며, 웃거나, 사적인 이야기를 나누거나, 쓸데없는 말을 해서도 안 된다. 하지만 이런 자리에도 사람이 있기에 사람 냄새가 날 수밖에 없다.

《승정원일기》에 기록된 입시 자리의 풍경 속으로 들어가 보자.

임금을 추위에 떨게 했던 가주서 남덕로

1736년영조 12 12월 25일 사시오전 9~11시, 창덕궁 희정당에 승지들이 입시하였다. 영조는 가주서 남덕로南德老에게 합문閤門 밖에서 기다리고 있던 지평 송창명宋昌明을 불러들이라고 하였다.

가주서 남덕로가 나가서 지평 송창명과 함께 들어왔다. 잠시 후 도승지 홍경보洪景輔가 날씨가 춥다고 문을 닫는 것이 어떻겠느냐고 청하였다. 남덕로가 드나들 적에 문을 제대로 닫지 않아 바람이 들어와 추웠던 것이다. 이후 입시 자리에서는 각 관서에서 올린 사안과 지방에서 올라온 장계에 대한 보고가 이어졌다.

얼마 지나지 않아 홍경보가 그제야 문을 안 닫고 나간 주서의 행동이 입시의 격례를 어겼다고 판단했는지, 명을 전하러 나갔다 오면서 문을 안 닫은 가주서 남덕로와 문이 열렸는데도 끝까지 닫지 않고 있었던 협시내관을 추고하기를 청하였다. 영조는 이에 대해 추고하라고 명하였다. '꼬리'가 너무 길었던 남덕로 때문에 내관까지 덩달아 추고를 당한 웃지 못할 장면이다.

아무리 볼일이 급할지라도

1727년영조 3 12월 1일 진시오전 7~9시, 살인을 저지른 죄인에 대해 조사한 문안을 심리하기 위해 신료들이 창덕궁 희정당에 입시하였다. 영의정 이광좌李光佐, 우의정 심수현沈壽賢, 호조 판서 권이진權以鎭, 형조 판서 서명균徐命均 등 대소 신료 30여 명이 참석하여 심리를 진행하는 중에 영의정 이광좌가 신료들의 자리가 텅 빈 것을 보고 꾸짖을 것을 아뢰었다.

헌종가례진하도憲宗嘉禮進賀圖
조선 제24대 왕 헌종이 효정왕후와 가례를 치른 뒤에 신하들이 진하하는 장면을 그린 8폭 병풍 그림이다. 창덕궁 인정전을 배경으로 하고 있는데, 제5폭의 상부 어좌 뒤편에 일월오봉도日月五峯圖가 펼쳐져 있고, 임금의 양쪽으로 내시가 서 있으며, 어좌 앞으로 승지가 자리하고 있었음을 알 수 있다. 국왕과 가까운 거리에 있던 관원들은 사소한 실수라도 쉽게 눈에 띄었을 것 같다. _국립중앙박물관

이광좌 연석이 지엄하다 보니 이전부터 입시할 때에는 연로한 중신이나 재상이라도 대소변이 급해도 감히 마음대로 출입

하지 못하였습니다. 그리고 한번 나간 뒤에는 다시 들어오라는 하교가 없으면 감히 다시 들어오지도 못하였습니다. 그런데 오늘 입시한 신하들은 줄줄이 출입하였습니다. 늙은 신하 중에 볼일이 급한 자야 그래도 용서한다지만, 반열 뒤에서 당하관이 동시에 일어나 나가 버려 반열 한쪽이 텅 비게 되었으니, 어찌 이런 법이 있을 수 있겠습니까. 마땅히 경책해야 합니다.

영 조 입시한 지 오래되었으니 잠시 자리를 피해야 할 일이 생기면 혹 출입할 수는 있다. 그러나 이번에는 동시에 많이 나가 버려 나도 이상하게 여겼다.

입시 자리에서는 용변이 급할지라도 감히 마음대로 출입할 수 없고, 한번 나간 후에는 다시 들어오라는 임금의 하교가 있어야 들어올 수 있다. 이렇게 지엄한 자리인데, 당하관이 동시에 일어나 나가 버려 반열 한쪽이 텅 비었으니, 이런 광경을 본 영의정 이광좌는 어떤 생각이 들었을까. 많은 관원들은 왜 한꺼번에 자리를 비웠을까. 눈치껏 다녀올 수도 있었을 텐데.

엄중한 연석에서 웃음소리가 들리다니

1741년영조 17 11월 28일 진시오전 7~9시, 한림 후보에게 보인 소시召試의 성적을 매기기 위해 창덕궁 희정당에 신료들이 입시하였다. 영조는 대독관에게 큰 소리로 위까지 들리게 시권試券을 읽으라고 하였다. 대독관 김상적金尙迪이 첫 번째 시권을 읽자, 영조가 시제試題에서 벗어나는 것이 있기는 해도 꽤 괜찮다고 하였다. 이때 도승지 원경하元景夏가 상번 겸춘추 유정무柳鼎茂가 사적인 이야기를 나누는 소리를 듣고, 그를 추고할 것을 청하였다. 영조는 추고하라고 하였다.

이어 두 번째 시권, 세 번째 시권을 차례로 읽어 나갔다. 시험 성적을 매기는 일이 끝나갈 무렵, 원경하는 또 연석에서 신하들이 웃음을 보였다고 하며 추고하기를 청하였다. 그러자 영조는 웃음소리가 자신에게까지 들리지 않았으니 그냥 두라고 하였다.

연석에서 격례를 어긴 신료들을 추고하기를 청했던 도승지 원경하는 무슨 이야기를 들었던 것일까. 연석에서 웃은 신하들은 무슨 일로 웃은 것일까. 꽤 궁금해진다.

이 밖에도 입시 자리에서 격례를 어긴 경우가 종종 있었다. 입시 자리에서 느린 걸음으로 신료들의 반열을 뚫고 들어온 '용감한' 내시, 입시 때마다 자주 졸아서 꾸지람을 들은 신료, 경연 자리에 술을 마시고 참석한 승지, 주강晝講 때 어탑御榻 가까이에서 코를 곤 내시 등등 예를 어긴 다양한 이야기들이 기록으로 남아 있다.

《승정원일기》에 기록된 수많은 입시 기사를 통해, 국정을 논하는 자리에서 임금과 신하 간에 얼굴을 붉히기도 하고 웃기도 하는 생생한 장면을 볼 수 있다. 입시 자리는 임금과 신하가 만나는 공식적인 자리인 만큼 지켜야 할 격례가 많았다. 지켜야 할 격례가 많아 어길 가능성도 높은 것일까. 아니면 생각지도 못한 일들이 생길 때마다 격례가 늘어난 것일까. 아무튼 갖가지 격례를 어기지 않기 위해 모든 신료들은 바짝 긴장할 수밖에 없었을 것이다.

저 그림에도 흰 수염이 있다

당대 신하들도 허락 없이는 함부로 쳐다볼 수 없었던 임금의 얼굴을 지금 우리가 볼 수 있는 것은 남아 있는 어진御眞 덕분이다. 어진이란 임금의 초상화를 말한다. 1713년숙종 39 5월 6일자《승정원일기》입시 기사에 이 '어진'이라는 용어의 명명 과정이 보인다. 어용도사도감 도제조 이이명李頤命이 일반적으로 어떤 대상의 정신이나 태도를 사실대로 표현해 내는 것을 사진이라고 하는 만큼 어진이라고 하는 것이 어떻겠냐고 하였다. 어용도사도감 제조 김진규金鎭圭는 어용御容도 무방하다고 하였으나, 숙종은 어진이라는 용어가 더 좋겠다고 결론을 지었다.

1744년영조 20 8월 20일 신시오후 3~5시, 경덕궁 경현당에서 영조는 오랫동안 어진을 살펴보지 못해 그 사이 그림에 무슨 흠이라도 생기지 않았는지 모르겠다며, 어진을 가져오도록 지시하였다.

조현명趙顯命 백낙천이 지은 시에 '나이 많은 형이 어린 아우를 마주 대하는 듯하다.'라고 하였는데 그 표현이 맞습니다.

영 조 10년 사이에 이렇게 달라졌으니 나이 많은 형이 어린 아우를 마주 대하는 듯하다는 표현이 참으로 맞구나. 지금 보니 이때만 해도 젊었구나. 그림은 정면에서 보면 제대로 잘 보기가 어려우니 옆에서 보는 것이 낫다.

영 조 옆에서 보면 그다지 늙은 것처럼 보이지 않는데, 정면에서 마주 보니 늙긴 늙었구나. 이건 내 40세 때의 모습을 본떠 그린 것이다. 경들은 다가와서 상세히 보라.

이종성李宗城 그림을 보는 방법은 가까이에서 보면 자세히 다 볼 수 없고 멀리서 봐야 잘 보입니다.

영 조 그렇다. 장득만은 더 자세히 보되 눈이 나빠 잘 안 보이면 안경을 쓰고서 보라.

장득만張得萬 (자세히 살펴보고는) 지금의 용안은 옛날 모습과 다릅니다.

영 조 현저히 다른가?

조현명 크게 다릅니다. 수염과 머리카락이 옛 모습과 다를 뿐만 아니라 성상의 안색도 이 어진의 모습과 다릅니다.

영 조 (웃으며) 경들이 항상 나를 두고 안 늙었다고 하더니 지금은 어찌 이렇게 말하는가?

장득만 10년이 지나서 어진을 보니 지금의 용안과 크게 다릅니다. 지금은 수염이 세어 하얗게 되었고 안색도 많이 안 좋습니다. 전에는 홍조를 띠고 윤기가 있었는데 지금은 혈색이 없어졌습니다.

영 조 저기도 흰 수염이 있구먼 뭘.

영조가 자신의 40세 때 모습을 그린 어진을 보고 있다. 10년 사이에 젊은 동생이 나이 든 형의 모습으로 변했다. 하지만 영조는 자신의 옛 모

연잉군 초상延礽君肖像과 영조대왕 어진英祖大王御眞

1714년(숙종 40)에 그린 영조의 연잉군 시절 초상화(왼쪽)와 51세 때 그린 어진을 바탕으로 1900년(광무 4)에 모사한 어진(오른쪽)이다. 연잉군 시절 초상화는 불에 타 훼손되었지만 다행히 얼굴, 흉배, 관대, 족자 부분이 완전하게 남아 젊은 시절 영조의 모습을 살필 수 있다. 51세 때의 어진과 비교해 볼 때 더욱 풋풋하게 느껴지는 그림이다. 옛사람들은 털끝 하나만 달라도 다른 사람이라는 신념을 가지고 초상화를 그렸다. 익선관과 곤룡포 차림을 한 영조의 어진도 매우 사실적으로 묘사되어 있다. _국립고궁박물관

영정모사도감의궤影幀摹寫都監儀軌
1900년 선원전의 화재로 영정이 소실되자 그해부터 이듬해까지 태조, 숙종, 영조, 정조, 순조, 문조, 헌종 등 일곱 선왕의 영정을 모사하는 과정을 정리한 의궤이다. 영조와 정조의 영정은 칠궁七宮에 봉안했던 것을 바탕으로 삼아 모사하였다. _한국학중앙연구원 장서각

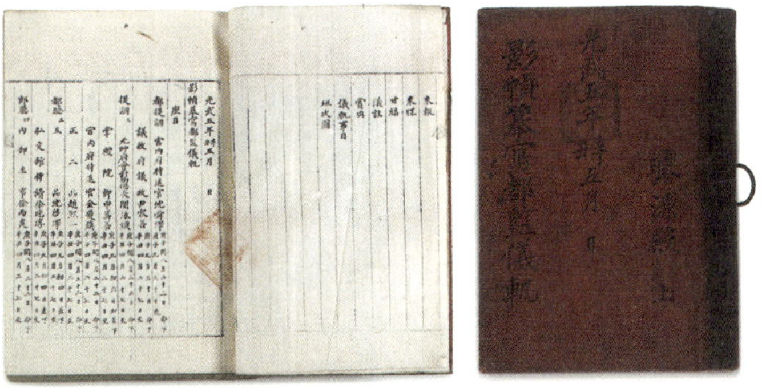

습이 반갑고 신기한 듯 위치를 바꿔 가면서 자세히 살펴본다. 어진의 모습보다 많이 늙었나? 그런 것 같기도 하고 아닌 것 같기도 하다. 주변 신하들에게 어떤지 보라고 자꾸 권한다. 마침 화사畵師인 장만득이 있다. 눈이 어두운 그에게 안경을 쓰고 그림을 살펴보라고 한다. 장만득은 솔직하게 한마디로 '참 많이 늙으셨습니다.' 해 버린다. 영조는 신하의 바른 말에 서운했는지 한마디 툭 던진다. "저기도 흰 수염이 있구먼 뭘."

이 대화를 나눌 즈음의 영조의 모습이 현재 50세 때의 영조 어진으로 남아 있다.

옛사람들은 "털끝 하나만 달라도 다른 사람이다."라고 하였다. 영조의 어진도 실물을 보는 듯 치밀하고 사실적으로 묘사되어 있다. 어떻게든 멋지고 예쁘게 꾸미려고 사진에도 덧칠을 하는 지금과는 많이 다른 풍경이다.

그가 아니라면 곧은 말을 들을 수 있겠는가

어사로 잘 알려진 박문수朴文秀는 1756년영조 32 4월 24일에 죽었다. 같은 날짜 《영조실록》에 그의 졸기卒記가 실려 있다.

"연석筵席에서 더러 골계적인 말을 하고 행동이 거친 병통이 있었다."

골계적이라는 말은 일반적으로 익살스럽다는 뜻으로 쓰이는데, 그는 연석에서 무슨 말을 하고 어떤 행동을 하였기에 이런 평을 받은 것일까.

임금과 신하가 모여 국가의 크고 작은 일을 논의하거나 행사를 치르는 자리가 연석이다. 이 자리는 엄숙하고 품위가 유지되어야 하기 때문에 신하들은 말이나 행동을 삼갔다. 법도에 어긋나는 말이나 행동을 할 경우에는 그 자리에 있는 대신이나 승지가 임금에게 추고할 것을 청하기도 하였다. 《승정원일기》 연석 기사에서 박문수가 격례를 어겨 추고를 받는 장면을 많이 찾을 수 있다.

> **이정제**李廷濟 박문수는 안연석安鍊石이 법을 어긴 일을 아뢰면서 안연석이 값으로 쳐 주었다는 전복을 소매에서 꺼내 올리기까지 하였습니다. 지존을 모신 자리에서 이 얼마나 정중하지 못한 행동입니까. 추고하는 것이 어떻겠습니까?

《승정원일기》 영조 4년 3월 11일

박문수 초상朴文秀肖像

조선 시대 암행어사의 대명사처럼 일컬어지는 영성군 박문수의 초상화이다.
다른 신하와 논쟁할 때에 상대의 지위와 상관없이 자신의 주장을 끝까지 굽히지 않았다.
신료들 중에는 그의 이런 행동을 거칠고 점잖지 않다고 보는 사람도 있었지만
영조는 박문수가 아니면 누구에게 곧은 말을 듣겠느냐고 하며 관대한 태도를 보인다.

조한위趙漢緯 대신이 연석에서 아뢰는 말이 채 끝나기도 전에 병조 판서 박문수가 차례를 무시하고 끼어들어 말하였습니다. 추고하는 것이 어떻겠습니까?

《승정원일기》 영조 13년 11월 24일

김재로金在魯 연석의 사체는 지극히 엄중한데, 어영대장 박문수는 목소리가 너무 커서 삼가는 태도에 흠이 있었습니다. 추고하는 것이 어떻겠습니까?

《승정원일기》 영조 17년 9월 23일

박문수는 이상의 예 이외에도 연석에서 말을 가려 하지 못했다는 이유로 수시로 추고를 받았다. 그가 추고를 받았을 때 했던 말을 살펴보면, 말 속에 나타난 그의 성격이나 태도 등을 엿볼 수 있다.

박문수 대각臺閣에 있는 자들은 행여 정권을 잡은 자의 눈에 거슬릴까 두려워 마치 노예처럼 굴며 입을 다물고만 있으니, 어찌 이러고도 나라다운 나라가 되겠습니까.

《승정원일기》 영조 8년 12월 15일

박문수 근래 환국換局이 빈번하다 보니 조정 신하가 겁을 먹어 모두 땅에 코를 처박고 있습니다. 임금과 신하는 아비와 자식의 관계와 같은데 자식이 아비의 얼굴을 쳐다본다 해서 안 될 게 뭐가 있겠습니까.

《승정원일기》 영조 9년 1월 25일

그의 비판은 신랄하고 비유는 과격하였다. 다른 신하와 논쟁할 때에 상대의 지위와 상관없이 자신의 주장을 끝까지 굽히지 않았다. 그의 이러한 태도는 당대에 정평이 났는데, 신료들 중에는 그의 이런 행동을 거칠고 점잖지 않다고 보는 사람도 더러 있었다. 그러나 영조는 그의 이런 태도에 관대하였다. 이면에 있는 진심을 잘 알았고, 이것이 박문수의 단점이자 장점이라고 생각했기 때문이었다.

김약로金若魯 호위하는 군병 문제는 일의 성격이 지극히 중대하고 따로 주관하는 사람도 있습니다. 호조 판서가 이에 대해 청한 것은 경솔함을 면치 못한 것입니다. 박문수를 엄히 추고하는 것이 어떻겠습니까?

영　조 크게 보면 그대가 한 말이 옳지만, 호조 판서는 충심에서 그리하였을 뿐 다른 이유가 없다. 추고하지 말라.

《승정원일기》 영조 26년 1월 17일

박문수 근래 탕평蕩平이라고 하는 것은 참으로 거짓 탕평입니다. 지평 한 자리, 홍문관 관원 한 자리도 끝내 영남嶺南의 벽을 넘지 못하니, 이런데 어찌 탕평이라고 하겠습니까. 만약 이런 식으로 한다면 나라는 틀림없이 망할 것입니다.

김상규金尙奎 박문수의 말은 매우 절실하긴 합니다만 말을 가려 하지 못했습니다. 연석의 체통에서 보면 이렇게 해서는 안 됩니다. 추고하는 것이 어떻겠습니까?

영　조 '급암汲黯의 우직함은 참으로 심하다.'라고 하지 않았던가. 박문수가 아니면 누구에게 곧은 말을 듣겠는가. 비록 열 번을 추고한들 그의 입을 어떻게 막겠는가.

《승정원일기》 영조 7년 11월 17일

박문수 편지

박문수가 숙부에게 답한 편지이다. 누이 상을 당한 박문수에게 숙부가 위로하는 편지와 함께 송이버섯을 보내자 감사의 뜻을 전하는 내용이다. 임금 앞에서도 자신의 생각을 거침없이 말했던 박문수의 성향이 시원스럽게 써 내려간 초서 글씨체에서도 잘 느껴진다. _수원박물관

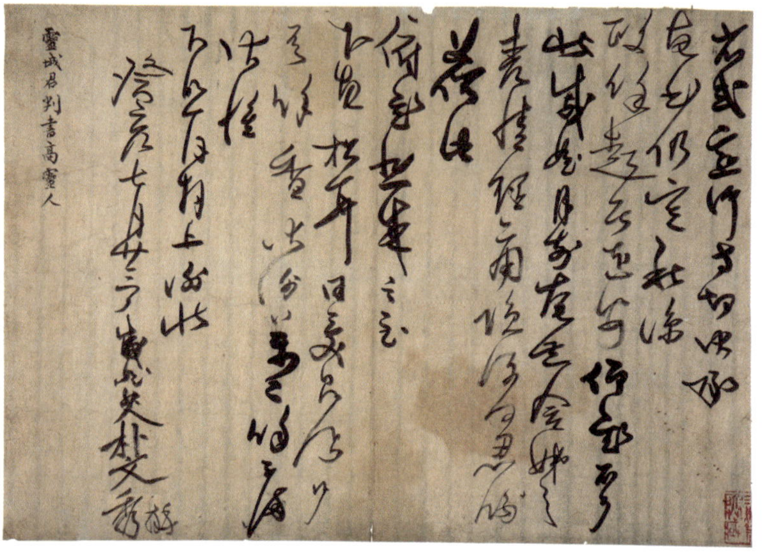
靈城君判書高靈人

급암은 한 무제漢武帝 때에 직간을 잘 하기로 유명했던 신하이다. 한 무제가 천하에 인의仁義를 베풀고 싶다고 하자, 급암이 대답했다.

"폐하께서는 속으로는 욕심이 많으면서 겉으로만 인의를 베푸십니다. 그러면서 어떻게 요순堯舜의 정치를 본받고자 하십니까."

이를 두고 무제가 급암의 우직함을 이야기한 적이 있다.

영조는 박문수의 직언을 급암에 빗대면서 그가 하는 대로 놓아두도록 허용한 셈이다. 과거의 인물이 어떤 사람이었는지 확인할 수 있는 기록으로 행장行狀도 있고, 전傳도 있고, 실록의 졸기卒記도 있지만 이것들은

모두 정리하는 과정을 거친 것이다. 이에 반해《승정원일기》의 연석 기록은 사실 그대로의 녹음이고 사진이다.

'허물을 보면 어짊을 안다.'는 말이 있듯이 그 사람의 말과 행동을 통해 그 사람의 됨됨이를 알 수 있다. 이런 측면에서 볼 때,《승정원일기》의 연석 기사는 당대 인물의 생생한 면모를 조망할 수 있는 '인물 정보의 보고'라 할 만하다.

가혹한 형벌을 폐지하라

죄인에게서 자백을 받아 내기 위해서는 신체적인 고통을 주는 것만큼 손쉬운 방법도 없다. 그러다 보니 거짓 자백이라도 원하는 대답을 빨리 받아 내기 위해 법률에도 없는 가혹한 형벌을 쓰는 악습이 쉽게 사라지지 않았다. 영조는 즉위 초기에 역변을 다스릴 때 주륙하는 과정을 지켜보면서 가혹한 형벌을 폐지하겠노라 결심하였다.

1725년영조 1 1월 18일, 인정문에 나아가 친국親鞫하는 자리에서 사간 이봉익李鳳翼, 지평 유복명柳復明 등이 김일경金一鏡 옥사와 연관된 자를 엄히 처벌할 것을 청하였다. 그러나 영조는 오히려 판의금부사 심단沈檀을 불러 세종 때에 태장笞杖으로 죄인의 등을 후려치는 형벌을 없앤 예를 거론하였다. 그리고 이것을 본받아 죄인을 신문할 때 움직이지 못하게 한곳에 묶어 놓고 무릎 위를 널빤지 같은 기구를 대고 누르거나 무거운 돌을 올려놓는 압슬형을 영원히 폐지할 것을 명하였다.

1732년 6월 20일, 행 판중추부사 이태좌李台佐가 무신년1728 이후로 역적의 수가 많은 탓에 국청鞫廳에서 다 다스리지 못해 포도청으로 이송하였는데, 포도청에서 이때 쓴 전도주뢰지형이 매우 혹독하다고 하자, 영조는 이를 금지할 것을 명하였다. 전도주뢰지형은 죄인의 두 다리를 묶고 그 틈에 두 개의 주릿대를 가위 모양으로 끼워 비트는 형벌이다.

1733년 8월 22일, 내의원이 입진하여 뜸을 뜨는 자리에서 불에 달군 쇠붙이로 몸을 지지는 고문인 낙형烙刑을 없애라고 명하였다.

오늘 뜸을 뜬 상처가 크다 보니 점점 더 견디기가 어렵다. 이어서 지난 무신년의 일을 생각하니 나도 모르게 마음이 움직인다. 나야 알고서 뜸을 뜬 것이지만 저들은 모르는 상태에서 데이지 않았던가. 이를 생각하면 마음이 좋지 않다. 옛날부터 형刑을 제정하는 데에는 모두 법이 있었다. 만약 법을 벗어나 시원스레 승복을 받았다 하더라도 결국 형을 신중하게 시행하는 일에는 흠이 된다. 그러므로 옛

금오계첩金吾稧帖

1817년(순조 17) 8월 의금부의 종5품 관원인 도사들의 모임을 기념하기 위해 만든 첩이다. 금오는 왕의 명을 받아 죄인을 심리하는 일을 담당하던 의금부의 별칭이다.

날에도 쓰긴 써도 매우 드물게 썼던 것이다. 이 점은 선대 임금들의 훌륭한 뜻을 우러러 본받을 만하다. 지난 을사년1725에 이미 압슬형을 폐지하였고 작년에 원임 대신의 진달로 인해 포도청의 전도주뢰형을 엄히 신칙하여 폐지하였다. 이제 남은 것은 오직 낙형뿐이다. 이후로는 낙형을 압슬형의 예에 의하여 영구히 없애도록 하라.

1770년영조 46 4월 16일, 석강夕講하는 자리에서 《문헌비고》를 읽던 중에, 편집 당상 이최중李最中이 국청의 죄수를 신문할 때 몽둥이로 가슴과 옆구리를 마구 치는 행위를 없애 줄 것을 건의하였다.

이최중 우리 성상께서 즉위한 초기에 특별히 압슬형과 낙형의 두 가지 형벌을 없애셨으니, 요순에게 물어 확인해 보더라도 내세울 말이 있을 것입니다. 신은 공경하여 우러르는 마음을 가눌 길이 없습니다. 그러나 근래 국청의 죄수를 신문할 적에 몽둥이로 가슴과 옆구리를 마구 치니, 이는 실로 법에 없는 행위입니다. 앞으로는 살려 주시기를 좋아하는 은덕에 반하는 이러한 행위를 없애 주시기를 간절히 바랍니다.

(상이 즉시 전교를 쓰도록 명하였다.)

영　조 지금 이최중의 말에 감탄이 절로 나온다. 압슬형과 낙형을 내가 모두 차례차례 없앴는데, 즉위 초에 먼저 압슬형을 없앴다. 몽둥이로 치는 것은 압슬형이나 낙형에 비해 그 혹독함이 더욱 심한데 지금 없앨 수 있는 법률 조항이 있

'포도대장' 낙인捕盜大將烙印
포도대장의 전령패傳令牌에 찍었던 낙인이다. 전면에 '좌변포도대장左邊捕盜大將' 혹은 '우변포도대장右邊捕盜大將'이라는 글자를 새기고 '포도捕盜'라는 두 글자 위에 '포도대장捕盜大將'이라는 낙인을 찍었다.
_국립고궁박물관

> 는 것도 아니다. 일에 따라 내키는 대로 바로 시행하니, 얼마나 빠르게 진행되겠는가. 압슬형이나 낙형은 기구를 설치한 후에 시행하지만 이것은 일시적인 뜻에 따르는 것이다. 여러 개의 장으로 일제히 쳐서 목숨을 잃기라도 한다면 마구 쳐서 죽이는 것과 무엇이 다르겠는가. 앞으로는 비록 명령이 있더라도 법을 집행하는 신하는 명령대로 거행하지 말라. 법을 집행하는 신하가 만약 명령에 겁을 먹고 억지로 받든다 하더라도 대관臺官이 바로잡아 그 일을 탄핵하도록 《문헌비고》에 기재하고, 의금부에도 큰 글씨로 써서 붙이도록 하라.

뜸을 뜨면서 받은 고통을 미루어 심문당하는 역적의 고통을 헤아린 것이 낙형을 폐지하는 계기가 되었음을 알 수 있다. 아무리 역적 죄인이라 해도 만백성의 부모인 임금으로서 법에도 없는 잔혹한 형벌을 써서 죽이는 것은 차마 하기 어려웠던 것이다.

순조가 경연에서 입을 꾹 다문 이유

경연은 임금과 신하가 유교 경전이나 역사서 등을 읽고 토론하는 자리이다. 그런데 나이가 어린 임금에게는 서로 토론을 한다기보다는 배우는 자리의 성격이 강했다.

경연의 진행은 맨 먼저 임금이 전에 배운 대목을 읽고, 다음에 경연관 중 한 사람이 새로 배울 대목을 읽고 해석하면 임금이 이를 따라 읽고 해석하고, 그 다음에 경연관들이 글의 뜻을 말하면서 임금과 더불어 토론을 하였다. 임금이 새로 배울 대목을 따라 읽을 때에는 한자의 음뿐만 아니라 성조聲調도 그대로 따르면서 토를 달아 읽었는데, 배움의 자리이기도 한 임금이 잘못 읽을 경우에는 경연관의 지적이 이어졌다.

1725년영조 1 1월 27일에 영조는 《논어》에서 새로 배울 대목을 읽다가 집주의 '삼자칭지三者稱之'에 이르러 '칭稱' 자를 거성去聲으로 발음하였다.

민진원閔鎭遠 평성平聲으로 읽으셔야 합니다.

(상이 읽다가 '구위후求爲後'라고 읽었다.)

민진원 '구求' 자는 아래 문장에 연결하여 읽어서는 안 될 듯합니다.

영　조 맞다.

열성 진강책 목록列聖進講冊目錄
숙종, 경종, 영조가 진강 때에 공부한 책자 목록을 기록한 책이다.
세자 시절과 임금으로 등극한 이후로 나누어 진강한 책자를 기재하고
서종별로 강을 시작한 날과 마친 날을 적었다. _한국학중앙연구원 장서각

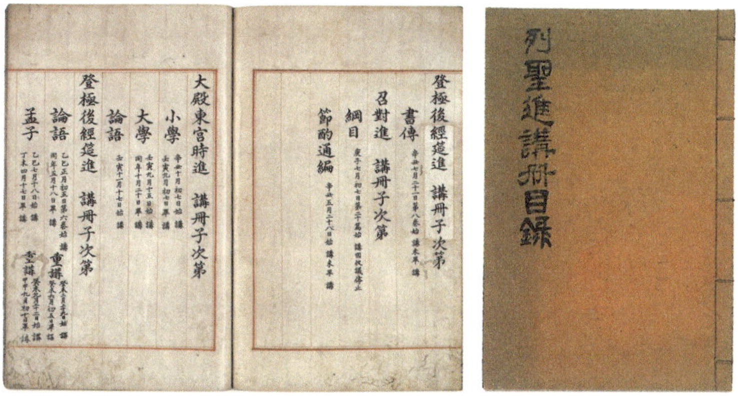

(상이 '주의지법야誅意之法也' 뒤에 '라'로 토를 달아 읽었다.)

민진원 그곳의 토는 '하시니라'로 바꾸어 읽는 것이 좋을 듯합니다.

영　조 맞다.

1864년고종 1 5월 11일에는 고종이 새로 배울 대목을 읽었고, 그 뒤에 신하들이 또 잘못 읽은 부분을 지적한 내용이 실려 있다.

김영작金永爵 읽은 것 중 두서너 번은 아무래도 매끄럽지 못하셨습니다. 이는 전하께서 집중하셨는지 방심하셨는지에 따라 달라지는 것입니다.

강난형姜蘭馨 모든 글자에는 고高·저低·평平·상上의 성조가 있습

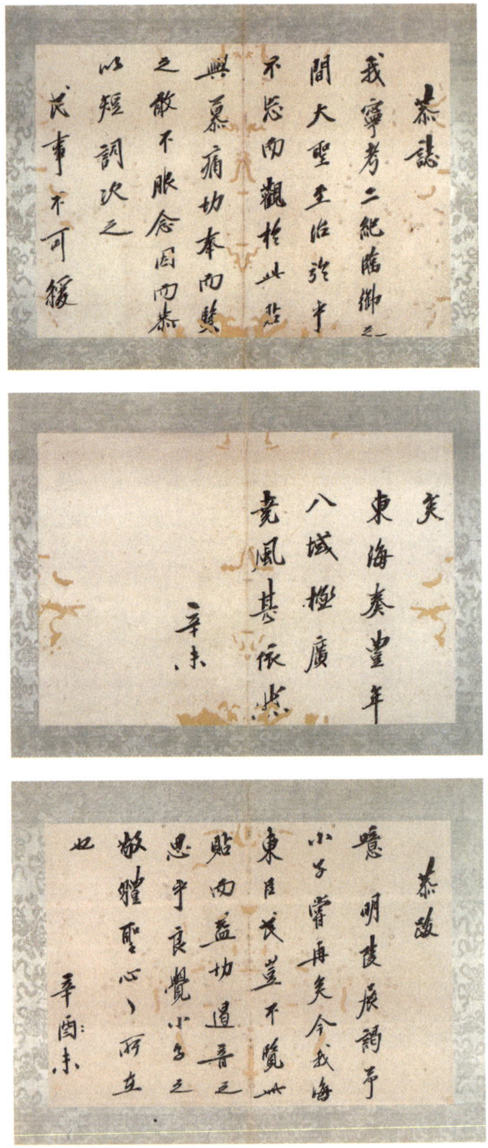

순조어제어필, 공지恭誌, 공발恭跋

1811년(순조 11) 순조가 영조와 정조가 소령원과 명릉을 참배하고 난 뒤에 지은 어제시를 보고서 쓴 글이다. 소령원은 영조의 생모 숙빈 최씨의 무덤이고, 명릉은 숙종의 능이다. 어제시를 읽은 후의 순조의 심정이 글씨를 통해 전해지는 느낌이다.
_한국학중앙연구원 장서각

니다. '동온冬溫'의 '동' 자는 본래 평성인데 방금 전 강하실 때 상성에 가깝게 읽으신 듯하였습니다. 차후로는 평성으로 읽으시는 것이 좋겠습니다.

새로 배우는 부분을 경연관이 한 번 읽고 해석한 뒤에 곧바로 그것을 그대로 따라 읽고 해석해 내기는 쉬운 일이 아니었을 것이다. 그래서 비교적 어린 나이에 즉위한 임금들은 즉위 초기에 대부분 열 번씩 읽었다.

순조 또한 즉위 초기에는 열 번씩 읽었다. 그런데 1812년순조 12 기사를 보면 이상하게도 새로 배울 대목을 따라 읽지 않았다거나 전에 배운 대목을 읽지 않았다는 내용이 보인다.

심상규沈象奎 경연의 규례는 상께서 새로 배울 대목을 읽으셔야 하는데, 이번에는 읽지 않으시어 경연의 규례에 어긋났습니다.

《승정원일기》 순조 12년 8월 2일

이지연李志淵 경연의 형식은 엄중합니다. 이번에 전에 배운 대목을 읽지 않으시고 단지 새로 배울 대목을 읽으라고 명하셨는데, 이는 진강의 형식을 존중하는 뜻이 아닐 것입니다. 차후로는 전에 배운 대목도 읽으시는 것이 좋겠습니다.

《승정원일기》 순조 12년 10월 27일

이러한 경연관의 지적을 받고서 순조는 다음번에는 읽겠다고 약속했다. 하지만 그때가 되면 또 읽지 않았다. 순조는 어째서 경연의 규례를 어겨 가면서 전에 배운 대목과 새로 배울 대목을 읽지 않은 것일까?

이와 연관이 있을 법한 이야기가 1813년 12월 23일자 기사에 보인다. 날이 너무 덥거나 추운 때는 경연을 중지하고, 이 기간 동안에는 그간 배운 것을 복습한다. 순조는 경연이 추위로 중단되자마자 틈나는 대로 입직하고 있던 홍문관 관원에게 그간 읽었던 책을 권卷 단위로 가지고 입시하라는 명을 내렸다. 그리고 관원이 들어오면 글을 읽고 뜻을 아뢰도록 하여 반복해서 들었다.

이런 일은 거의 한 달간이나 계속되었다. 가지고 입시하라고 한 책 중에는, 경연관들 앞에서 따라 읽지 않았던 《시경》도 포함되어 있었는데, 여러 날을 계속해서 읽게 하고 반복해서 들었다.

경연을 쉬는 동안에도 이렇게 복습한 것을 보면, 순조가 경연 때 읽기를 거부했던 것은 공부가 싫다거나 《시경》에 흥미가 없어서는 아닌 듯하다. 그렇다면 혹 군주로서 신하에게 지적 받는 것이 싫어서가 아니었을까 하는 짐작을 해 본다. 《승정원일기》에는 이같이 서로 관련 있는 기록들이 곳곳에 조각조각 흩어져 있다. 이 조각들을 모아 나름대로 의문을 풀어 보는 일도 흥미롭다.

천태만상의 부정행위가 판치는 과거 시험장

시험을 볼 때 점수를 잘 받기 위해 누구나 한번쯤은 부정행위를 생각해 본 경험이 있을 것이다. 조선 시대에는 과거科擧를 통해서 관직에 나가는 것이 일반적이었고 과거 시험에 합격해야만 출세할 수 있는 길이 열렸기 때문에 부정행위의 유혹이 오늘날보다 덜하지 않았을 듯하다.

조선의 과거 시험은 크게 3년마다 한 번씩 치르는 식년시式年試와 비정기적인 별시別試로 구분된다. 별시는 나라에 경사가 있거나 특별한 일이 있을 때 보였는데, 증광시增廣試, 정시庭試, 춘당대시春塘臺試 등이 있었다.

조선 후기로 갈수록 과거 시험이 빈번히 설행되었다. 하지만 이들 시험의 최종 선발 인원이 매우 적어, 합격하기 위해서는 치열한 경쟁을 해야 했다. 그런 가운데 고관대작의 자손은 물론이고 일반 응시자들 사이에서 갖가지 기상천외한 부정행위 방법이 동원되기도 했다.

1677년숙종 3 10월, 대제학 민암閔黯의 아들 민주도閔周道가 과거 시험에서 부정을 저질러 처벌을 받았다. 민암은 교서관 서리 김인걸金仁傑을 사주해 시험 답안지를 고치려고 하였다. 응시자가 제출한 답안지와 서원이 베껴 쓴 종이를 대조하는 일을 하는 사동관査同官을 수행하던 김인걸은 성균관 서리라고 속이고 과장에 들어갔다. 그는 민주도의 답안지를 가져다가 첫 번째 폭의 접합 부분을 잘라 내고 다른 종이를 붙여 고치려

평생도 중 소과 응시

평생도는 조선 시대 양반의 이상적인 한평생을 그림으로 표현한 것이다. 이 가운데는 과거 시험을 치르고 장원 급제하여 '삼일유가三日遊街'하는 장면도 포함되어 있다. 소과小科에 응시하는 것을 그린 이 그림 속 풍경은 질서정연하고 엄숙했으리라 생각해 온 과거 시험장 풍경과는 사뭇 다른 모습이다. _국립중앙박물관

다가 관원에게 발각되었다.

1626년인조 4 8월, 대간臺諫이 시관試官을 뽑을 때 인원수를 줄여 적임자를 뽑을 것을 청하면서 당시 과장에서 있었던 일을 두고 계사를 올렸다. 그 내용은 과장이 엄정하지 못하여 날이 저문 뒤에 시관의 하인들이 선비들과 어울려 농간하였으며, 과장이 파하고 시험지를 거두는 수권관收券官이 나간 뒤에 추가로 받아들인 시권을 아울러 채점하였으니, 공정하지 못하다는 것이다. 이에 해당 시관과 당시 승지를 파직할 것을 청하였다.

이 밖에도 과장에서 다른 사람의 손을 빌려 대신 답안지를 작성하는 행위, 답안지를 바꿔치기 하는 행위, 응시자가 자기 답안지의 자호字號, 즉 일련 번호를 시관에게 알려 주는 행위, 각종 수험서와 커닝 페이퍼를 과장에 가지고 들어가는 행위 등 과거 시험장에서 이루어진 부정행위 방법은 매우 다양하였다.

1818년순조 18 1월 25일, 성균관 사성 이형하李瀅夏가 다음 해에 있을

강경패講經牌
경전을 암송하거나 그 내용을 묻고 답하는 시험에서 성적을 매길 때 사용한 패이다. 우수하다는 의미의 통通, 조금 부족하지만 통한다는 략略, 부족하다는 조粗, 낙제를 의미하는 불不이라는 글자를 새겼다. _고려대학교박물관

식년시를 앞두고 순조에게 한 통의 상소를 올려 과거의 폐단을 아뢰었다. 이 상소는 당시 과장에서 일어났던 부정행위의 유형을 잘 보여 주고 있다.

> 지금 나라와 백성의 폐단을 논할 것이 한두 가지가 아니지만 시간이 흐르면 흐를수록 점점 더해져 기필코 서둘러서 고쳐야 할 것이 바로 과거의 폐단입니다. 과거의 폐단이 제거된다면 인재가 등용되고 조정이 존중받으며, 선비의 추향이 바르게 되고 민심이 안정되며, 기강이 바로 서고 교화가 행해질 것입니다. 하지만 과거의 폐단이 제거되지 않는다면 이 여섯 가지가 모조리 병들게 될 것이니, 결국에 가서는 그 해가 어디까지 미칠지 모릅니다. 그러니 그럭저럭 편히 지내며 늑장 부리다가 기강이 무너지도록 내버려 두어서야 되겠습니까. 그 폐단의 항목을 열거해 보자면, 거리낌 없이 남이 대신 글을 짓고 대신 써 주는 것, 수종隨從들이 너도나도 책을 가지고 과장에 들어가는 것, 과장에 아무나 함부로 들어가는 것, 시권 제출이 순서 없이 뒤죽박죽되는 것, 바깥에서 써 가지고 들어가는 것, 시험 문제를 유출하는 것, 이졸吏卒들이 얼굴을 바꾸어 드나드는 것, 답안을 마음대로 바꾸고 농간을 부리는 것입니다. 이외에도 수없이 많은 부정행위들이 생겨나 제가 더 셀 수도 없을 정도입니다.

이형하는 당시 과거의 폐단을 크게 8가지로 구분하여 조목조목 임금에게 진언하였다. 묘사된 과거 시험장의 풍경이 지금은 상상할 수 없을 만큼 질서가 문란하여 어이가 없을 정도이다.

과거에 합격하기 위한 응시자들의 부정행위는 과거 시험장 안에서만

이황 과거 시험 답안지
퇴계退溪 이황李滉이 27세에 치른 향시鄕試의 답안지이다. "나라에서 인재를 어떻게 길러야 하는가?" 등 2개의 문제가 출제되었는데, 각각 이하二下와 삼상三上의 성적을 받아 진사시 1등, 생원시 2등을 차지하였다. _경북대학교박물관

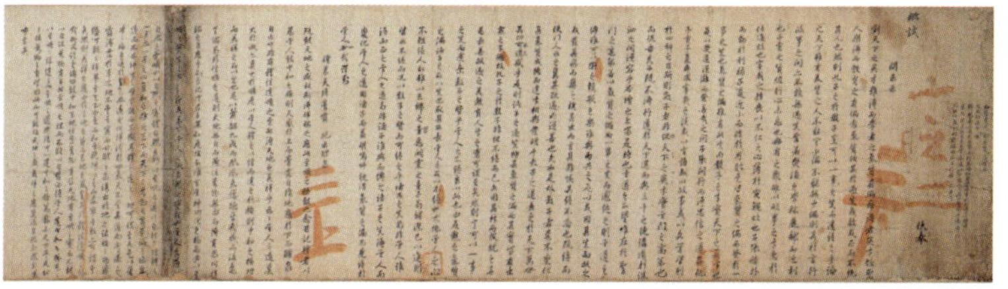

일어난 것이 아니었다. 과거 시험일이 오기도 전에 이미 합격 등수가 정해졌다거나 시관이 정해지지도 않았는데 청탁이 횡행하였다는 등의 사례로 미루어 보면, 시험장 밖에서도 과거에 합격하기 위한 온갖 방법이 다 동원되었음을 알 수 있다.

인조 때 과거에 응시한 아들을 잘 봐 달라고 청탁한 전적 나무송羅茂松의 일은 대표적인 예이다. 1632년인조 10 12월에 나무송은 시관이었던 도사 박돈복朴敦復에게 아들을 잘 봐 달라고 청탁하였다. 이를 들은 박돈복은 경악을 금치 못하였다고 한다. 이 일이 사간원을 통해 인조에게 보고되었고, 결국 나무송은 사판仕版에서 삭제되는 처벌을 받았다. 어떻게 해서든 자기 아들만은 과거에 합격해야 한다는 잘못된 생각이 스스로 신세를 망친 결과를 빚었다.

조선 시대 과거 시험에 응시하는 사람들은 평소 '낙落' 자를 입에 올리기도 꺼릴 정도로 합격하고자 하는 염원이 강했다. 간절한 염원을 짓밟는 과거 시험의 부정행위도 어이가 없지만, 이 말도 안 되는 부정행위가 버젓이 자행될 수 있었던 허물어진 사회 기강이 더 위험해 보인다.

3부

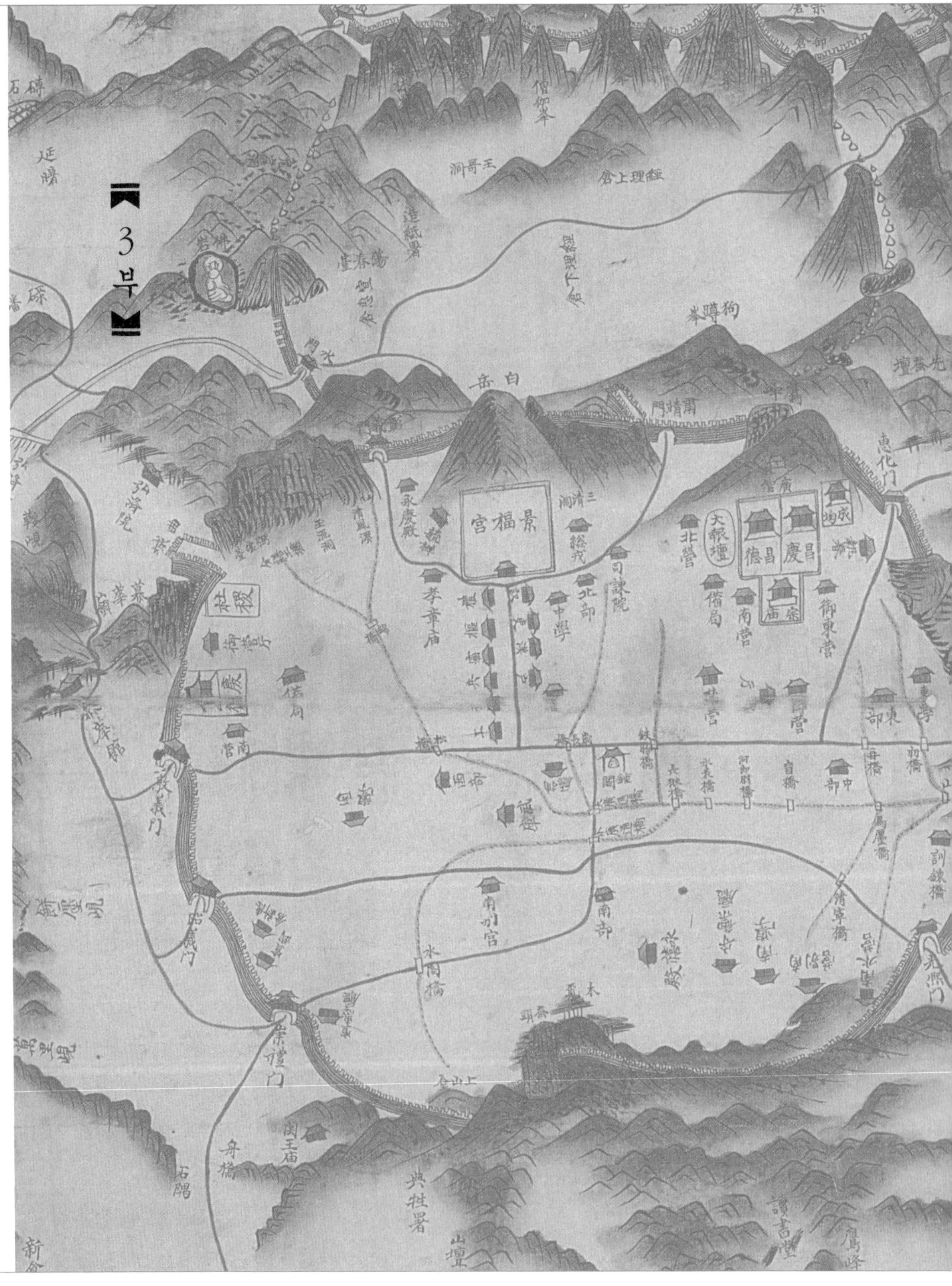

景福宮
白岳
狗蹲峯
肅靖門
惠化门
敦義门
崇禮门
光熙门
大報壇
昌慶
昌德
宗廟
社稷
北營
南營
御東營
孝章廟
司諫院
北部
中部
南部
東部
中學
東學
永慶殿
總戎
水標橋
長通橋
南別宮
弘濟院
造紙署
蕩春臺
王哥洞
僧伽峯
經理上倉
三淸洞
木覓
關王廟
舟橋
石隅
典牲署
讀書堂
鷹峰
山壇

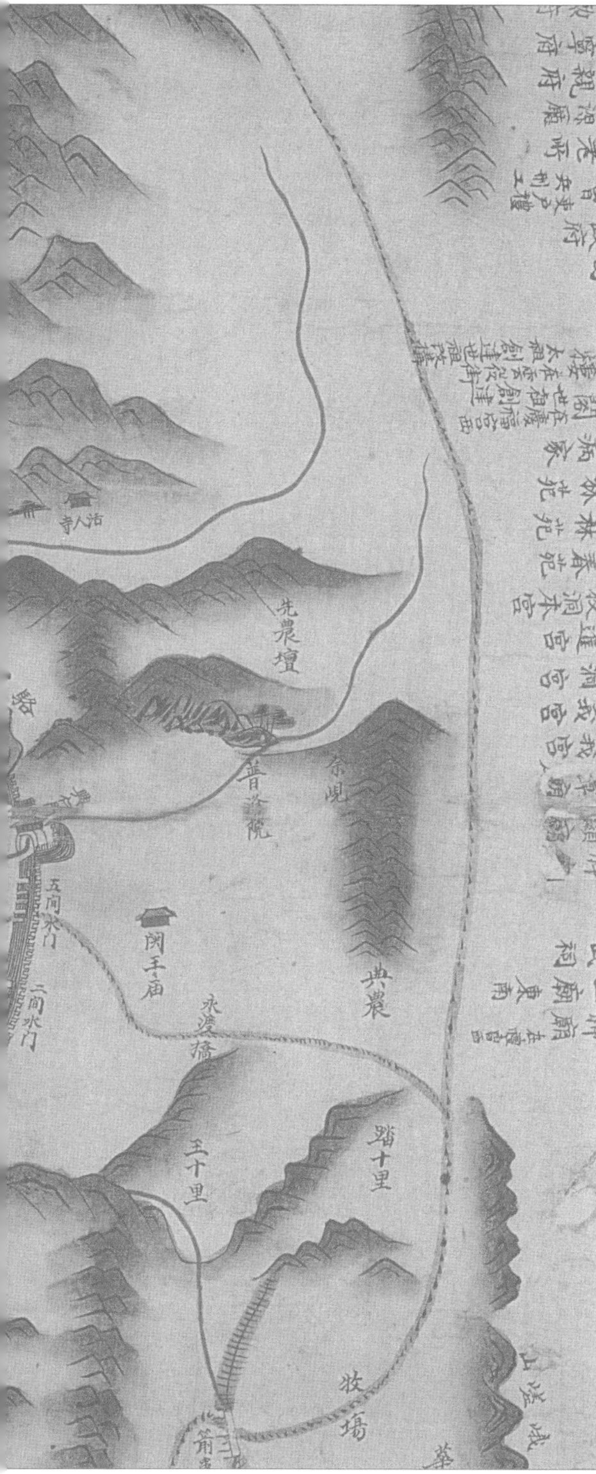

승정원일기 속에 담긴 문서 이야기

1 왕은 이르노라

전교, 국왕의 업무 처리 명령

전교傳教는 임금이 서면으로 내린 지시나 명령 등을 말한다. 전교는 두 가지 경로로 작성된다. 하나는 승지가 입시하였을 때, 어전에서 임금이 구두로 불러 주는 말을 승지가 글로 써서 반포하는 것이다. 또 하나는 승지가 입시하지 않았을 때, 액정서 소속의 사알司謁로 하여금 글로 써서 승정원에 전달하게 하는 것이다. 후자는 비망기라고도 하였다.

전교의 내용은 임금이 승정원에 지시하거나 명령하는 것일 수도 있고, 다른 관사나 특정 신하에게 지시하거나 명령하는 내용일 수도 있다. 승정원 이외의 관사나 특정 신하에게 내리는 전교일 경우에는 승정원에서 당사자에게 전교를 전하는데, 이때에는 일정한 절차를 밟아야 했다.

전교가 승정원에 내려오면, 승정원에서는 해당 관사나 당사자에게 전교가 있으니 승정원에 나와서 수령하라고 전달하였다. 그러면 해당 관사의 낭청이나 당사자가 관복을 갖추어 입고서 승정원으로 나와 직접 자신의 이름을 쓰고 승정원의 승지들에게 예를 행한 뒤에 전교를 수령하였다. 임금이 국정의 모든 분야를 총괄하다 보니, 자연 임금이 내리는 전교의 내용도 다양하였는데, 임금의 명령은 법 제정으로 이어졌다.

1734년영조 10 1월 28일, 영조가 창덕궁 희정당에서 신하들을 불러 만날 때의 일이다. 어디선가 까치가 날아들어 가주서가 앉는 자리의 털

방석을 쪼았다. 이것을 가져다가 제 둥지에 깔려는 것이었다. 영조는 이 모습을 보고 마음에 느끼는 바가 많았다. 미물도 저 살겠다고 날아와서 저렇게 필요한 것을 쪼아 가는데, 백성들이야 얼마나 살려고 애쓰겠느냐고 말하였다. 그러자 좌승지 조명신趙命臣이 미물을 보고 백성에게 생각이 미쳤으니, 이 마음을 확충해 간다면 나라와 백성에게 복된 일이라고 칭송했다. 그러자 영조는 다음과 같이 전교하였다.

> 지금 정월을 맞아 만물이 봄기운으로 가득한데, 오직 나의 백성들만 근심 걱정 속에 놓여 있다. 이런 생각이 드니 어찌 맘 편히 먹고 쉴 수 있겠는가. 옛날 정자程子는 송 철종宋哲宗이 버드나무 가지를 꺾는 것을 보고 그렇게 하지 말도록 권하였고, 제 선왕齊宣王은 소가 죽음 앞에 두려워 떠는 것을 보고 착한 마음이 싹텄다. 지금 이 자리에서 까치로 인해 느낌이 이는구나. 아! 미물도 제때에 맞는 물건을 찾아 둥지를 틀 줄 아는데, 불쌍한 나의 백성들은 입지도 먹지도 못하고 의지할 데도 없이 길에 연이어 쓰러져 있구나.
>
> 지금 급선무로 삼아야 할 일은 농사를 권하고 안정되게 모여 살게 하는 것이다. 다시 여러 도에 신칙하여 백성들을 수고롭게 하는 일을 제거하여 그들이 안정된 가운데 농사지으며 살 수 있게 하라. 그리고 환과고독鰥寡孤獨은 주 문왕周文王이 가장 먼저 돌보았던 대상인데, 지금 가만보면 나이가 들도록 아내나 남편이 없는 사람들이 많다. 사치하는 풍속 탓도 있지만 열에 다섯 이상은 형편이 어려워 결혼을 못하는 자들이다. 지금 이렇게 하교하는 것은 봄을 맞아 더욱 힘쓰도록 하는 뜻에서이다. 한양에서는 한성부가, 지방에서는 관

창덕궁 희정당昌德宮熙政堂
희정당은 창덕궁 내에 있는 건물이다. 임금의 침전으로 사용하다가 순조 이후 편전으로 사용하였다. 임진왜란 등으로 인한 화재와 거듭된 재건으로 건물의 규모와 용도도 많이 변하였다. 현재의 모습은 1920년 경복궁 강녕전을 옮겨다 다시 세운 것이다. 전면에 보이는 행각 안쪽으로 임금이 신하들과 정무를 보던 희정당 현판이 보인다.

찰사가 지금 내가 하교한 대로 각별히 찾아가 묻고 보살피도록 다시 분부하라. 그리고 거행한 결과를 보고하게 하라.

영조는 둥지를 틀 때 쓸 만한 재료를 찾아 날아든 까치의 모습을 보면서 살아 있는 생명체의 생존 의지를 확인하였다. 또 작은 까치조차 자신의 보금자리를 꾸미기 위해 애를 쓰는데, 자신의 백성들이 곤궁함을 이기지 못하고 집을 떠나 길에서 떠돌고 있을 생각에 가슴 아파하였다. 그리고 백성들이 안정된 생활을 할 수 있도록 정사를 펴고 소외된 백성들을 보살피라는 전교를 내렸다. 임금이 보살피는 정무政務를 수없이 많은 복잡한 사안이란 뜻에서 '만기萬機'라 부르는데, 우리는 전교를 통해 국정 전반에 걸친 수많은 사안들에 대한 처리 명령을 살펴볼 수 있다.

비망기, 내 말을 받아 적으라

비망기備忘記는 승지가 입시하지 않았을 때 임금이 지시하거나 명령할 일이 있으면, 사알司謁을 시켜 적도록 하고 승정원에 보내 반포하도록 한 문서를 가리킨다. 사알이 승정원에 비망기를 전해 주면 담당 승지가 이를 직접 옮겨 적고 원래의 비망기와 대조한 뒤에 원래의 비망기는 사알이 도로 가지고 가고, 승정원에서는 옮겨 적은 비망기를 가지고 임금의 명을 반포하였다.

《승정원일기》를 보면 사알이 아닌 승전색承傳色이 비망기를 전한 사례도 다수 보이고, 임금이 직접 비망기를 지은 경우도 보인다. 비망기는 해당 승지가 직접 글로 옮겨 적는 것이 원칙이나 승지가 하리下吏를 시켜서 작성하는 것이 관례가 되자, 정조는 이를 엄히 금하고 반드시 해당 승지가 직접 옮겨 적도록 지시하기도 하였다.

비망기의 내용 가운데는 일반적인 지시나 명령도 있지만, 그 외에 임금이 재이災異를 만나 구언求言하는 내용, 임금이 대신을 타이르고 불러들이기 위해 별유別諭하거나 돈유敦諭하는 내용 등도 있다.

1701년숙종 27 10월 8일, 장 희빈張禧嬪에 대해 극도의 분노를 느낀 숙종이 장 희빈에게 자진할 것을 명하는 비망기를 내렸다.

희빈 장씨는 내전內殿을 질투하고 원망한 나머지 몰래 해치려고 궁궐의 안팎에 신당神堂을 설치하고 밤낮으로 빌었으며, 창경궁의 통명전과 창덕궁의 대조전에다 흉악하고 더러운 물체를 어지러이 묻어 놓았다. 그 정상이 다 드러났으니 신인神人이 함께 분개하는 바이다. 이러한데도 그대로 두었다가 나중에 노리던 바를 이루기라도 한다면 나라의 근심을 이루 다 말할 수 없을 것이니, 역사를 통해 볼 때 두려워하지 않을 수 있겠는가. 내가 지금 이런 결정을 하는 것이 어찌 좋아서 하는 일이겠는가. 종묘사직과 세자를 위해 부득이해서 하는 일이다. 전에 내린 비망기의 명령대로 장씨가 자진하게 하라.

아! 내 어찌 세자의 심정을 생각지 않겠는가. 최석정崔錫鼎의 차자 내용처럼 도리에 어긋나고 끌어다가 비유한 것이 터무니없는 경우야 진실로 논할 가치도 없으나, 대신과 여러 신하가 세자를 위하여 애쓰는 마음에 대해서야 내 어찌 모르겠는가. 다만 생각하고 생각하고 또 다시 생각하였으니 충분히 생각하였다 할 수 있다. 일이 이미 이 지경에 이르렀으니, 이런 처분이 아니고는 달리 어찌할 방법이 없다. 이에 좌우의 신하들에게 나의 뜻을 알리는 바이다.

이보다 앞서 9월 25일에 희빈을 자진하게 하라는 비망기를 내렸다가 승지와 유신儒臣이 청대請對하여 극력 반대한 탓에 시행을 보류한 일이 있었는데, 이때 와서 다시 명령을 내린 것이다. 9월 27일에 영의정 최석정은 차자를 올려 한 경제漢景帝 때의 일을 끌어다 대면서 희빈에게 용서하기 어려운 죄가 있다 하더라도 세자를 낳아 기른 은혜와 세자가 상심할 것을 생각하여 조금이나마 용서해 줄 것을 청하였다. 한 경제 때의

숙종이 내린 비망기

숙종이 의정부 좌찬성이었던 민진후閔鎭厚에게 쓰게 한 비망기이다. 우암尤庵 송시열宋時烈을 제향하기 위해 세운 화양서원華陽書院에 사액賜額한다는 내용을 담고 있다.

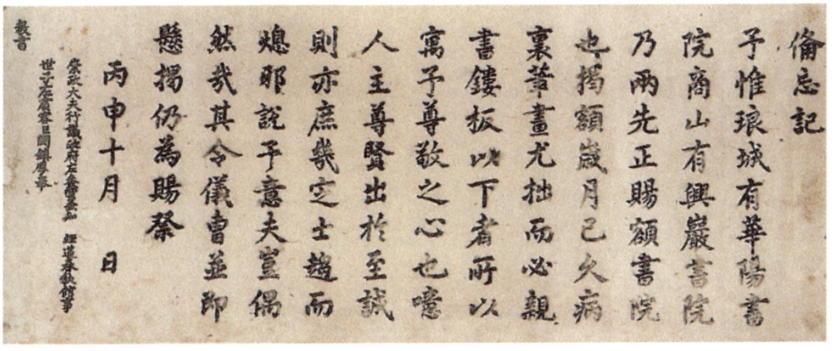

備忘記
予惟琅城有華陽書
院商山有興巖書院
乃兩先正賜額書院
也揭額歲月已久病
裏筆畫尤拙而必親
書鏤板以下者所以
寓予尊敬之心也噫
人主尊賢出於至誠
則亦庶幾定士趨而
熄邪說予意夫豈偶
然哉其令儀曹並卽
懸揭仍爲賜祭
丙申十月 日

일이란 경제의 동모제同母弟인 양왕梁王의 반역 음모가 발각되었을 때, 전숙田叔이 조사하고 돌아와서 "양왕의 일은 문제 삼지 마소서. 바른 대로 말하면 처단해야 하고, 처단하면 태후의 마음이 상할 것입니다."라고 하여, 양왕의 신하 몇 명에게만 죄를 돌려 처단한 것을 가리킨다. 숙종은 이 차자에서 한 경제의 일을 끌어다 비유한 것은 터무니없다고 말하고, 장 희빈에게 내린 명은 충분히 생각해서 내린 결정임을 밝혔다.

숙종은 12년 전인 1689년숙종 15 5월 2일에도 투기가 심하다는 이유로 왕비 민씨閔氏를 폐서인廢庶人하라는 비망기를 내린 적이 있다.

> 아! 예로부터 후비가 투기로 인하여 원망하고 분노하는 경우가 더러 있었던 것은 사실이나, 지금은 그것만도 아니다. 투기하는 것 외에 별도로 간특한 계획을 꾸며, 스스로 선왕先王과 선후先后의 하교를 지어내서 공공연히 나에게 큰 소리로 떠들었다. "숙원淑媛은

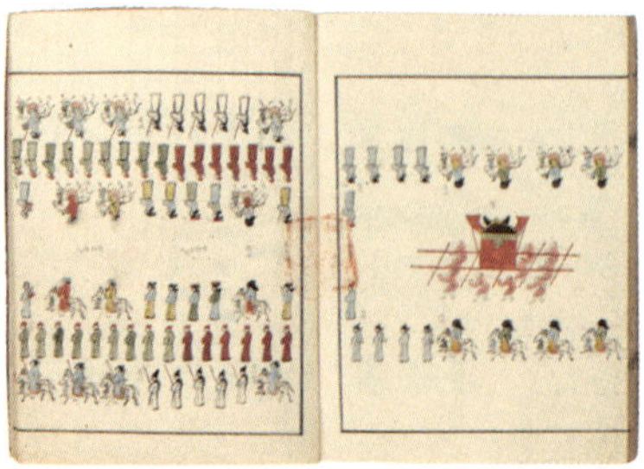

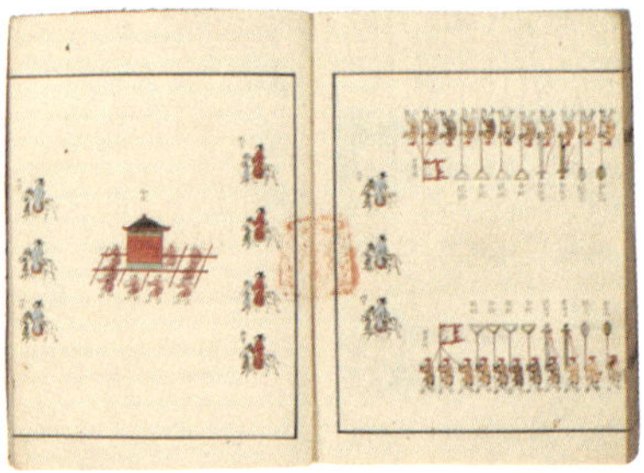

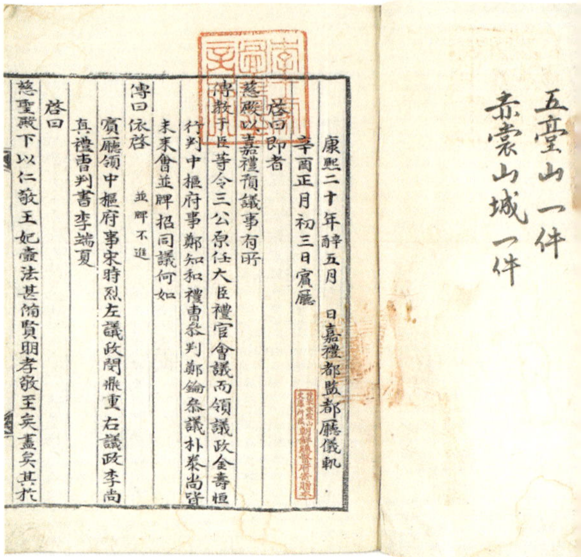

전생에 짐승의 몸이었는데, 주상께서 쏘아 죽이셨으므로 묵은 원한을 갚으려고 이 세상에 태어났습니다. 그래서 경신년1680, 역옥逆獄 후에 못된 무리와 서로 결탁하였던 것이니, 장차 어떤 화禍가 닥칠지 모를 일입니다. 또 팔자에 원래 아들이 없으니, 주상께서 애쓰셔도 공이 없을 것입니다. 내전에는 자손이 많아 앞으로 선묘宣廟 때와 다름이 없을 것입니다."라고 하였다. 이는 삼척동자가 들어도 믿지 않을 일이다.

더불어 민씨의 죄악이 하루 이틀의 문제가 아니고 몇 년간 쌓인 것인데, 전혀 고칠 마음이 없고 점점 더 못된 짓을 하기에 종묘사직을 위해 깊이 생각하여 폐출하게 된 것이라는 말도 빼놓지 않았다.

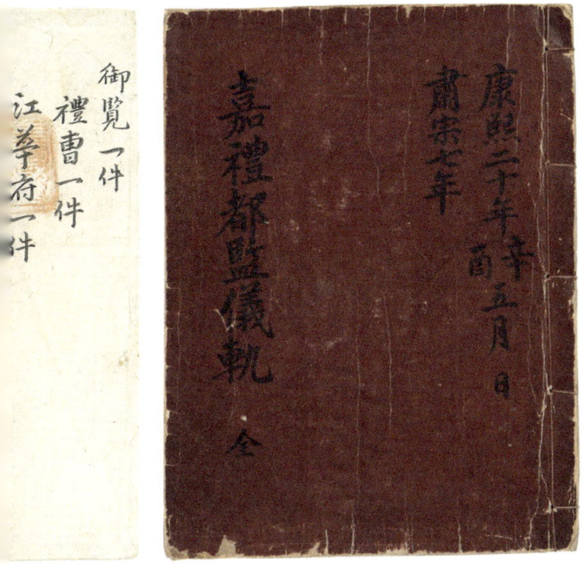

숙종인현왕후 가례도감도청의궤
肅宗仁顯王后 嘉禮都監都廳儀軌
숙종이 인현왕후를 계비로 맞이하는 가례 행사를 기록한 의궤이다. 원비인 인경왕후가 세상을 떠난 후 이듬해인 1681년(숙종 7) 5월, 숙종은 서인의 핵심 세력인 여흥 민씨 가문 민유중閔維重의 딸 인현왕후를 계비로 맞이한다. 가례 준비와 의례 과정에서 발생한 각종 문서와 물자 및 동원 인원, 숙종이 인현왕후를 별궁에서부터 맞이해 오는 친영親迎 장면을 그린 반차도가 실려 있다. _한국학중앙연구원 장서각

숙종은 신하들을 설득하여 자신의 결정을 관철시키기 위해 사적인 자리에서 나왔을 법한 이야기까지도 비망기에 적어 내렸다. 우리가 익히 들어 왔던 인현왕후 민씨의 어진 인품과는 많이 다른 이야기이다. 아무튼 숙종은 인현왕후를 폐서인할 때나 장 희빈에게 자진할 것을 명할 때나 모두 종묘사직을 위한 결단이니 따르라고 명하는 비망기를 내렸다. 과연 숙종의 두 가지 결정 모두 종묘사직을 위한 최선의 결정이었을까.

비답, 신하의 마음을 움직이다

비답批答은 신하가 올린 각종 문서에 대해 임금이 글로 답변하는 것, 또는 그 문서를 이르는 말이다. 일반적으로 신하가 올린 상소나 차자에 대해 임금이 답변하는 글로 알고 있으나, 상소와 차자는 물론이고, 초기草記, 계사啓辭, 장계狀啓, 서계書啓 등에 대해서도 비답을 내렸다. 비답을 받는 상대에 따라 비답에 사용하는 용어나 비답을 전달하는 절차가 각각 달랐다.

대신이 사직을 청하는 상소나 차자를 올린 데 대해 윤허하지 않는다는 내용의 불윤비답不允批答을 내릴 경우에는 지제교知製敎가 비답을 지어 올렸는데, 이때의 비답은 교서敎書의 형식과 동일하다. 상소나 차자에 대해서는 청한 내용을 들어주거나 들어주지 않거나 간에 비답을 내려주는 것이 원칙이었다. 그러나 상대에 대해 무시한다거나 불만을 표출하는 의미로 계자인啓字印만 찍어서 내려 주기도 하였다. 이럴 경우에는 상소나 차자에서 청한 대로 체차해 주겠다는 의미가 된다.

비답을 전달하는 절차도 비답을 받는 상대에 따라 각각 달랐다. 세자나 세손의 상소에 대한 비답은 도승지가 직접 합문閤門에 나아가서 받아 적은 뒤에 동궁으로 가지고 가서 읽어 주었다. 대군에게 내리는 비답을 전할 때는 좌승지를 보내고, 왕자에게 내리는 비답을 전할 때는 우승지를 보내고, 왕손·대신·산림에게 내리는 비답을 전할 때는 사관을 보냈다. 지방에 있는 산림에게는 지방관을 보내기도 하였다. 현縣과 도道를 통해 올린 상소에 대한 비답은 유지有旨를 작성해서 해당 도신에게 보내 전유하게 하였다.

1725년영조 1 7월 9일, 우의정 이관명李觀命이 병을 이유로 첫 번째 사직 상소를 올렸는데, 이에 대해 윤허하지 않는다는 비답을 내렸다.

> 왕은 이르노라.
>
> 나랏일을 믿고 맡길 만한 사람이 없어 그대에게 마음 깊이 의지하고 있었는데 내 뜻에 미덥지 못한 점이 있었는가. 어찌하여 번거롭게 사직을 청하는가. 그래도 바로 떠나가지는 않았기에 이렇게 간곡히 말한다. 경은 여러 대에 걸쳐 나라와 운명을 같이한 집안의 오랜 신하이자 명망 있는 가문의 종손이다. 기쁨과 슬픔을 나라와 함께하여 일찍이 세상을 잘 다스려 백성을 구제하였다는 칭송을 받았고, 문장과 계책은 견줄 만한 자가 드무니, 실로 나라를 경영하는 인재라 하겠다. 성고聖考께서 융성하게 후대해 주신 것부터 시작하여 아우 이건명李健命이 곧고 믿음직한 마음으로 정성을 다한 것까지 온 집안의 충성과 근면이 평소에 다 드러났다. 그리하여 조정과 재야에서 모두 의지했는데, 변화의 흐름에는 정해진 운수가 있어 시운時運이 갑자기 변하였다. 지난날의 변고를 어찌 차마 말하겠는가. 전고의 기록에서도 찾아보기 어려운 일이다. 세력 있는 가문에 화란禍亂의 영향이 심하게 미쳐 애통한 슬픔이 형제에게 맺히고, 유배되는 형벌이 경에게까지 이르러 참혹한 재앙에 걸려들게 되었다. 이는 진

실로 세상의 도와 관계된 일이라 많은 사람들이 몹시도 마음 아파하였다. 그리하여 내가 즉위한 초기에 제일 먼저 새롭게 고치는 교화를 펴고자 한 것이다. 옛 신하들을 임용할 생각을 하고 있는데, 경 말고 누가 있겠는가.

비록 경에게 일시적으로 편치 못한 사정이 있다 하더라도, 지금은 물러날 때가 아니라는 생각이 든다. 임금과 신하의 관계는 부자와 다름이 없으므로 조용히 인도하는 것을 중시하고, 나라는 오직 재상의 도움에만 의지하므로 정성과 믿음을 쌓아 나가는 것을 옳게 여긴다. 마땅히 함께 바르게 하여 협력해야지 스스로 경솔하게 거취를 정해서는 안 된다. 어찌 별 것도 아닌 일로 휴직을 청하여 나라의 주요 업무에 빈틈이 생기는 것은 생각지 않는가.

내가 많은 말을 하지 않겠으니, 경은 다시 사직하지 말라. 사직하는 것을 윤허하지 않겠다. 그러므로 이렇게 교시敎示하니, 잘 알았으리라 생각한다.

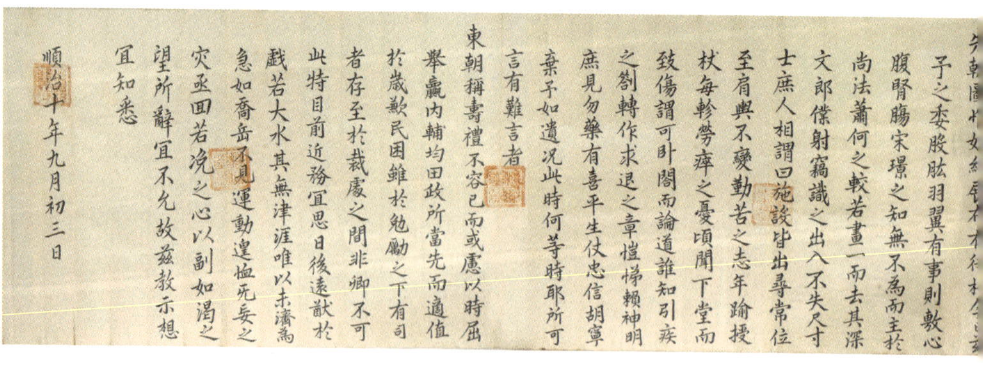
子之委股肱羽翼有事則敷心
腹賢腸宋璟之知無不爲而主於
尚法蕭何之較若畫一而去其深
文郞僕射竊識之出入不失尺寸
士庶人相謂曰施設皆出尋常位
至肩輿不變勤苦之志年踰扶
杖每軫勞瘁之憂頃聞下堂而
致傷謂可卧閤而論道誰知引疾
之劄轉作求退之章愷悌賴神明
庶見勿藥有喜平生仗忠信胡寧
棄予如遺況此時何等時耶所可
言有難言者
東朝稱壽禮不容已而或慮以時屈
擧贏內輔均田政所當先而適値
於歲歉民困雖於勉勵之下有司
者存至於裁處之間非卿不可
此特目前迫務宜思日後遠猷於
戱若大水其無津涯唯以未濟爲
急如喬岳不見運動違協死妄之
災亟回若浼之心以副如渴之
望所辭宜不允故玆敎示想
宜知悉
順治十年九月初三日

이 글은 지제교 윤혼尹焜이 지어 올렸다. 이관명은 신임사화辛任士禍 때 노론 사대신의 한 사람으로 극형을 당한 이건명의 형이다. 그가 병을 이유로 사직 상소를 올리자, 영조는 그 이유가 병 때문만은 아닐 것이라면서 나라의 사정을 생각하여 사직하지 말고 공무를 행하라는 비답을 내렸다.

같은 달 19일까지 이관명은 8차례에 걸쳐서 사직 상소를 올리고, 임금은 그때마다 비답을 내리거나 전교하여 임금의 뜻을 전하였다. 이관명은 결국 다시 조정으로 돌아왔다. 사직을 윤허하지 않는다는 내용의 비답은, 일반적으로 임금이 믿고 의지하고 있음을 알리고, 가문에 대한 칭송이나 관심을 표하고, 나라 사정이 어려우니 사직하지 말고 책임을 다할 것을 명하는 식으로 구성된다. 비답에는 신하의 마음을 움직이기 위한 임금의 간곡한 마음이 담겨 있다.

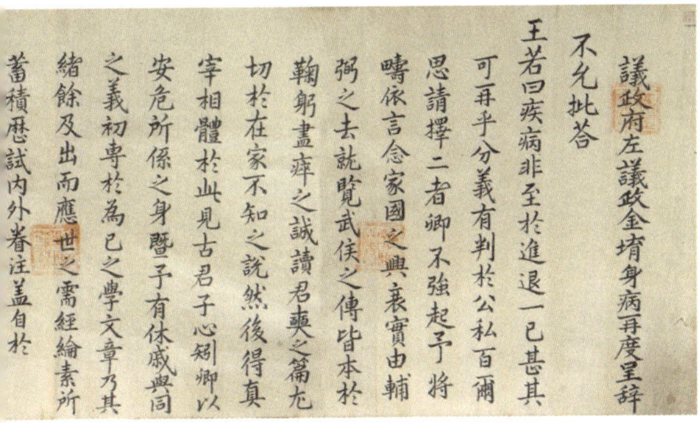
議政府左議政金堉身病再度呈辭
不允批答
王若曰疾病非至於進退一已甚其
可再乎分義有判於公私百爾
思請擇二者卿不強起予將
疇依言念家國之興衰實由輔
弼之去就覽武侯之傳皆本於
鞠躬盡瘁之誠讀君奭之篇尤
切於在家不知之說然後得真
宰相體於此見古君子心矧卿以
安危所係之身暨予有休戚與同
之義初專於為己之學文章乃其
緒餘及出而應世之需經綸素所
蓄積歷試內外眷注益自於

김육이 올린 상소에 대해 내린 불윤비답不允批答

1653년(효종 4) 9월 3일에 좌의정 김육金堉이 신병 등을 이유로 사직 상소를 올리자, 효종이 이를 허락하지 않는다는 뜻을 담아 내린 비답이다. 전정田政을 고르게 하는 일을 급선무로 삼아야 하고, 흉년이 들어 백성이 곤궁한 때에 처분을 내릴 사람이 필요하니 임금의 뜻에 부응하라고 명하고 있다. 비답에는 신하의 마음을 움직이기 위한 임금의 간곡한 마음이 담겨 있다.
_규장각한국학연구원

교서, 잘 알았으리라 생각한다

교서教書는 임금이 특정한 개인이나 다수의 대중에게 내리는 문서로, 교문敎文이라고도 한다. 그 내용은 개인에게 내리느냐 대중에게 내리느냐에 따라 다르고, 사안에 따라서도 다양한 편이다. 개인에게 내리는 교서는 공로를 치하하거나 직무에 힘쓸 것을 당부하고 격려하는 내용 등이 주를 이루고, 대중에게 내리는 교서는 국가에 일어난 큰일을 공표하고 사면령을 시행한다는 내용 등이 주를 이룬다.

교서는 임금이 직접 짓는 경우도 있지만 대부분 예문관 지제교가 대신 지었다.

개인에게 교서를 내리는 경우는, 군사권을 가진 각 도의 관찰사·절도사·방어사나 개성부와 강화부 유수 등의 관직에 제수할 때, 공신으로 책봉할 때, 신하를 종묘나 문묘에 배향할 때, 신하에게 추증할 때, 벼슬에서 물러난 신하를 봉조하로 삼을 때, 신하에게 궤장을 하사할 때, 신하에게 토지나 노비를 하사할 때 등이다.

대중에게 반포하는 교서로는, 임금이 즉위하였을 때 반포하는 즉위 교서, 왕비나 세자 등을 책봉하였을 때 반포하는 책봉 교서, 역적을 토죄하였을 때 반포하는 토역 교서, 재이災異를 만나 조언을 구하기 위해 반포하는 구언 교서 등이 있다. 이러한 교서는 대중에게 반포되기 때문에 반교문頒教文이라고도 불렀다. 반교문에는 죄인을 사면하는 구절이 들어가는 경우가 많은데, 이러한 반교문은 특별히 반사문頒赦文이라고 불렀다.

1727년영조 3 9월 9일, 효장세자의 관례冠禮를 치른 날 교서를 내렸다.

왕은 이르노라.

왕세자에게 교시하노라. 의정부 좌의정 조태억에게 옛 법식에 따라 길일을 잡아서 동궁에 나아가 관례를 행하도록 명하였다.

내가 생각건대, 옛날 성왕聖王이 관례를 중시한 것은 관을 쓴 다음에야 복색이 갖추어지고, 복색이 갖추어진 다음에야 품위가 바르게 되기 때문이다. 세 번 관을 번갈아 씌우면서 갈수록 존엄하게 하는 것은 관을 씌울 때마다 성인成人으로서 지켜야 할 도가 있음을 보이는 것이다. 관을 쓰고 나서 자字를 지어 주는 것은 성인으로 대해 주는 도이니, 성인으로 인정해 주고 성인의 예를 책임지우는 것이다. 일반 사람들도 그렇게 하는데, 임금의 후사인 경우야 더 말할 것이 있겠는가. 제주祭主가 되어 조종의 제사를 받들게 될 것이니 그 예절이 중하지 않을 수 있겠는가.

아! 너 세자는 타고난 성품이 넓고도 원대하고 기개와 도량이 씩씩하고 중후하여 어린 나이에 이미 덕스러운 그릇이 완성되었다. 이에 세자로 책봉되었고 일찍부터 백성들의 기대를 한몸에 받았다. 문묘에 알현하고 학문을 배울 때부터 모든 행동이 예법에 맞았으며, 말과 행동이 항상 보통 사람의 생각을 넘어섰다. 나의 좌우에서 받들어 모실 때에는 어질고 효성스런 마음이 더욱 드러났고, 아침저녁으로 글을 읽으면서 온화함과 예의가 날로 향상되었다. 그러므로 나

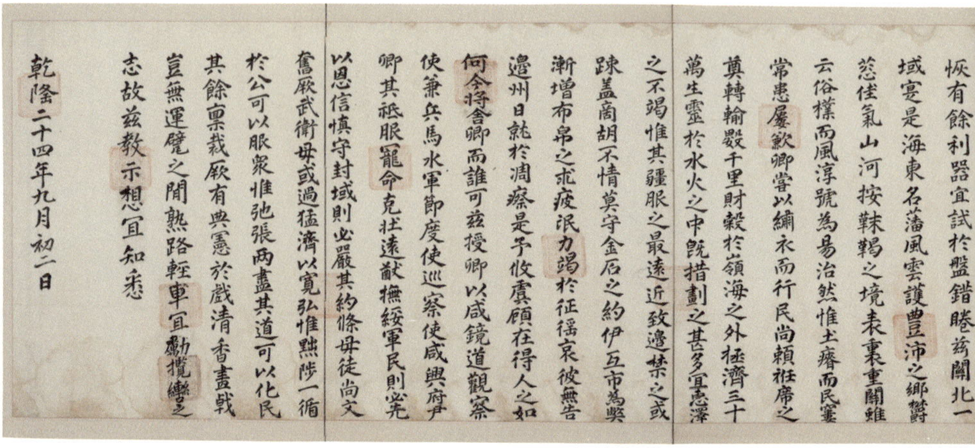
恢有餘利器宜試於盤錯睠玆關北一
域寔是海東名藩風雲護豐沛之鄉鬱
葱佳氣山河按靺鞨之境表裏重關雖
云俗樸而風淳號爲易治然惟土瘠而民窶
常患屢歉卿嘗以繡衣而行民尚賴衽席之
奠轉輸數千里財穀於嶺海之外拯濟三十
萬生靈於水火之中旣措劃之甚多宜恚澤
之不竭惟其疆服之最遠近致邊禁之或
踈蓋商胡不情莫守金石之約伊互市爲獘
漸增布帛之求疲氓力竭於征徭哀彼無告
邊州日就於凋瘵是予攸廑顧在得人之如
何今將舍卿而誰可玆授卿以咸鏡道觀察
使兼兵馬水軍節度使巡察使咸興府尹
卿其祗服寵命克壯遠猷撫綏軍民則光
以恩信愼守封域則必嚴其約條毋徒尙文
奮厥武衛毋或過猛濟以寬弘惟黜陟一循
於公可以服衆惟弛張兩盡其道可以化民
其餘稟栽厥有典憲於戲淸香晝戟
豈無運籌之閒熟路輕車宜勵攬轡之
志故玆敎示想宜知悉
乾隆二十四年九月初二日

의 기쁨이 끝이 없고 기대와 희망이 더욱 커졌다. 이에 아름다운 일을 거행하여 원복元服을 더하고 다시 피변皮弁을 더하고 세 번째로 작변爵弁을 더하고서, 예주醴酒를 내리고 자를 지어 주어 너에게 성인의 도리를 책임지우는 것이다. 지금부터 너는 밤낮으로 더욱 공경하고 삼가서 나의 훈계를 어기지 말아야 할 것이다.

아! 보불과 면류관이 화려하기만 한 것은 아니니, 장차 그것에 부합하는 실제의 책임을 떠맡아야 한다. 진실로 그렇게 할 수가 없다면 어린아이와 다를 게 뭐가 있겠는가. 너는 부디 두려운 마음으로 경계하고 삼가서 혹시라도 태만함이 없도록 하라. 어린 마음을 버리고 덕행을 순히 완성하여 성인의 도를 부지런히 닦으면 하늘이 내리는 경사를 영원토록 받을 것이다. 그러므로 이렇게 교시하니 잘 알았으리라 생각한다.

영중추부사 이광좌李光佐가 지어 올렸다.

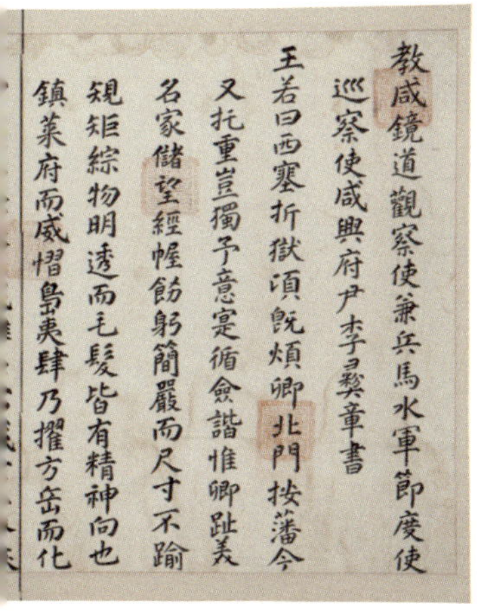
教咸鏡道觀察使兼兵馬水軍節度使
巡察使咸興府尹李彛章書
王若曰西塞折獄頃旣煩卿北門按藩今
又托重豈獨予意寔循僉諧惟卿趾美
名家儲望經幄飭躬簡嚴而尺寸不踰
規矩綜物明透而毛髮皆有精神向也
鎭萊府而威懾島夷肆乃擢方岳而化

함경도 관찰사 이이장에게 내린 교서敎書
1753년(영조 29) 9월 2일 영조가 함경도 관찰사 이이장李彛章에게 내린 교서이다. 함경도 지역은 토질이 척박하고 백성이 곤궁한 것이 걱정이니, 관찰사로서 원대한 계책을 세워 군민軍民을 위로할 것을 당부하는 내용이 담겨 있다. 교서의 형식은 "왕은 이르노라王若曰"로 시작하여 "그러므로 이렇게 교시하니, 잘 알았으리라 생각한다故玆敎示, 想宜知悉"로 끝난다.
_개인소장, 수원화성박물관 제공

이때 영조는 아홉 살인 효장세자에게 관례의 의미를 설명하고, 왕세자로서의 책임을 강조하였다. 세자의 훌륭한 품성을 칭찬하고, 학문에 힘써서 마음가짐을 바르게 유지하여 나라를 위해 큰 역할을 해 줄 것을 당부하는 내용이 담겨 있다. 효장세자는 영조의 맏아들로 영조 즉위 후 경의군敬義君에 봉해지고, 곧이어 왕세자로 책봉되었다. 관례를 치르는 이때까지만 해도 조종의 제사를 받들 왕세자로서 영조의 기대와 사랑을 한 몸에 받았음을 알 수 있다. 그러나 1728년에 열 살이 된 어린 세자는 안타깝게도 병으로 숨을 거둔다.

윤음, 백성들에게 고한다

윤음綸音은 임금이 다수의 대중에게 내리는 문서로, 농사를 권장하거나 술을 금지하는 등 특정한 주제를 가지고 대중에게 포고하기도 하고, 경기도나 제주도 등 특정 지역의 백성만을 상대로 포고하기도 하였다. 윤음은 반교문과 유사한 점이 많다. 다수의 대중을 상대로 한다는 점, '토역討逆'이나 '구언求言' 등의 윤음은 반교문의 주제와 같다는 점, 시작할 때와 끝맺을 때의 투식어가 같다는 점 등이 그렇다. 그러나 윤음은 해당되는 범위가 구체적으로 한정되기도 한다는 점, 주제가 더욱 다양하고 구체적이라는 점, 임금이 직접 짓거나 승지가 짓는 경우가 많다는 점 등이 교문과 다르다고 하겠다.

역사서에 자주 등장하는 윤음은 권농 윤음이다. 권농 윤음은 전국의 백성들에게 농사를 권장하기 위해서 매년 연초에 반포하였는데, 원본을 인쇄하여 각 도로 내려 보내 각 고을에 나누어 주도록 하였다.

1781년정조 5 10월 19일, 겨울에 천둥이 쳤다. 정조는 이를 두고 언로

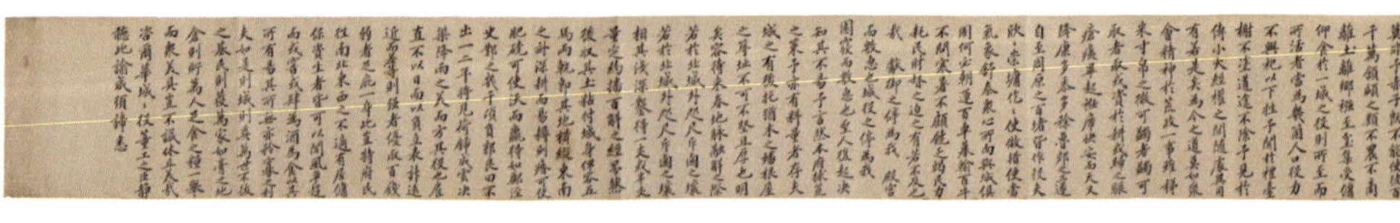

가 막혀 하늘이 경계를 보인 것이라고 여기고 윤음을 내려 널리 의견을 구하였다.

왕은 이르노라.

나라의 흥망은 오로지 언로가 열렸느냐 막혔느냐에 달려 있으니 언로가 막히고도 나라가 망하지 않은 경우는 드물다. 내가 즉위한 이래로 훌륭한 말을 받아들이는 깃발을 세우거나 비방하는 말을 써 붙이는 말뚝을 박아 놓고서 사방의 말을 취합하지는 못하였지만, 언제나 조언을 구하는 뜻을 널리 고하는 데 힘썼고, 조정에서는 잘못을 바로잡아 주지 않는다고 누차 탄식하며 말하였다. 그러나 군신 백관들은 나의 말을 귀담아듣지 않고 그저 머뭇거리고만 있어 충성

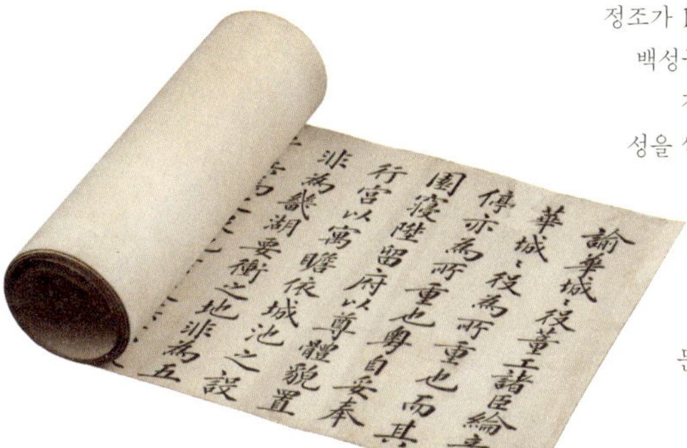

정조가 내린 윤음正祖綸音

정조가 1794년(정조 18) 11월 1일 기근으로 백성들의 생활이 곤궁해지자 화성 성역을 감독하는 신하들에게 내린 윤음이다. 성을 쌓을 비용으로 구제해 주기를 바라는 백성들의 마음을 생각하여 성역을 정지하도록 하는 내용이다. "화성 성역이 중요하긴 하지만 정지하는 것 또한 중요하다."라는 문장으로 시작된다. _수원화성박물관

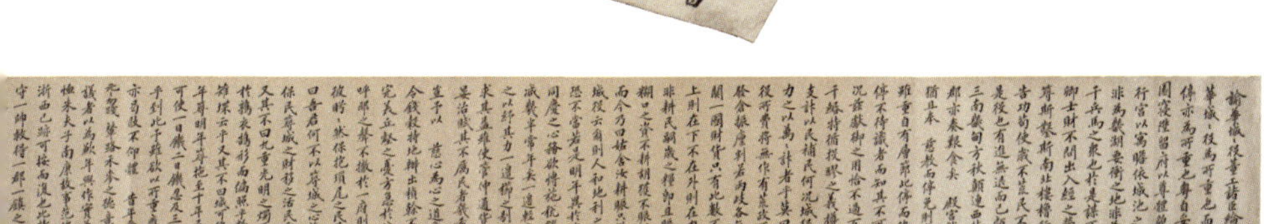

스러운 직언을 듣지 못하였다. 언로가 어찌 요즘처럼 막힌 적이 있겠는가.

아! 한 사람의 총명으로는 두루 살필 수가 없고 온갖 일의 잘잘못에는 단서가 많으니, 어찌 여러 사람의 말을 절충하지 않고서 옳은 방도를 찾을 수 있겠는가. 간관諫官을 설치한 것은 또한 낡은 법이 아니다. 백관이 각기 맡은 일을 가지고 간하면 관리들의 잠언을 다 듣게 되고, 꼴 베고 나무하는 사람들의 말이라도 가려서 들으면 촌사람의 말이라고 무시당하지는 않는다. 말할 만한 일이 있으면 무슨 말이든지 하고, 간할 만한 말이 있으면 누구든지 간하라. 생각건대 지금 임금에게 거슬리는 말과 임금의 마음을 바로잡는 논의가 삼사三司에서 나오지 않는 것은 진실로 내가 믿음을 사지 못했기 때문이다. 참으로 스스로 반성하느라 다른 것을 돌볼 겨를이 없다. 서울과 지방에서 직무를 맡은 모든 관리들은 없애야 할 잘못된 정치에 대해서는 '그르다' 하고 시행해야 할 법에 대해 '시행하라' 해야 한다. 무엇을 꺼려서 주문奏文이나 소장疏章을 올리지 않는단 말인가.

먼 지방의 벼슬하지 않는 선비나 여염과 저잣거리의 무리라 할지라도 얼마간의 지식과 조그마한 재주는 있으나 스스로 조정에 말할 수 없는 경우에는 모두 관청에 나아가서 품은 의견을 다 진달하라. 말이 쓸 만하면 쓰고 쓸 만하지 않으면 안 쓰면 그만이다. 혹 사리에 맞지 않는 말이 있다 해도 그대들을 죄주지 않을 것이니, 부디 각자 할 말을 다하여 내 지극한 뜻을 저버리지 말라.

같은 해 10월 28일에 내린 비망기에는 의견을 구한 지가 며칠이 지나

도록 말하는 사람이 없어서 기다리던 차에 병조 참의 윤면동尹冕東이 올린 상소를 보았다는 내용이 실려 있다. 직무를 놓고 한 말이 열성적이어서 들을 만하였다고 칭찬하고, 활발히 간언하게 하기 위해 포상하는 조치가 필요하다고 하면서 윤면동에게 특별히 큰 사슴 가죽 1장을 내렸다. 아울러 임금이 의견을 구한 데 응하여 올린 모든 상소는 설사 격식에 조금 어긋난 것이 있더라도 승정원에서는 일절 막지 말고 들이라고 분부하였다.

성군이 되기 위해서는 임금 자신의 잘못, 벼슬아치의 잘못, 민생의 고통에 대해 귀를 활짝 열고 들어야 한다는 것을 조선의 임금들은 익히 알고 있었다. 격식에 맞지 않는 상소라 하더라도 들이라고 했을 뿐만 아니라 혹 사리에 맞지 않는 말이 있어도 죄주지 않을 것이라고 밝힘으로써 열린 마음으로 여론을 수렴하겠다는 강한 의지를 보여 주었다.

유서, 나의 뜻을 보이노라

유서諭書는 교서와 마찬가지로 임금이 특정 개인이나 다수의 대중에게 내리는 문서이다. 개인에게 내리는 유서로는 우선 군사권을 가진 가 도의 관찰사·절도사·방어사와 개성 유수나 강화 유수의 관직에 제수할 때 밀부密符와 함께 내려 주는 문서를 들 수 있다. 그 내용은 비상사태가 발생하여 군병을 동원하는 일 등이 있을 경우에는 임금이 보낸 밀부와 맞추어 본 뒤에 응해야 한다는 것과 번호를 적은 밀부를 내려 준다는 것으로 되어 있다.

이때의 유서는 《전율통보典律通補》에 나오는 '유서식諭書式'처럼 그 내용이 정형화되어 있어서, 개인에 따라 각각 제수되는 관직명과 밀부의 번호만 다르게 기록될 뿐이고 그 내용은 동일하다.

그 외에도 치적이 뛰어난 수령에게 상을 내릴 때 어보가 찍힌 문서로 내려 주기도 하고, 개인에게 특별히 당부하거나 지시할 일이 있을 때 내려 주기도 하였다. 다수의 대중에게 포고하는 내용의 유서는 실제로는 반교문이나 윤음과 유사하다.

1728년영조 4 3월 28일, 영조가 무신란 때 반군을 격퇴하여 난을 진압한 오명항에게 유서를 내렸다.

사로도순무사四路都巡撫使에게 유시하는 수서手書 무신년 3월 28일

이번 영남의 적들은 일개 별 볼 일 없는 무리들이니, 어찌 국법을 피할 수 있겠는가. 나는 다만 이 적들이 일을 꾸민 것이 여러 해가 되었다는 것과 태평한 날이 오랫동안 지속되다 보니 전란이 무엇인지 모르고 있다는 것을 염려할 뿐이다.

경은 본래 문관 출신 재상이라서 군사에 관한 일에 익숙지 않은데 한밤중에 장전帳殿에서 비분강개하여 출정할 것을 청하였다. 그 마음이 탄복할 만하고 그 뜻이 가상하여 요청을 특별히 윤허하고 상방검尙方劍을 하사하여 편의대로 일을 처리하도록 권한을 주었다. 그래도 며칠 사이에 잇달아 승전보를 올릴 줄 어찌 생각이나 하였겠는가. 지금 적의 우두머리와 적들이 차례로 주륙되었으니, 이는 실로 경의 공로이다. 공로는 한 시대에 빛나고 이름은 역사책에 남길 만하다고 하겠다. 개선한 뒤에 응당 상을 내리는 의식을 거행하겠지만, 일단 먼저 이 몇 줄의 글을 직접 써서 가상하게 여기는 나의 뜻을 보인다. 이어 또 이 문서의 끝에 네 글자를 특별히 써서 경의 말과 행동이 서로 부합했다는 것을 드러낸다.

해마다 거듭 기근이 든 데 이어 이런 병란까지 만났으니, 가엾은 우리 백성들이 어떻게 버틸 수 있겠는가. 경이 이미 순무사의 직함을 지니고 있으니, 유민流民을 안정시키고 농사를 장려하고 진휼하는 등의 일을 유념하여 거행하라. 양식과 종자가 부족한 경우에는 면세할 부류가 내수사 소관이든 상급 관청 소관이든 상관하지 말고 편의대로 나누어 주도록 하라. 그리고 백성들 가운데 적의 무리

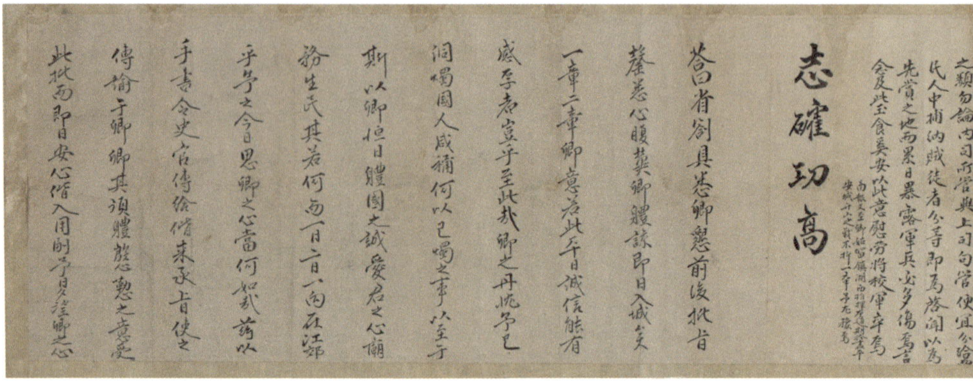
志確功高

를 잡아 바치는 자에 대해서는 등급을 나눈 다음 즉시 보고하여 우선 상을 내릴 수 있게 하라. 여러 날을 한데서 지내느라 군병들 가운데 몸이 상한 이들이 분명 많을 것이다. 이런 생각을 하니, 내가 어찌 진수성찬을 맘 편히 먹을 수 있겠는가. 이런 뜻으로 장교와 군졸들을 위로하라.

남쪽에서 승전보가 또 이르렀다. 경은 우선 호서에 머물면서 진정시키고 본도를 지휘하여 완전히 평정할 것을 기약하라. 안성과 죽산의 전투에서 한 명의 병사도 죽지 않았으니, 내가 특히 기쁘게 여긴다.

뜻은 확고하고 공은 높다. 志確功高

영조는 난을 진압한 사로도순무사 오명항을 표창하면서도 개선하지 말고 순무사로서 백성을 진정시키고 남은 잔당들을 완전히 뿌리 뽑아

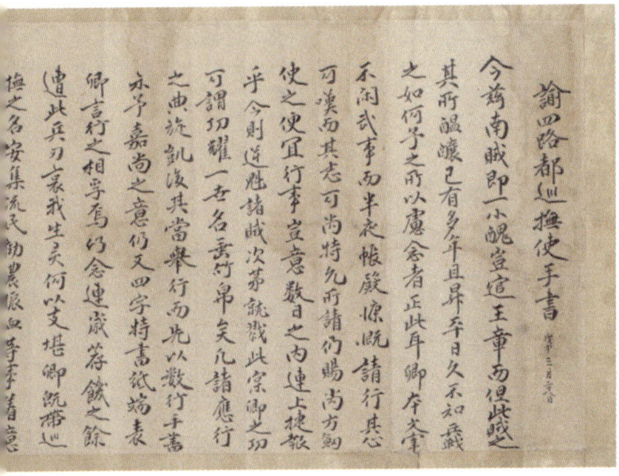

유사로도순무사 수서諭四路都巡撫使手書
영조가 무신난 때 사로도순무사 오명항에게 써서 내린 유서이다. 난을 진압한 오명항에게 '뜻은 확고하고 공은 높다.'라는 뜻의 '지확공고志確功高' 네 글자를 써서 그의 공적을 표창하면서도 개선하지 말고 순무사로서 백성을 진정시키고 남은 잔당들을 완전히 뿌리 뽑아 난을 평정해 줄 것을 당부하는 내용이 담겨 있다.
_한국학중앙연구원 장서각

난을 평정해 달라고 당부하였다. 그의 공적을 표창하면서도 한편으로는 반군에 대한 걱정을 떨칠 수 없는 상태에서 내린 결정이었다.

이후 이해 7월에 가서야 영조는 비로소 무신란 진압에 공을 세운 오명항 등 15명을 분무 공신奮武功臣에 책봉하고 회맹례會盟禮를 베풀었다.

2 삼가 아룁니다

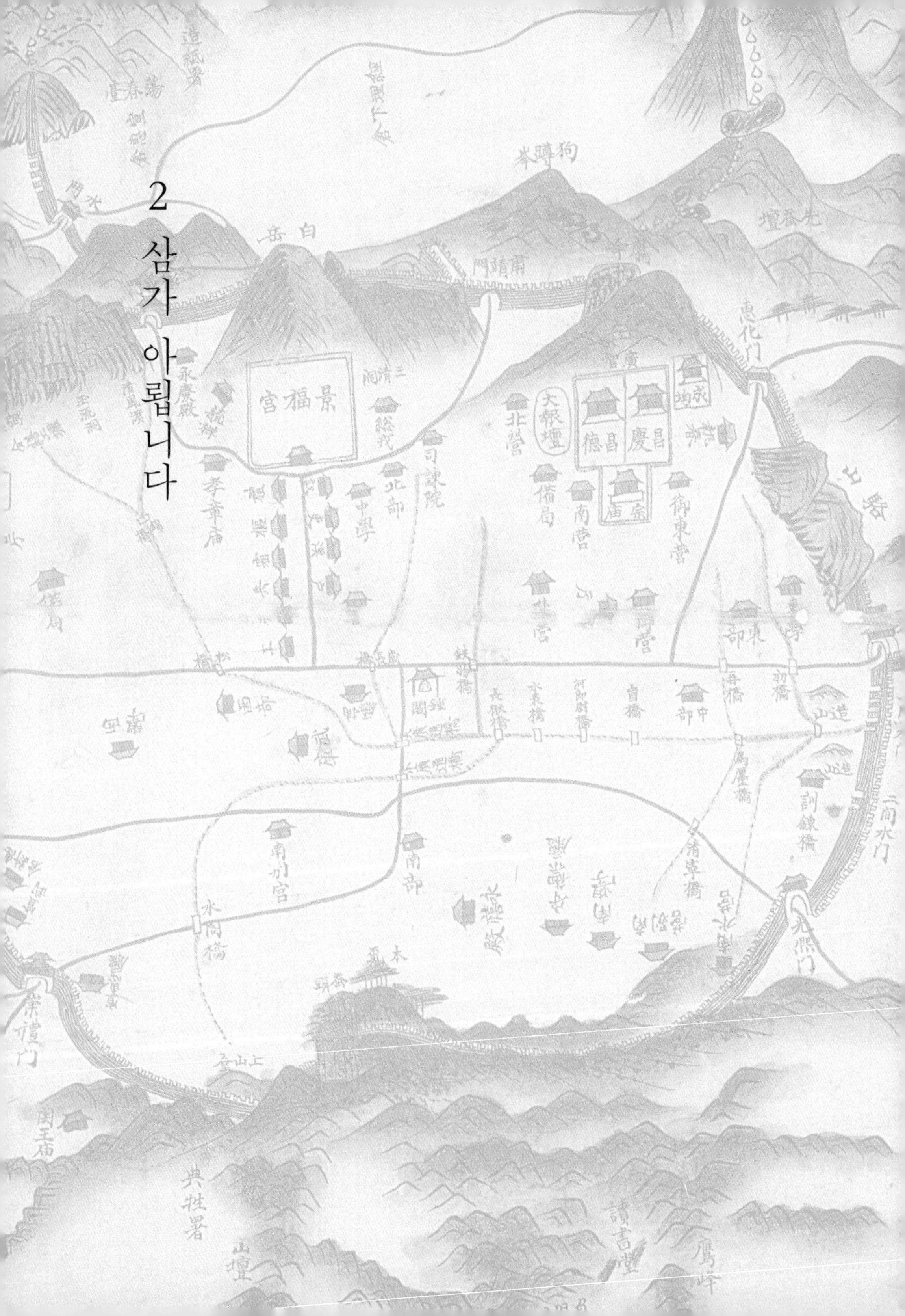
白岳
景福宮
大報壇
昌慶
昌德
惠化门
北營
南營
孝章廟
中學
北部
中部
東部
南部
司諫院
訓鍊橋
二間水门
光熙门
南別宮
水閣橋
典牲署
讀書堂

계사, 이렇게 하는 것이 어떻겠습니까

계사啓辭는 관사에서 임금에게 올리던 문서의 하나로, 계사를 올리는 주체와 절차에 따라 크게 세 가지로 나눌 수 있다.

첫째는 승정원으로 나아가지 않고 해당 아문에서 직접 올리는 계사로, 《승정원일기》에 기록된 대부분의 계사가 이에 속한다. 승정원, 내의원, 사헌부와 사간원, 그리고 인사를 담당하는 기구인 이비와 병비가 승지와 승전색을 통하여 해당 아문에서 직접 계사를 올린다. 그중 사헌부와 사간원의 경우에는 매일 각각 계사를 올리도록 하였는데, 주 내용은 임금의 처분에 대해 철회를 요구하거나 역적의 처벌을 더욱 단호하게 할 것을 청하는 것, 다른 관원의 탄핵을 받은 대간이 혐의에 대해 반박하거나 시인하는 것, 혐의스러운 일이 있다는 이유로 벼슬에 나오지 않는 동료를 출근하게 하거나 교체할 것을 청하는 것, 지방에 머물고 있는 새로 제수된 대간에게 속히 올라오도록 명할 것을 청하는 것 등이다.

둘째는 도제조가 없는 아문에서 수장首長이 직접 승정원의 아방兒房에 나아가 임금에게 올리는 계사이다.

셋째는 특정한 사안이 있을 때 여러 사람이 연명으로 올리는 정청 계사, 빈청 계사, 원의 계사 등이다. 《승정원일기》에 실린 몇 가지 계사를 살펴보자.

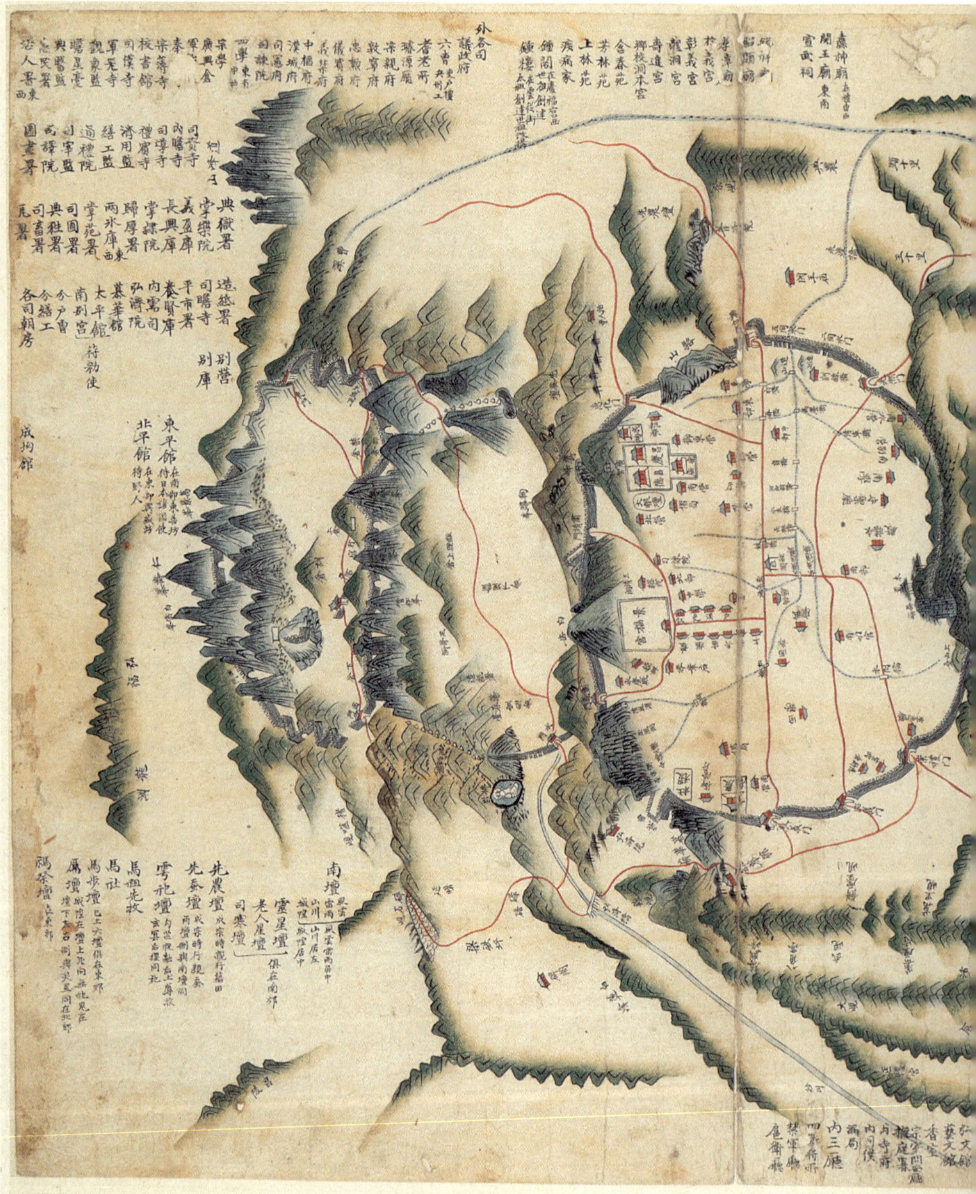
外各司
議政府
六曹
宗親府
敦寧府
忠勳府
儀賓府
義禁府
中樞府
漢城府
司憲府
司諫院
宗學
廣興倉
宗簿寺
校書館
司僕寺
軍器寺
觀象監
典醫監
司譯院
圖畫署
典獄署
掌樂院
義盈庫
長興庫
掌隷院
歸厚署
兩氷庫
司圃署
典牲署
司畜署
造紙署
司贍寺
平市署
養賢庫
內需司
弘濟院
慕華館
太平館
南別宮
各司朝房
別營
別庫
成均館
東平館
北平館
南壇
先農壇
先蠶壇
雩祀壇
馬祖
馬社
馬步壇
厲壇
靈星壇
老人星壇
司寒壇
內三廳
弘文館
藝文館

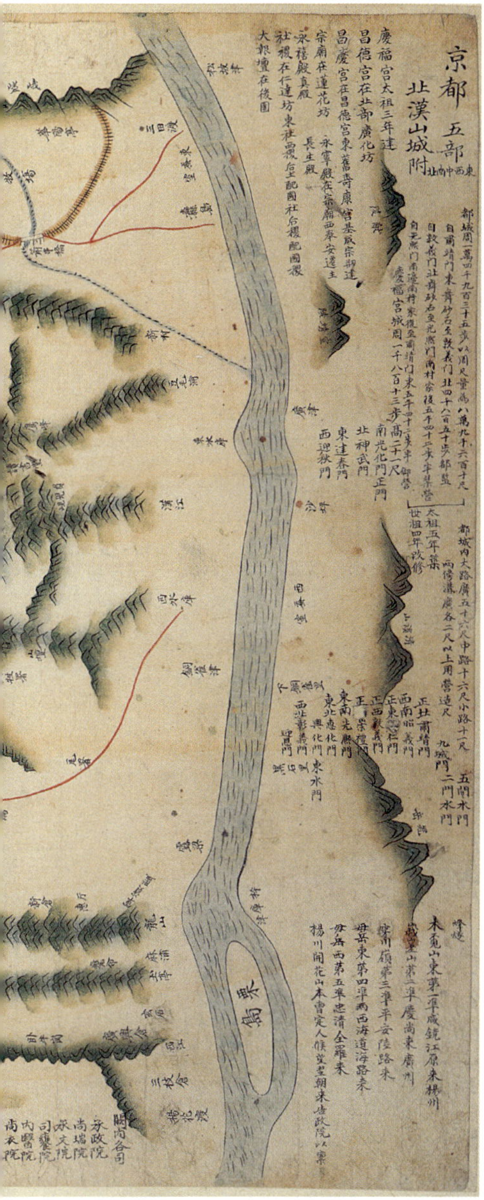

해동지도海東地圖 **중 경도**京都

18세기에 제작된 군현 지도집인《해동지도》가운데 경도를 그린 것이다. 이 지도에는 창덕궁 등 주요 궁궐의 위치를 비롯하여 의정부 등 궐외 각사를 기록해 두었다. 경복궁 앞으로 의정부, 한성부, 사헌부를 비롯하여 육조 관청이 늘어서 있고, 도성 안 주요 지점에 군영이 위치했음을 알 수 있다. 관서에서는 자기 관서에서 처리해야 할 주요한 일들을 문건으로 작성하여 승정원을 거쳐 임금에게 보고했다. _규장각한국학연구원

1725년영조 1 3월 14일, 행 도승지 이병상李秉常이 대계臺啓 등을 기한 내에 써서 들이지 않은 해당 주서를 추고할 것을 청하는 내용의 계사를 올렸다.

입시한 자리에서 나온 대계는 그날 안에 써서 들이고, 거행 조건은 3일 이내에 써서 들이는 것이 본래의 규례입니다. 그런데 이달 12일 조강朝講 입시 때의 대계를 아직도 다 써서 들이지 않았고 거행 조건도 제때 작성하지 못하였습니다. 주강과 석강이 자주 겹치다 보니 일에 서툰 신참자가 미처 처리하지 못해서 생긴 일이긴 하지만 경책하지 않을 수 없습니다. 해당 주서를 추고하는 것이 어떻겠습니까?

1626년인조 4 윤6월 5일, 시강원에서 올린 계사에는 사행 길에 서책을 사 오도록 청하는 내용이 실려 있다.

본원의 서적이 왜란 때에 모두 유실된 터라 본원에서 계사를 올린 내용에 따라 지난해 사은사와 동지사를 보내는 행차 편에 약간의 책을 사 오게 하였습니다. 그런데 동지사의 행차 편에 사 온 서책이 모두 물에 젖어 버렸습니다. 이번 동지사와 성절사 두 사행 편에 해당 조로 하여금 종전대로 값을 지급하고 사 오게 하여 서연書筵에서 볼 수 있게 하는 것이 어떻겠습니까?

1696년숙종 22 1월 7일, 비변사에서 올린 계사에는 죽을 나누어 주는

계사啓辭

1818년(순조 18) 8월 16일 승정원에서 올린 계사이다. 승정원에서 우부승지 이면구李勉求를 패초할 것을 청하였는데, 순조는 이에 대해 체차하고 전에 올린 후보자 명단을 들이라는 내용의 전교를 내려 이석호李錫祜를 승지로 임명하였다. 이 날짜 《승정원일기》에서 이 사안을 확인할 수 있다. _규장각한국학연구원

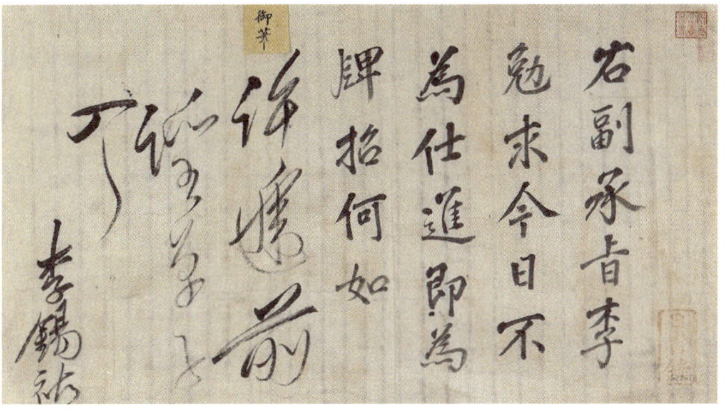

곳을 설치하고 낭청을 정하여 성 안의 걸인들을 구제하도록 할 것을 청하는 내용이 실려 있다.

지난번에 도성에 유리걸식하는 사람들이 많다는 말을 듣고, 각 부에서 진휼청에 통지하게 하여 양식과 소금과 장을 계산해서 동서 활인서에 내주었고 새로 흙집을 지어 주었습니다. 그런데 비변사 낭청을 보내 살펴보게 하였더니, 유리걸식하는 사람들이 양식을 얻어서는 일시에 다 먹어 버리고, 날을 요량하여 두고 먹을 생각을 하지 않는다고 합니다. 또 그 가운데 주리고 지치거나 나이가 어려 스스로 움직일 수 없는 자들에게는 일행 가운데 그들의 양식을 대신 받도록 하였는데, 전혀 나누어 주지 않아 굶어 죽게 생겼다고 합니다. 지금

두 곳에 모여든 자가 각각 3, 40명인데 감독할 관원이 없는 데다 하인을 정해 준 일도 없어서 장차 시신이 넘쳐날 형세라고 합니다. 그러니 진휼청에서 죽을 나누어 주는 곳을 두고 낭청을 정해서 번갈아 가면서 가서 감독하게 해야 합니다.

동활인서의 죽을 나누어 주는 곳에는 전생서 주부 윤유손尹有孫과 공조 좌랑 성도成壔를, 서활인서의 죽을 나누어 주는 곳에는 상의원 별제 서문숙徐文淑과 사섬시 주부 남석명南錫明을 진휼청 낭청에 계하啓下하는 것이 어떻겠습니까? 그리해서 본래의 관직과 제사에 차임되는 일을 면제해 주어 그들이 날마다 번갈아 가면서 죽을 나누어 주는 곳에서 굶주린 백성들에게 먹을 것을 나누어 주도록 하는 것이 어떻겠습니까? 그리고 죽을 나누어 주는 곳에 필요한 기물과 하인을 두어 진휼청에서 그날그날 요량해서 내주도록 분부하고 즉시 거행하도록 하는 것이 어떻겠습니까?

이처럼 해당 승지나 주서의 행정 실수에 대해 추고할 것을 청하거나 각 관사에서 그때그때 해결해야 할 사안들을 계사로 아뢰었다. 어디에 무슨 문제가 있는지, 내린 명령이 잘 시행되고 있는지를 해당 관사와 승지들이 바로바로 보고하였고, 임금은 이에 대한 처분을 내려 문제를 해결하였다. 관리의 근무 기강을 바로 세우고, 구중궁궐 안에서도 나라 구석구석의 일을 손바닥 보듯 환히 알 수 있게 하고, 굶어 죽는다 해도 누구 하나 거들떠보지 않을 걸인에게도 임금의 따뜻한 손길이 미칠 수 있게 한 것이 바로 이 계사이다.

초기, 간단히 써서 아룁니다

초기草記는 도제조가 있는 아문에서 임금에게 아뢸 일이 있을 때 간단한 형식으로 작성하여 올리던 문서로, 중앙 관부에서만 사용할 수 있었고 지방 관부에서는 사용할 수 없었다. 초기는 명종에서 선조대 사이에 사용되기 시작하였는데, 시대가 뒤로 갈수록 사용이 점차 확대되어 도제조가 없는 아문에서도 사용하게 되었다. 이처럼 초기를 사용하는 아문이 점차 확대되었던 것은, 엄격한 격식을 갖추어야 했던 계본이나 계목에 비해 초기는 보다 자유롭고 간편하게 작성하여 신속히 처리할 수 있는 특징이 있었기 때문인 듯하다.

초기는《승정원일기》에 기록된 관부의 문서 중 계사와 함께 가장 많은 양을 차지한다. 각 관사에서 임금에게 보고하거나 요청하거나 문의하는 내용이 주를 이룬다.《승정원일기》에 기록된 초기의 앞에는 초기를 담당한 승정원의 승지 이름이 적혀 있는 것이 일반적이다.

1632년인조 10 2월 12일, 사옹원 도제조가 중국 사람을 접견할 때 삼차蔘茶를 제대로 준비하지 못한 사후소伺候所의 낭청을 추고할 것 등을 청하는 초기를 올렸다. 이와 관련해 우승지 강홍중姜弘重이 사옹원 도제조의 뜻으로 아뢰었다.

오늘 중국 사람을 접견할 때 사용할 삼차의 맛이 써서 적합하지 않았는데 접견할 때가 임박하여 다시 마련할 수 없어서 그대로 썼으니, 매우 온당치 못한 일입니다. 해당 사후소 낭청은 추고하고, 다장茶匠은 담당 관리로 하여금 가두어 놓고 죄를 다스리게 하는 것이 어떻겠습니까?

1680년숙종 6 10월 6일, 내의원 관원이 도제조의 뜻으로 근래 소 전염병이 돌고 있으니 우유로 만든 죽을 진상하는 일을 우선 정지하겠다는 초기를 올렸다. 이와 관련해 좌승지 안진安縝이 내의원 관원이 도제조의 뜻으로 아뢴 내용을 아뢰었다.

초기草記

승문원에서 올린 초기이다. 통신사를 들여보내는 연유에 대한 자문咨文과 선천에 표류한 중국인을 들여보내는 내용의 자문을 금군을 시켜 사행使行이 이르는 곳에 보내어 전해 주도록 요청하는 내용이다. 순조 10년(1810) 10월 28일 《승정원일기》에 이 사안이 보인다. _규장각한국학연구원

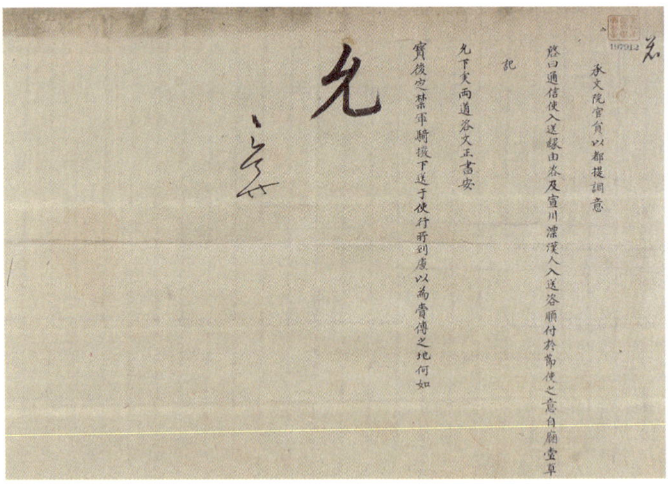

承文院官員以都提調意
啓曰通信使入送緣由咨及宣川漂漢人入送咨順付於節使之意自廟堂草記
允下矣而道咨文正書安
寶後定禁軍騎撥下送于使行所到處以爲齎傳之地何如
允

근래에 서울과 지방에 소 전염병이 창궐하여 사복시에서 기르는 젖소도 며칠 사이에 연달아 죽었습니다. 앞으로 소를 구하기도 어려울 뿐 아니라 이러한 때에 우유로 죽을 쑤어 진상하기도 몹시 불안합니다. 전례에 따라 소 전염병이 사라질 때까지 우선 진상하는 일을 정지하고자 감히 이렇게 우러러 여쭙니다.

1724년영조 즉위년 10월 30일, 예조에서 광릉光陵에 호환虎患이 있으니 군문軍門으로 하여금 호랑이를 잡도록 할 것을 청하는 초기를 올렸다. 이와 관련해 동부승지 이명의李明誼가 예조의 말로 아뢰었다.

방금 광릉 참봉의 보고를 받아 보니, '전부터 능 안에 호환이 있었는데, 이달 25일과 27일 밤에 사나운 호랑이가 재실齋室 담장 밖에서 크게 울어 군졸을 동원하여 일제히 나가 쫓아냈으나, 정자각 아래를 빙 돌아가면서 포효하고 소란을 피웠습니다. 큰 호랑이가 요즘처럼 심하게 제멋대로 다닌 적이 없어 능을 지키는 군졸들이 마음대로 출입할 수 없습니다.'라고 하였습니다. 능 안에 이런 호환이 있어 몹시 염려스러우니, 즉시 군문으로 하여금 장교를 보내어 잡도록 하는 것이 어떻겠습니까?

이러한 예와 같이 초기는 여러 관서에서 처리하는 일이 잘못되었을 때 해당 관원의 추고를 청하거나 문제가 발생했을 때 임금의 처분을 여쭙는 내용이 많다. 따라서 초기를 통해 당시 관서가 담당했던 다양한 업무와 그 처리 과정을 살펴볼 수 있다.

서계, 임금과 신하 사이의 소통을 돕다

서계書啓는 왕명을 수행한 신하가 그 결과를 임금에게 보고할 때 사용하는 문서이다. 왕명을 수행하는 신하는 장계도 사용하고 서계도 사용하는데, 지방이나 외국에서 임무를 수행하는 도중에 임금에게 보고할 때에는 장계를 사용하고, 임무를 마치고 서울로 돌아와서 최종 결과를 보고할 때에는 서계를 사용하였다. 특히 어사가 왕명을 수행한 뒤에는 서계와 함께 임무 수행 중에 보고 들은 사안을 조목별로 정리한 별단別單도 함께 올렸다.

《승정원일기》에는 전유傳諭와 관련된 서계가 많이 실려 있다. 전유는 대신이나 산림 등에게 신하를 보내 임금의 글을 전하는 것이다. 새로 임명된 대신에게 사양하지 말고 받아들이라고 타이르거나 사직하고 떠나려는 대신을 타일러서 불러들일 때, 또는 산림을 초빙할 때에 임금이 승지나 사관을 보내 임금의 뜻을 전하도록 하였다. 이때 명을 수행한 신하는 그 결과를 서계나 장계로 보고하였다. 전유를 받은 신하의 답변은 서계나 장계 안에 함께 실어서 보고하였는데, 이를 부주附奏라고 하였다.

1634년인조 12 12월 23일, 영의정 윤방尹昉은 체차해 달라는 차자를 계속해서 올렸다. 타고난 기운이 약하고 70의 나이로 노쇠한 데다 근래에 찬바람을 쐰 뒤로 열이 올랐다 한기가 들었다 하고 머리가 아파, 이대로 계속해서 일을 했다가는 오래 버티지 못하고 죽을 것 같다는 이유에서였다. 그러나 인조는 신명이 도와 반드시 병이 완쾌되는 기쁨이 있을 것이라면서 윤허하지 않는다는 비답을 내렸다. 그런데 윤방이 계속해서 사직을 청하는 글을 올리자, 1635년 1월 15일에 좌승지 서경우徐景雨를 보내 부디 사직하지 말고 조리한 다음 공무를 행하라는 내용의 돈유敦諭를 전하게 하였다. 서경우는 임금의 뜻을 윤방에게 전하고, 그 결과를 서계로 보고하였다.

서경우가 아뢰옵니다.

신이 명을 받들고 가서 영의정 윤방에게 전유하였더니, "지금처럼 일이 많은 때에 달이 바뀌도록 일을 못하고 있으니, 매우 황공합니다. 그런데도 승지를 보내 조리한 다음 공무를 행하라고 타이르시니, 신은 참으로 감격스러워 어찌할 바를 모르겠습니다. 신의 당초 병세는 오한과 신열이 오락가락하는 것이었습니다만, 며칠 전부터는 병세가 더욱 심해졌습니다. 쌀 한 톨도 삼킬 수가 없어 원기가 많이 상해 날로 힘이 빠지고 있습니다. 노쇠한 기력으로 살아날 가망이 전혀 없는데 아직까지 직함을 띠고 있으니 매우 민망합니다." 하였습니다.

돈유를 받은 윤방은 쌀 한 톨도 삼킬 수가 없을 정도여서 살아날 가망이 전혀 없다는 말로 체직해 줄 것을 간절히 호소하였다. 서경우는 윤방의 이러한 뜻을 서계로 보고하고, 서계를 받은 임금은 윤방에게 내의內醫를 보내 간병하게 하라고 전교하였다. 전교에 따라 같은 날 내의원 관원

전라 좌도 암행어사 이만교 서계全羅左道暗行御史李萬敎書啓

1885년(고종 22) 9월 전라 좌도에 암행어사로 파견된 이만교李萬敎가 올린 서계이다. 전라 좌도의 전반적인 상황과 감사 윤영신尹榮信을 비롯한 각 지방관들의 정사政事의 잘잘못을 일일이 설명하며 보고하는 내용을 담고 있다. _규장각한국학연구원

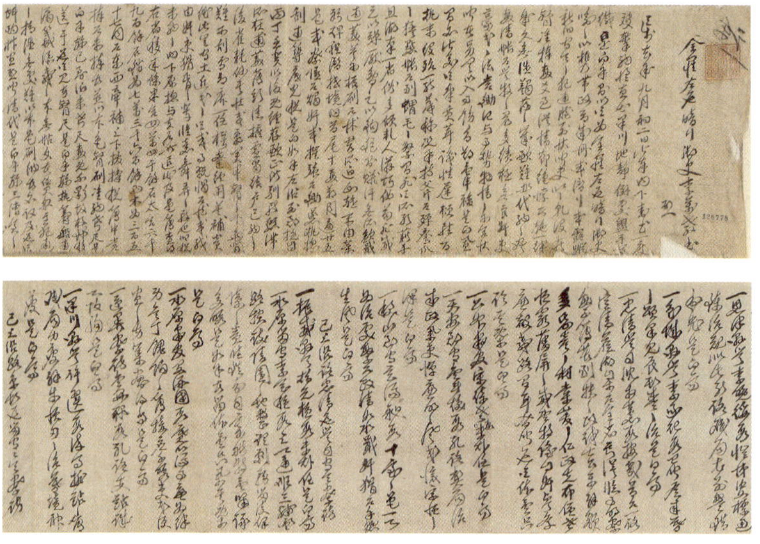

이성립李誠立이 윤방을 찾아가 병세를 살핀 후에 서계를 올려 다음과 같이 보고하였다.

영의정 윤방의 증상은 대체로 다음과 같습니다. 전에 걸렸던 학질이 떨어진 뒤에 오한과 신열이 오락가락하는 증세로 변하였는데, 연이어 약물을 써서 다소 차도를 보이는 듯하였습니다. 그런데 이달 12일부터 오한과 신열이 다시 도져 증세가 전보다 더 위중해졌습니다. 담이 있는 데다 열이 몰려 가슴에서 뭉치고 막혀 미음을 먹어도

목구멍에 걸려 내려가지 않아 가슴과 옆구리에 답답한 증상이 있는 듯합니다. 길경桔梗과 지모知母 각 1돈, 볶은 치자씨와 지각枳殼 각 7푼을 가미한 시함탕柴陷湯을 우선 두 차례 복용한 뒤에 다시 증세의 변화를 살펴 가며 다른 약을 쓰는 것이 마땅하겠습니다.

이에 대해 임금은 내의원 관원에게 약을 지어 보내고 왕래하며 간병하게 하라고 전교하였다. 사직하는 관원의 상태를 임금은 측근을 통해 확인하고 이를 바탕으로 처분을 내린 것이다. 이처럼 임금과 신하 사이의 소통을 돕는 메신저 역할을 하던 것이 바로 서계이다.

장계, 이에 보고합니다

장계狀啓는 지방의 관직에 제수된 신하나 왕명을 수행 중인 신하가 임금에게 보고할 때 사용하는 문서이다. 지방의 관직에 제수된 신하로서는 관찰사, 병마절도사, 수군절도사, 특정 지역의 수령 등이 장계를 올렸고, 왕명을 수행하는 신하로서는 동지사나 사은사 등으로 파견된 사신, 칙사를 접대하거나 전송하기 위해 파견된 원접사와 반송사, 암행暗行이나 감진監賑 등을 위해 파견된 어사御史, 기타 제사·과시科試·전유傳諭·봉심奉審 등을 위해 지방에 파견된 신하가 장계를 올렸다.

관찰사는 비가 내린 상황, 농사의 현황, 재해 정도를 반영하여 매긴 각 고을의 작황 등급, 변방의 정세 등을 장계로 보고하였다. 왕명을 수행하기 위해 파견된 신하들은 임무 수행과 관련된 사안을 장계로 보고하였다. 신하가 올린 장계는 승정원을 통해 임금에게 보고되고, 임금의 재가를 받은 뒤에는 결과를 당사자에게 통보하였다. 필요할 경우 해당 사안과 관련된 관사에 장계를 내려 주어 대책을 마련하여 보고하도록 하기도 하였다.

《승정원일기》에는 장계의 전문이 실린 경우는 드물고, 해당 사안과 관련된 관사에서 대책을 마련하여 보고하는 문서 안에 인용된 형태로 기록된 경우가 많다.

서목書目은 특정 문서를 올릴 때 해당 문서의 내용이 무엇인지를 파악하기 쉽게 요점만 간략하게 적어서 함께 올리던 문서인데, 임금에게 올리는 장계나 상부 관사에 올리는 첩정에는 반드시 서목을 갖추어 올리도록 하였다.

1728년영조 4 3월 24일, 무신란 때 난을 평정하기 위해 파견된 사도 도순무사 오명항이 장계를 올렸다.

> 매우 갑작스럽게 군사를 출동시키느라 기계와 집기를 많이 준비하지 못했기 때문에 계속해서 금위영에서 가져오고 있습니다. 하지만 짐을 실어 올 말이 부족하여 전혀 실어 올 수 없는 형편입니다. 금위영 도제조에게 분부하여 말을 세내든 사든 간에 보고 받는 대로 속히 실어 보내게 하소서. 다만 진위 지역 아래로는 대부분 역적의 소굴이 되어 역적에게 물건을 내주게 될 염려가 없지 않으니, 이 또한 도제조로 하여금 지나가는 각 읍에 관문을 보내 분부하여 군사를 동원해 호송하게 해 주소서.

비변사에서 장계의 내용이 실로 사리에 맞으니, 이대로 거행하도록 금위영에 분부해 줄 것을 청하자 임금은 윤허한다는 전교를 내렸다.

같은 날 남한 순무사 김동필金東弼도 장계를 올렸다.

> 서울을 향해 올라가는 적도들이 대부분 복장을 바꾸어 흰 모자와 흰옷 차림을 하고 있습니다. 파수 및 정탐을 담당한 각처의 군관들에게 의심스러운 사람을 붙잡아 바치면 논상하겠다는 뜻으로 엄히

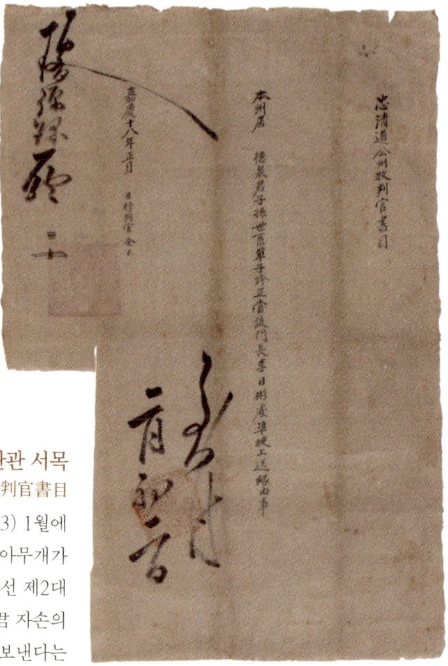

충청도 공주목 판관 서목
忠淸道公州牧判官書目
1813년(순조 13) 1월에 충청도 공주목 판관 김 아무개가 관내에 거주하는 조선 제2대 정종定宗의 왕자 덕천군德泉君 자손의 세계단자世系單子를 올려보낸다는 내용으로 올린 서목이다. 서목은 임금에게 올리는 장계나 상부 관사에 올리는 첩정牒呈에, 그 문서의 내용이 무엇인지를 요점만 간단히 적어 함께 올리는 문서이다. 원장原狀이나 첩정에 첨부된 서목을 받은 관리는 서목의 여백에 처분을 적어 하급 관청에 돌려주었다.
_국민대학교박물관

신칙하였습니다. 다만 앞으로 붙잡히는 무리들을 도착하는 대로 즉시 결박하여 올려 보내야 할지, 아니면 곧바로 진중陣中에서 처형해야 할지 분명하게 분부를 내려 주소서.

이에 대해 비변사에서는 계사를 올렸다.

> 변복하고서 흘러들어 오는 적도들이 반드시 많을 것이니, 의심스러운 사람은 각별히 살펴서 체포하고, 정황상 적도임이 분명한 자는 즉시 진중에서 처형하고, 그 가운데 만약 붙잡아 서울로 보내 엄히 캐물어야 할 자가 있으면 또한 올려 보내도록 하되, 체포한 사람에게는 경중에 따라 각별히 논상하겠다는 뜻으로 아울러 분부하는 것이 어떻겠습니까?

이에 대해 영조는 윤허한다는 전교를 내렸다.

이인좌李麟佐는 1728년 3월 15일에 청주성을 함락하고 경종의 원수를 갚는다는 점을 널리 선전하면서 서울로 북상해 올라왔다. 그러나 24일에 안성과 죽산에서 관군에 의해 격파되었고, 청주성에 남은 세력도 상당성에서 박민웅朴敏雄 등의 군사에 의해 무너졌다.

《승정원일기》에 실린 장계 내용을 통해 당시의 상황이 얼마나 긴박했는지를 알 수 있다.

긴박한 상황을 보고하는 것 외에 각 지역에서 발생한 특이한 일을 보고하는 장계도 많았다. 1627년인조 5 12월 14일, 경기 관찰사의 장계 내용 중 중요한 사항만 뽑아서 따로 덧붙인 서목에는 기형아 출산에 관한 보고가 있었다.

> 가평의 관노 진몽眞夢의 처가 달이 차기 전에 아기를 낳았다. 아기 몸의 크기는 고양이만 하고 한 몸에 다리가 네 개, 머리가 두 개,

> 눈이 네 개, 귀가 두 개였는데, 곧 죽었다.

샴쌍둥이라는 말은 1811년 태국에서 가슴과 허리 부위가 붙어 태어난 쌍둥이 형제에서 유래했다. 《승정원일기》에는 이보다 200년 전쯤에 이미 이에 대한 보고가 있었던 셈이다.

1636년인조 14 3월 21일에 전라 관찰사가 올린 장계에는 태인현에서 암탉이 수탉으로 변한 일이 있다는 보고 내용이 있었다.

> 본현의 관노 몽길夢吉의 집에서 암탉이 수탉으로 바뀌었다고 하였습니다. 그 닭을 가져다 살펴보니, 털색이 알록달록하여 암탉이 수탉이 되어 있었습니다. 닭 볏은 높고 크고 꼬리가 길게 나와 있었습니다. 몽길에게 어떻게 된 일인지 조사하자 그는 기르던 암탉이 자라서 알까지 낳다가 지난해 12월부터 털빛이 바뀌기 시작하여 점점 수탉처럼 변해 갔다고 합니다. 그러다 올해 2월 초에는 "꼬끼오~" 하고 길게 울어 완전히 수탉이 되었다고 합니다. 참 이상한 변고입니다.

장계 가운데는 이처럼 "세상에 이런 일이!"라고 할 만한 기록들이 많이 보인다. 《승정원일기》에 기록된 이런 기이한 현상을 어떻게 받아들여야 할까? 장계는 임금과 관련된 일뿐만 아니라 나라 구석구석에서 일어난 일까지도 다채롭게 담고 있다.

상소, 삼가 아룁니다

상소上疏는 현직이나 전직 관원, 또는 유생이 임금에게 아뢸 일이 있을 때 올리던 문서로, 단독으로 올리기도 하고 여러 사람이 연명으로 올리기도 하였다. 임금에게 올리는 다른 문서와 달리 상소는 제한적이기는 하지만 전직 관원과 유생도 올릴 수 있다는 점이 특징이라고 할 수 있다.

상소는 그 내용에 따라 관직을 그만두겠다는 내용의 사직소辭職疏, 임금이 조언을 구할 때 그에 응하여 올리는 응지소應旨疏, 시사에 대해 의견을 개진하는 언사소言事疏, 부모의 봉양을 위해 수령으로 내보내 주기를 청하는 걸군소乞郡疏 등이 있다.

지방에 있는 신하가 상소를 올릴 때에는 자신이 거주하는 고을의 수령과 그 고을을 관할하는 관찰사를 거쳐 승정원으로 올려 보냈다. 상소는 원래 다른 사람이 보지 못하고 임금이 직접 개봉해서 보도록 하였기 때문에 겉봉에 '주상 앞에서 개봉할 것上前開拆'이라고 써서 바쳤는데, 후일에는 승정원에서 상소 내용을 검토한 뒤에 올렸다.

임금이 상소를 보고 난 뒤에는 비답을 내려 주는 것이 원칙이지만, 상소를 올린 사람이나 상소의 내용에 대해 불만이 있을 경우에는 비답을 내리지 않는 경우도 많았다. 비답의 형식과 내용도 상소한 사람의 신분에 따라 달랐다.

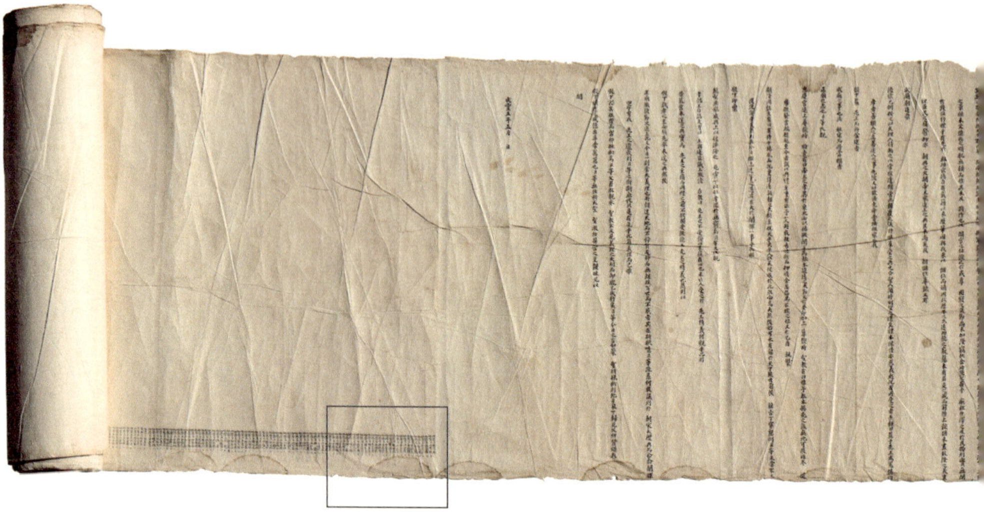

1726년영조 2 10월 17일 부제학 이기진李箕鎭이 사치의 폐해에 대해 상소를 올렸다. 그는 사치의 원인으로 세속에서 궁실의 친인척을 모방하는 경우를 꼽으면서, 위에서 모범을 보이면 아래에서는 자연히 사치하지 않게 될 것이라고 하였다.

삼가 아룁니다.

선현이 말하기를 "사치의 폐해는 수해와 가뭄보다 심하다."라고 하였는데, 이는 사치가 심하면 그 해의 곡식이 풍년이 들더라도 백성들은 여전히 배고픔을 면치 못함을 말한 것입니다. 하물며 요즘은 수해와 가뭄이 계속되는데 거기에다 극도로 사치하는 풍속까지 더해진다면, 백성들이 굶주려 죽지 않을 수 있겠습니까. 신이 일찍이 농촌에 오래 살아 농민의 생리를 그런대로 잘 알고 있습니다. 남자는 농사짓고 여자는 길쌈하며 일 년 내내 일하면서도 마음으로 바라

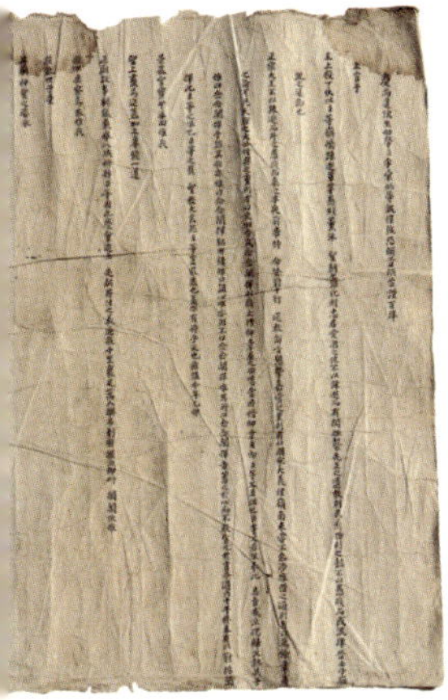

사도세자 추존 만인소思悼世子追尊萬人疏

1855년(철종 6)에 경상도 유생 이휘병李彙炳 등 10,094명이 장헌세자莊獻世子를 추존할 것을 요청하며 올린 상소이다. 1792년(정조 16)에 영남 남인 10,057명이 올린 사도세자 신원 만인소思悼世子伸寃萬人疏에 이은 상소이다. 1762년(영조 38) 사도세자가 뒤주에서 갇혀 죽은 뒤, 정계에서 축출된 영남 남인들 사이에 사도세자의 죽음을 동정하는 분위기가 있었다. 이러한 분위기 속에서 영남 사림들이 결집하여 상소를 올렸다. 상소에는 만여 명의 이름이 모두 적혀 있다. _한국국학진흥원

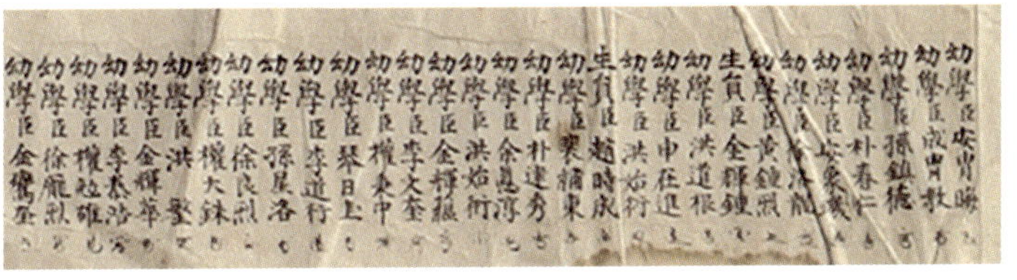

는 것은 그저 한 사람이 한 해 살아갈 밑천으로, 먹는 것은 곡식 두 포, 입는 것은 베 한 필 정도에 불과합니다. 그런데도 오히려 관청에 바치고 빚을 갚기에도 부족하여 끝내는 입에 풀칠하기도 어렵고 몸을 제대로 가리지도 못합니다. 도시의 여염에서 부자나 권세가가 낭비하는 것을 보면, 한 상 차림이나 옷 한 벌 값이 수십, 수백 농가의 재용에 이르기도 합니다. 그 비용이 나온 곳을 살펴보면 모두 농민이 힘써 경작한 것에서 빼앗아 온 것이니, 백성의 부모 된 자로서 이 얼마나 마음 아픈 일입니까.

세속에서 사치하는 풍습은 하루아침의 일이 아닙니다. 일반 백성들은 사대부를 본받고 사대부는 궁실의 친인척 집안을 본받아서 정교하고 기이한 것을 경쟁적으로 취하려 하고 서로 모방하다 보니, 점점 이런 지경에까지 이른 것입니다. 옛 속담에 "궁중에서 상투 높이기를 좋아하자 사방에서 한 자를 높인다."라고 하였으니, 어찌 예

와 지금이 다르겠습니까. 진정으로 전하께서 반드시 바른길로 되돌리고자 하신다면 궁중에서부터 본을 보이는 것만 한 것이 없습니다. 저 사대부들이 보고 감동하며 일반 백성들이 흠모하고 본받는 것은 바람이 불면 풀이 눕는 것과 같이 당연한 현상입니다. 공자께서 말씀하시기를 "그대가 바르게 이끈다면 누가 감히 바르게 되지 않겠는가."라고 하였고, 또 "진실로 그대가 욕심을 부리지 않는다면 비록 상을 준다고 해도 도둑질하지 않을 것이다."라고 하였습니다. 이를 가지고 돌이켜 본다면 이 또한 임금이 표준을 세우는 한 가지 일이 될 것입니다. 밝으신 성상께서는 깊이 마음에 두시기 바랍니다.

혹시라도 성상께서 살피기 좋아하시는 큰 지혜를 특별히 미루어 사람이 못났다 하여 말까지 버리지 않으신다면, 이는 신의 행운일 뿐만이 아니라 실로 나라와 백성의 다행일 것입니다. 삼가 죽음을 무릅쓰고 아룁니다.

이 상소를 읽은 영조는 경계하라고 아뢴 말을 가상하게 여긴다고 하며 유의하겠노라고 비답을 내렸다. 그러나 이후로도 사치하는 습속은 없어지지 않아 사대부가의 아녀자들이 머리에 높이 가체加髢를 얹고 13, 14폭이나 되는 치마에 금박을 입혀 입기도 하였다. 결국 1756년에는 가체를 금하고 족두리로 대체하라는 가체 금지령을 내리기까지 하였다.

《승정원일기》의 상소 내용은 오늘날 사회 문제와도 크게 다르지 않다. 오늘날의 사회 문제를 진단하고 해결해 가는 과정에서 공감대를 형성하고 바른 방향을 제시하는 데 도움이 될 만한 내용이 많이 포함되어 있다.

단자, 명단을 적어 올립니다

단자單子는 인명이나 물명 등을 열거하여 기록한 문서를 가리킨다. 따라서 단자에는 인명의 경우 당사자의 직명과 성명을, 물명의 경우 물품의 이름과 수량 등을 열거하여 기록한다. 단자는 임금에게만 올리는 문서는 아니다. 관사에서도 사용하고 개인 사이에서도 사용하였다.

단자는 올리는 목적에 따라 그 명칭도 달랐다. 《전율통보》〈별편別編 본조문자식本朝文字式〉에는 하직 단자, 사은 단자, 문안 단자, 지수 단자祇受單子, 수령추천 단자, 호구 단자戶口單子, 서경 단자署經單子 등을 작성하는 방식이 규정되어 있다.

이외에도 《승정원일기》에 망단자望單子, 복상 단자卜相單子, 시호 단자諡號單子, 진헌 단자進獻單子, 수압 단자受押單子, 세초 단자歲抄單子, 좌목 단자座目單子, 좌부좌 단자坐不坐單子, 진부진 단자進不進單子 등이 보인다. 그러나 《승정원일기》에는 단자의 이름이나 대체적인 내용만 언급될 뿐이고 단자의 전체적인 내용이 실린 경우는 그리 많지 않다.

1728년영조 4 11월에 영조의 맏아들인 경의군敬義君이 10세의 어린 나이로 사망하였다. 12월 2일 의정부 영의정 이광좌李光佐와 좌의정 홍치중洪致中은 의정부 당상과 육조 참판 이상 및 관각의 당상관이 빈청에 모여 시호를 의논해 정하여 들인다고 아뢰었다. 시호는 임금이나 사대부

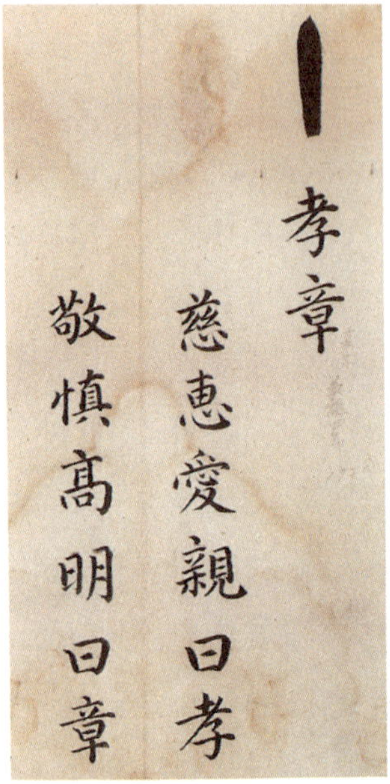

왕세자 시호망단王世子諡號望單

1728년(영조 4) 11월에 영조의 맏아들인 경의군敬義君이 10세의 어린 나이로 사망하였을 때 신하들이 올린 시호 단자이다. 신하들이 의논하여 장효, 효장, 장헌 세 가지의 시호를 적은 단자를 올렸고, 영조는 효는 백행의 으뜸이기 때문에 '효' 자가 앞에 들어간 것을 취한다고 하고, '효장'에 낙점하였다. _한국학중앙연구원 장서각

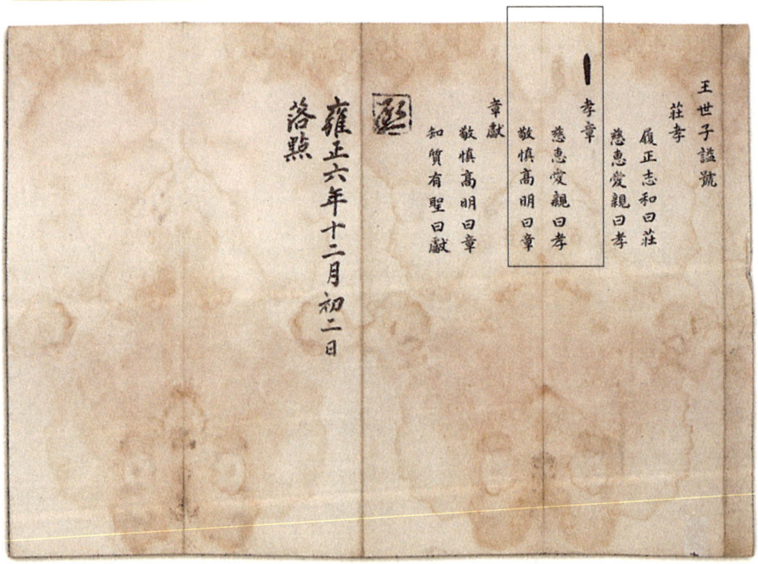

들이 죽은 뒤에 그 공덕을 찬양하여 올리는 호를 말한다. 이때 왕세자의 시호로 다음 세 가지를 써서 시호 단자를 올렸다.

장효莊孝 : 행동이 바르고 뜻이 온화한 것을 '장'이라 하고, 인자하고 은혜로워 어버이를 잘 섬기는 것을 '효'라고 한다.

효장孝章 : 인자하고 은혜로워 어버이를 잘 섬기는 것을 '효'라고 하고, 공경스럽고 신중하며 뜻이 고명한 것을 '장'이라 한다.

장헌章獻 : 공경스럽고 신중하며 뜻이 고명한 것을 '장'이라 하고, 지혜가 두루 통하여 막힘이 없는 것을 '헌'이라 한다.

영조는 첫 번째가 좋기는 하지만 효는 백행의 으뜸이기 때문에 '효' 자가 앞에 들어간 두 번째 것을 취한다고 하고, '효장'에 낙점하였다. 낙점한다는 것은 추천한 세 가지 가운데 하나를 선택하여 그 위에 임금이 친히 점을 찍어서 결정하는 것을 말한다. 낙점한 단자에는 '계啓'자 도장, 연호와 날짜, 낙점이란 글자가 남아 있다. 임금이 낙점을 하자 승지 조석명趙錫命은 임금이 결정하여 내린 왕세자의 시호 단자를 예조 낭청을 불러서 내어 주겠다고 아뢰고, 영조는 알았다고 전교하였다.

효는 백행의 으뜸이기 때문에 '효' 자가 앞에 들어간 '효장'에 낙점하였다는《승정원일기》의 기록을 통해 시호를 결정한 결과뿐 아니라 시호를 정한 이유까지도 알 수 있다. 어린 나이에 세상을 떠난 왕세자를 위해 고심하여 시호 단자를 들이는 신하들의 마음과 일찍 세상을 떠난 아들의 효심을 떠올리며 시호를 선택하는 임금의 마음이 단자의 빈 공간에 가득 차 있는 듯하다.

제4부

왕의 그림자까지 담은 승정원일기

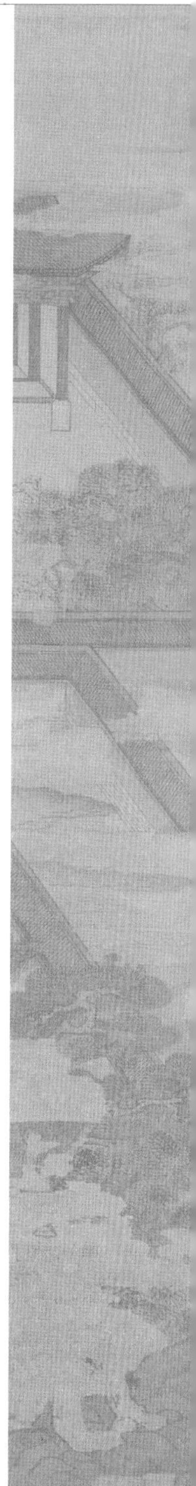

1 왕의 하루

만 가지 일을 결재하다

승정원은 임금을 가장 가까운 거리에서 보필한 관서이다. 승정원 관원들은 임금에게 국정 운영과 관련된 사안들을 보고하는 임무를 맡았으며, 논의되는 사안과 과정들을 일기로 정리했다. 임금의 거둥, 상참과 경연의 시행 여부, 천문 현상에 대한 관상감의 보고, 새로 임명된 관원의 하직 인사, 새로 관원을 임명하는 정사, 업무에 나오지 않은 관원의 패초, 각 관사에서 올린 보고 사안과 전교, 관원의 소회를 담은 상소와 그에 대한 국왕의 비답, 신료들과의 만남의 자리에서 논의된 사안 등을 빠짐없이 기록하였다. 따라서 《승정원일기》 하루치 기사를 읽어 가다 보면 자연스럽게 국정과 관련한 임금의 일정을 자세히 살펴볼 수 있다.

조선 후기 왕의 하루는 어떠했을까? 《승정원일기》 1726년영조 2 음력 3월 26일자 기사 내용을 중심으로 순서에 따라 영조의 어느 하루를 재구성해 보았다.

아침 문안으로 하루를 열다

맑은 봄날이다. 영조는 창경궁에 있다. 왕은 보통 아침 5시에 하루 일과를 시작한다. 여느 때와 같이 아침 일찍 일어난 영조는 내의원에서 올리

창덕궁 인정전昌德宮仁政殿

창덕궁의 정전正殿이다. '인정仁政'은 어진 정치라는 의미이다. 인정전에서는 신료들이 임금에게 드리는 새해 인사, 외국 사신의 접견, 진연進宴, 진찬進饌 등 각종 공식 행사가 열렸다. _문화재청

는 문안을 받았다. 내의원 도제조 민진원閔鎭遠, 제조 조도빈趙道彬, 부제조 정형익鄭亨益이 영조의 체후體候와 대왕대비전 등의 기후氣候를 여쭈었다. 요사이 건강 상태가 좋지 않은 왕대비전에는 입진하여 증후를 살펴 복용할 약을 정해야 한다고 하였다. 어의와 상의해 본 결과 '청울이진탕淸鬱二陳湯'이 왕대비전의 증세에 가장 적합하다고 하였다. 5첩을 지어 들여 내일 아침부터 드실 수 있게 하는 것이 어떻겠느냐고 여쭈자, 영조가 윤허하였다.

집무를 보기 위해 편전으로 나아가다

문안을 받은 뒤 영조는 평소와 같이 아침 식사를 하고 공식적인 집무를 보기 위해 편전으로 나아갔다. 이날은 상참은 열지 않고, 주강만 하기로 하였다. 어제 승정원 우승지 박성로朴聖輅가 상참을 열 것인지에 대해 여쭐 때 정지하라고 명하고, 경연에 대해서는 주강만 하라고 전교하였기 때문이다.

상참은 약식 조회 성격을 가진 회의이고, 주강은 낮시간에 임금과 신료들이 만나 공부하는 자리이다.

관상감의 보고를 받다

이어 관상감에서 올린 천문 현상을 승정원 승지가 보고하였다. 관상감에서는 매일 천체를 관측하고, 햇무리나 달무리, 객성客星, 혜성 등의 천문 현상이 발생하면 기후를 관측한 단자를 작성하여 왕에게 보고한다.

드므
궁궐의 화재를 막기 위해 상징적으로 비치한 용기이다. 드므에 물을 담아 놓음으로써 화마火魔가 물에 비친 자기 모습을 보고 놀라서 물러나길 바라는 마음이 담겨 있다.

이날 올린 보고는 '묘시오전 5~7시와 진시오전 7~9시에 햇무리가 졌다. 오경오전 3~5시에 유성이 남두성南斗星 위에서 나와 남쪽 하늘가로 들어갔는데, 주먹 모양처럼 생겼고, 꼬리의 길이는 3, 4자 정도이며, 붉은색이었다.'라는 내용이었다.

수령의 하직 인사를 받다

보고가 이어지는 동안 새로 제수된 수령들이 궐내로 들어와 하직 인사를 준비하고 있다. 이틀 전인 3월 24일에 새로 임명된 여러 도의 수령들 가운데 아직 하직 인사를 하지 않은 관원을 조사하라는 영조의 전교에 따른 것이다.

영조는 황주 목사 원명귀元命龜, 영동 현감 신사열申思說, 정읍 현감 이산로李山老, 신방구비 만호 민진정閔鎭廷이 올리는 하직 인사를 받았다. 민진정에게는 활과 화살을 주어 보내라는 전교를 내렸다.

각 관서에서 현안을 보고하다

하직 인사를 마치고 수령들이 물러가자 우승지 박성로가 내일 상참과 경연을 어떻게 할지 여쭈었고 영조는 정지하라고 전교하였다. 도승지 정형익鄭亨益은 다른 곳으로 옮겼던 종묘의 신주를 다시 제자리로 모시는 의식에 참석할 승지의 인원을 갖춰야 하니, 비어 있는 승지의 후임을 차출하고 패초하여 직임을 살피도록 할 것을 청하였다.

이어 각 관서에서 올린 계사들을 보고하였다. 종묘개수도감에서는 공사가 끝났으니 역군役軍과 공장工匠을 모두 해산하여 보내겠다는 보고를 하였다. 의금부에서는 죄인 김세정金世鼎이 부친상을 당하였으니 돌아가 장사를 지낼 수 있도록 해달라고 청하였다. 금위영에서는 군향軍餉이 부족하니 금위영의 군보미軍保米를 속히 상납하도록 처리해 줄 것과 무예 시험 전과목에서 우등 합격한 한량 고만세高萬世를 별단에 써서 들인다는 내용 등을 보고하였다. 이 외에도 도총부, 총융청, 승문원 등의 관서에서 현안을 보고하였다.

인사위원회를 열다

인사위원회를 열고자 한다는 보고가 올라왔다. 동반 인사위원회인 이비에서 판서 이병상李秉常과 참판 조관빈趙觀彬이 사정이 있어 참석할 수 없다고 하므로 참의 홍현보洪鉉輔 혼자서 긴요한 직임만을 뽑도록 하였다. 유척기俞拓基를 승지로, 홍봉조洪鳳祚를 지평으로, 한계진韓啓震을 정언으로 삼는 인사 발령이 있었다.

서반 인사위원회인 병비에서는 판서와 참판, 참의가 모두 사정이 있어 참석하지 않아 참지 경성회慶聖會가 관원을 뽑았다. 권성權愭을 부사직으로, 이집李潗을 부사과로 삼는 인사 발령이 있었다.

상소에 대한 비답을 내리다

이날 보고된 상소는 모두 세 건이다. 한 건은 병세와 개인 사정을 이유로 삭직해 주기를 청하는 장령 이제항李齊恒의 상소였는데, "상소를 보고 잘 알았다. 그대는 속히 직임을 살피라."라고 비답을 내렸다.

다른 한 건은 어머니의 병구완을 위해 체차해 줄 것을 청하는 응교 이현록李顯祿의 상소였는데, 허락을 받기 전에 지레 궐문을 나갔으니, 추고하여 경책하라고 하였다.

나머지 한 건의 상소는 경상도 유학 권태두權泰斗 등을 위시하여 610여 명이 연명으로 올린 상소로, 송시열宋時烈과 송준길宋浚吉을 문묘에 배향해 줄 것을 청하는 내용이었다. 영조는 "상소를 보고 잘 알았다. 내가 주저하는 것이 어찌 다른 뜻이 있어서이겠는가. 그 일을 중시해서이다."라는 내용의 비답을 내렸다.

늦은 밤까지 이어지는 공부

주강을 행하러 창경궁 시민당으로 나아가다

승정원을 통해 국정 운영과 관련한 사안을 보고 받고 처리하느라 분주했던 영조는 오시오전 11시~오후 1시가 되자 예정된 주강을 행하러 창경궁 시민당으로 나아갔다.

주강을 행하는 자리에 지경연사 김흥경金興慶, 특진관 김취로金取魯, 참찬관 김고金槹, 시독관 윤심형尹心衡, 검토관 김상석金相奭, 가주서 안상휘安相徽, 기사관 이규휘李奎徽, 기주관 유겸명柳謙明, 종신 남원군 이설李槁, 무신 행 부호군 정제규鄭齊奎가 입시하였다.

오늘 진강할 부분은《맹자》〈등문공滕文公〉의 '후직교민가색后稷教民稼穡'에서 '오능치국가惡能治國家'까지였다. 묻고 답하면서 열띤 토론이 오고 갔다. 주강 자리가 거의 마무리될 즈음 시독관 윤심형이 영남 지방의 진휼 문제 등에 대해 보고하였고, 영조는 진휼청에서 헤아려 보고하도록 하였다.

보통 경연 시행 여부는 최소한 하루 전에 결정하여 그 결과를 승정원 대문 앞에 게시하는데, 영조는 이날 주강에서 이야기를 나눈 것이 미진하다고 느꼈는지 논의가 끝나갈 무렵 예정에 없던 석강을 하겠다고 하였다.

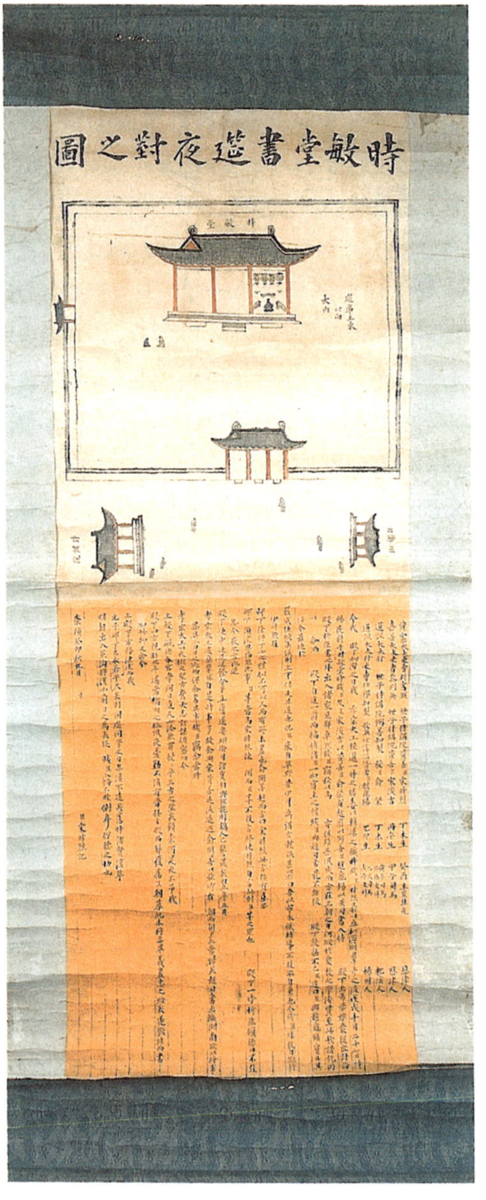

시민당 서연야대지도
時敏堂書筵夜對之圖
현종이 왕세자였던 1658년(효종 9) 10월 27일 시민당에서 열었던 야대의 모습을 그린 그림이다. 서안書案을 사이에 두고 현종과 신료들이 마주하여 어떠한 이야기를 주고 받았을지 궁금하다. 국립중앙박물관이 소장하고 있는 이 그림은 서울대학교 박물관 소장본을 모사한 그림으로 추정하고 있다. _국립중앙박물관

석강을 끝으로 일과를 정리하다

신시오후 3~5시에 영조가 주강을 마치고 석강을 행하러 창경궁 시민당에 나아갔다. 석강을 행하는 자리에는 지경연사 김흥경, 특진관 김취로, 참찬관 이성룡李聖龍, 시독관 윤심형, 검토관 김상석, 가주서 안상휘, 기사관 이규휘, 기주관 유겸명이 입시하였다.

시독관 윤심형이 진강하였는데, 《맹자》〈등문공〉 '묵자이지墨者夷之'에서 '무연위간왈 명지의憮然爲間曰命之矣'까지였다. 영조가 이어받아 한 번 읽었다. 시독관, 특진관, 검토관이 차례로 뜻을 아뢰고 서로 의견을 주고받은 뒤 석강이 끝났다. 강관들이 물러가자 영조는 승지 이성룡을 불러 의금부 당상과의 일 때문에 나오지 않고 있는 이조 판서를 패초하여 직임을 살피게 하라고 하였다.

이날은 야대夜對가 없어서 그나마 하루 일과가 일찍 정리된 편이다. 하지만 미처 검토하지 못한 사안들이 쌓여 있어 영조는 이후 시간에도 편안히 쉴 수 없었을 것이다.

영조의 어느 '평범'한 하루를 살펴보았다. 영조는 동틀 무렵부터 저녁까지 쉴 틈 없이 국정 운영에 몰두하였다. 각 관사에서 보고한 사안의 처리, 인사 문제에 대한 처리, 상소를 검토하는 일, 각 지방에서 보고한 현안 처리 등 일일이 열거하기 쉽지 않을 만큼 많은 사안들이 있었다. 바쁜 가운데서도 영조는 신료들과 함께 연이어 주강과 석강을 행하였다.

《승정원일기》는 이처럼 임금의 동선을 따라가며 파노라마처럼 펼쳐진 국정의 이모저모를 살필 수 있게 해 준다.

2 승정원일기를 엮은 사람들

‘은대학사’로 불린 여섯 승지

승정원에는 오늘날의 대통령 비서실장격인 도승지를 비롯하여 좌승지, 우승지, 좌부승지, 우부승지, 동부승지 등 총 6명의 승지를 두었다. 승지는 모두 정3품 관원이다. 그 아래 승정원의 실무를 담당하는 정7품 관원 주서를 두었고, 이들과 함께 승지와 주서의 업무 처리를 도왔던 서리와 사령 등의 하례下隷가 있었다.

승정원의 관원 구성은 단출해 보이기도 하지만 이들이 수행하는 업무량은 어느 관서보다도 많고 그 중요성 또한 다른 관서에 비교할 바가 아니었다. 승정원 관원들은 밤낮없이 내려오는 왕명을 전달하고, 수없이 많은 관서와 관원들이 올리는 국정 현안을 받아 정리하고 임금에게 보고하였다.

묵묵히 열정적으로 자신의 역할에 충실했던 승정원 관원들이 아니었다면, 오늘날 우리는《승정원일기》라는 ‘국가의 보물’을 만날 수 없었을 것이다.

조선 시대 내내 특별한 경우를 제외하고 승정원 승지는 이조 참의, 대사간을 거친 당상관 가운데서 선발하였다고 한다. 승지는 조선 시대 관료 체계 내의 핵심 관직이었다고 할 수 있다. 이러한 위상을 갖다 보니 그들 사이에도 엄격한 위계가 있었는데, 승지들 간의 예우나 숙직 규정

등에서 이를 확인할 수 있다.

승지들은 회의나 연석에서 서열에 따라 앉도록 규정되어 있다. 도승지·좌승지·우승지가 앉는 위치는 동벽東壁이라 하고, 좌부승지·우부승지·동부승지가 앉는 위치는 서벽西壁이라 한다. 승지는 도승지 중심의 위계 질서를 확립하여 한번 도승지를 역임한 사람을 하위 승지로 강등시킬 수 없었고, 도승지 이외의 다섯 승지도 서열대로 승진시키거나 강등시키는 것이 관례였다.

조선 시대 근무 기강이 엄했던 대표적인 관서로는 홍문관과 내병조內兵曹를 들 수 있다. 홍문관은 임금의 공부를 주관하고 자문에 응해야 하고, 내병조는 임금이 거처하는 궁궐의 수비를 맡기 때문에 근무 기강이 엄격했다. 그런데 이들 관서와 함께 승정원 또한 근무 기강이 엄격한 대표적인 관서였다. 가까운 거리에서 임금을 보필한다는 점과 국정 운영의 제반 사항이 승정원을 거쳐 가는 점을 고려할 때 어느 관서보다도 엄한 근무 기강을 확립할 필요가 있었던 것이다.

근무 기강 확립을 위한 대표적인 규정이 승정원에 배속된 신참 승지에게 적용하는 '주도做度'였다. 주도란 새로 관원으로 임명된 사람이 해당 관사의 규정에 따라 연속해서 입직하는 것을 말한다. 승정원에서 엄하게 주도를 적용하는 이유는 아마도 승정원의 업무 특성상 신참에게 집중적인 업무 숙지 기간이 필요해서였을 것이다.

승정원의 업무 규정집인 《은대조례》에 따르면 승지 중 가장 말단인 동부승지의 주도 기간은 13일이다. 주도 기간 중에 궐문 내 금천교를 넘으면 새로 주도를 마쳐야 하는 규정까지 있었다.

1698년숙종 24 8월 30일에 동부승지 조태채趙泰采가 병으로 근무하러

은대계회도銀臺契會圖

1534년(중종 29) 농암聾巖 이현보李賢輔가 도승지 남세건南世健 등 승정원 동료들과 가진 모임을 기념하여 그린 그림이다. 상단에 계회 장면을 그렸고, 가운데에는 김안로金安老의 찬시讚詩를 적었고, 하단에는 참석자들의 성명과 관직을 기록하였다. _한국국학진흥원

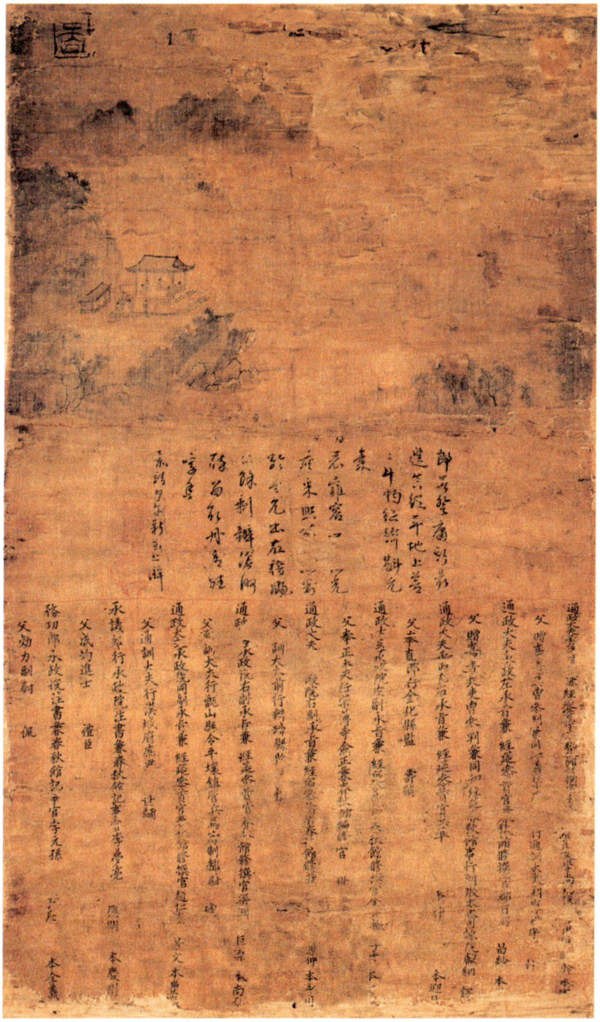

나오지 않자 좌승지로 근무하고 있던 이사영李思永이 '동부승지는 주도를 마치기 전에는 아프다는 핑계를 대고 사진하지 않을 수 없다.'는 규례를 들어 조태채를 패초할 것을 청하였다. 주도를 채우는 것은 분명 쉽지 않은 통과의례였다.

승지의 임명은 결원이 생겼을 때 후보자를 추천하여 임금이 낙점하는 방식이 일반적이다. 6방房으로 나누어 업무 배정을 하였는데, 도승지가 이방을, 좌승지가 호방을, 우승지가 예방을, 좌부승지가 병방을, 우부승지가 형방을, 동부승지가 공방을 맡는 것이 기본적인 규례였다.

방을 나누는 일은 승지방의 방단자房單子에 여섯 승지의 직명을 열거하고 각 승지의 직명 아래에 빈 공란을 두어 임금에게 들이면 임금이 결정을 하였다. 그리고 사유가 있으면 서로 방을 바꾸어 근무하기도 했다.

승지는 기본적으로 매일 출근하고 신시오후 3~5시에 퇴근하며, 승지 2명과 주서 1명은 숙직하도록 규정하고 있다. 승지의 경우 세조 이전에는 1명만 숙직하였는데, 세조 때 승지 이교연李皎然이 술을 마시고 임금의 하문에 제대로 응대하지 못한 일이 있은 뒤로 2명이 숙직하게 되었다고 한다.

승정원의 업무 처리는 승지들이 참석하는 업무 회의인 청좌廳坐를 통해 이루어졌다. 청좌는 매일 여는 것이 원칙이다. 6명의 승지들은 이른 아침 출근해서 그날 임금에게 보고할 사안들을 정리하였다. 이 자리에서 임금에게 보고될 상소나 각 관사의 보고 사안 등이 논의되었다. 승정원에서는 일반적으로 문서 규식의 준수 여부나 거둥擧動, 재계齋戒 등을 고려하여 임금에게 입계해야 할 문서와 입계할 수 없는 문서를 구분하였다. 입계할 수 없는 경우는 승정원에 보류하여 두거나, 문서를 올린 신료

창덕궁 금천교昌德宮禁川橋
창덕궁 돈화문과 진선문 사이를 지나는 명당수인 금천禁川 위에 설치된 돌다리이다. 이 다리를 넘어서면 다시 주도를 채워야 할 정도로 승정원에 처음 배속된 신참 승지가 지켜야 할 규율은 엄격했다. _문화재청

에게 돌려 주었다.

왕명을 출납하는 것이 승정원의 기본 임무인 만큼 승지들의 기본 업무도 이와 별반 다르지 않았다. 승지는 각 관서에서 올라오는 보고 사안을 임금에게 보고하고 이에 대한 처리 결과를 해당 관원이나 관서에 전하는 일을 주관하였다. 이 과정에서 임금이 비망기나 전교 등을 통해 내리는 명령 내용을 작성하는 일도 승지가 담당한 일이었다. 각 관서에서 올라오는 보고 사안은 해당 관서의 업무 처리를 담당하는 승지에게 보고되었고, 이를 담당 승지가 검토하여 임금에게 보고하는 절차를 거쳤다. 승정원의 업무를 사안별로 정리한 《은대편고》에는 승정원의 6방이 담당하고 있는 관서를 구분하여 기록하였는데, 중앙의 관서들이 거의 나

열되어 있음을 볼 수 있다.

임금을 시종하는 것도 승지들의 일이었다. 임금이 거둥하는 곳에는 언제나 승지가 배석하였다. 각종 연회나 크고 작은 회의, 신료들과 만나는 자리, 능행과 온천행, 사신 접대 자리 등에 승지가 늘 참석하였다. 특히 일 년 열두 달 주기적으로 있었던 국가 제사, 즉 종묘나 사직에 지내는 제사, 산천에 지내는 제사, 역대 선왕들에게 지내는 제사 등의 행사에서 임금을 배종하거나 제관으로 참석하여 행사를 주관하였다.

인사위원회에 참석하여 인사 업무를 보는 것도 승지가 하는 일이었다. 조선조에는 주기적인 인사뿐만 아니라 수시로 인사가 있었기 때문에 승지들이 담당했던 인사 업무도 비중 있는 일이었다. 동반과 서반을 선발하는 인사위원회가 열리면 승지가 참여하여 인사 결정 과정에 관여하였다.《승정원일기》에서 인사와 관련하여 승지가 올린 보고 내용을 쉽게 찾아볼 수 있다.

승지는 다양한 관직을 겸직하면서 국정 운영에 관여하기도 하였다. 경연에 참찬관의 직함으로 참석하여 임금의 자문에 응하였을 뿐만 아니라 정책 결정 과정에서 대신들과 동등하게 의사를 개진하였다. 또 춘추관의 수찬관으로서 실록을 편찬하는 데에도 관여하였다. 특히 도승지는 홍문관의 직제학을 겸직하여 지제교로서 교서를 작성하기도 하고, 상서원의 수장이 되어 임금의 인장과 부신符信 등을 관리하기도 하였다. 이 밖에도 승지들은 내의원, 상의원, 사옹원 등 여러 관서의 관직을 겸직하였다.

이렇듯 승정원 승지는 임금과 가장 가까운 거리에서 국정 운영을 보좌하는 신망 받던 관원이었다. 조선 후기에 승지들이 머물며 업무를 보

순암집順菴集
27권 15책으로 구성된 순암 안정복의 문집이다.
필사본 문집을 바탕으로 그의 제자 황덕길黃德吉이
재편집하고, 1900년 5대손 안종엽安鍾曄이
목활자본으로 간행하였다. 제9권 이중명李仲命의 별지에
답하는 글에 승정원과 관련된 고사가 실려 있다.

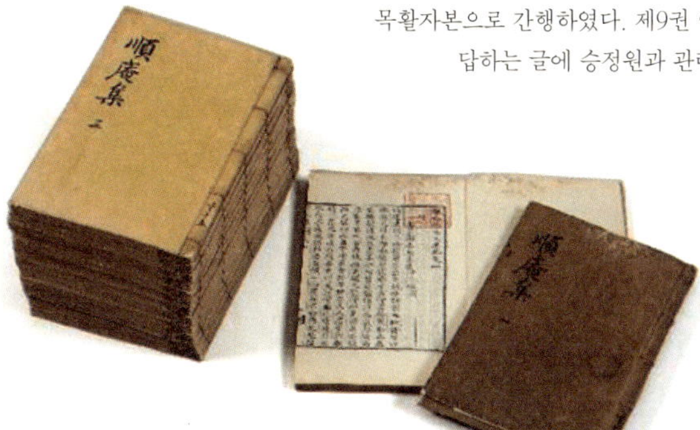

는 곳을 '육선루六仙樓'라 불렀던 것이나, 조선 후기의 실학자인 안정복安鼎福이 《순암집》에서 승정원을 두고 다음과 같이 언급한 것도 다 그럴 만한 이유가 있었던 것이다.

> 승정원은 '목구멍과 혀喉舌'에 해당하는 부서로, 왕명 출납을 맡아 옳은 것은 아뢰고, 부당하다고 여기는 것은 거부하였으니, 그 임무가 막중하다. 개국 이래로 승지에 임명된 경우 사람들이 신선처럼 우러러 보았으며, 세속에서는 은대학사銀臺學士라고 일컬었다. 시중드는 하인들도 모두 은패銀牌를 차고 자색 옷을 차려 입고 스스로 영광스럽게 여겼다.

장래의 승지, 주서

주서注書는 고려 시대부터 당후관堂後官이라고 불렸는데, 1405년태종 5에 승정원이 독립 체계를 갖추면서 7품관인 주서로 개칭되어 조선 말기까지 그 명칭을 사용하였다. 조선 초기에 권근權近은 주서에 대해 지위는 낮지만 맡은 임무가 중요한데, 지위가 낮다 보니 일이 잘못되면 다른 관원들이 쉽게 책임을 물어 참으로 지내기 어려운 직임이라고 언급하였다. 주서는 정7품 하위 관료이지만 임금을 가까운 자리에서 모시다 보니 임금의 측근으로 인식되었다. 또 재임 후에는 6품으로 승진하여 언관言官을 거쳐 출세하는 엘리트 코스의 출발점으로 인식되기도 했다.

주서의 정원은 조선 전기에는 2명이었는데, 연산군 때 2명이 추가로 임명되었다가 중종 때 다시 줄어들기도 하였다. 그리고 선조宣祖 때에는 사변가주서事變假注書가 추가되었는데, 사변가주서의 주업무는 칙사 접대, 국청鞫廳과 추국推鞫, 변란과 관련된 기록을 남기는 일이다. 《속대전續大典》을 통해 확인하면 1746년영조 22부터 사변가주서 1명이 추가되어 주서의 정원이 3명으로 정해졌고 이후로는 변함이 없었다. 하지만 실제 운영에서는 주서의 직임이 고되어 자리를 비우는 경우가 빈번하였으며, 가주서들이 직임을 대행하는 경우도 많았다.

주서의 위계도 승지 못지 않게 엄격했던 것 같다. 주서는 기본적으로

동궐도 내 승정원

승정원은 언제든지 임금의 부름에 응할 수 있도록 임금 가까이에 위치하였다.
동궐도를 통해 승정원이 임금이 공식 업무를 보던 인정전과 선정전 근처에 자리하고 있었음을 알 수 있다. 승정원을 거치는 문서들을 보관하는 문서고가 중앙에 위치하고 있고, 그 위쪽으로 주서가 근무하던 곳이 있었다. _고려대학교박물관

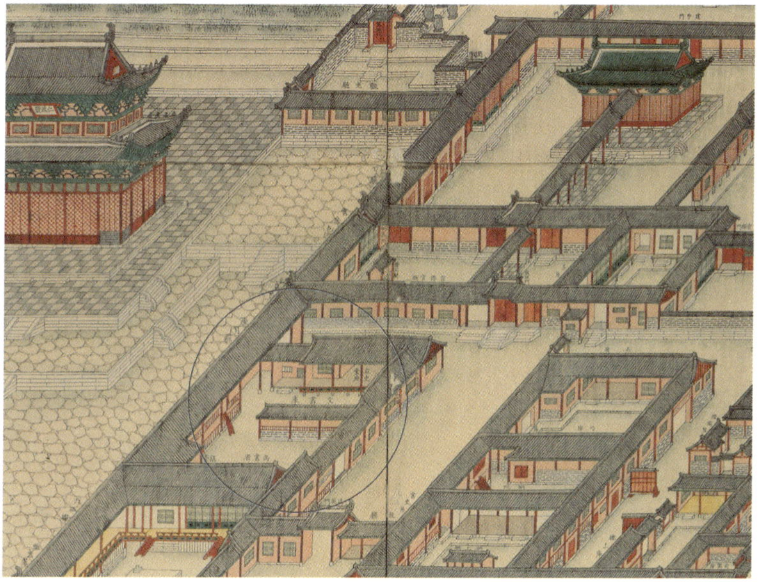

상주서上注書와 하주서下注書, 청주서廳注書로 나뉜다. 상주서는 주서들을 통괄하는 책임을 지는데, 하주서가 승진할 경우 상주서도 함께 승진되도록 하였다. 주서를 그만두기 위해서는 먼저 상주서에게 보고하고, 상주서는 이를 도승지에게 보고하도록 하는 규정도 있었다.

《은대조례》에 의하면, 임금이 주서를 추천하라는 명을 내리면 주서를 역임한 인원들이 당후堂後에 모여 2명씩을 추천한다. 이를 주관할 인원이 부족하면 주서를 거친 승지 2명이 주서 추천을 주관한다. 주서로 추

천할 관원에 대한 합의가 이루어지면 천거한 명단을 가지고 임금의 결재를 받아 추천장을 작성한다. 그리고 이를 이조로 보내어 다시 임금에게 여쭙는 과정을 거친다.

주서의 가장 중요한 임무는 경연, 상참常參, 차대次對 등에서 임금과 신료 사이에 주고받은 말과 행동을 기록하는 일이었다. 이를 위해 주서들은 매일 출근하여 상번과 하번으로 나누어 교대로 입시하였다. 입시 자리에서의 기록을 통해 임금의 상태나 여러 상황에 대처하는 신하들의 모습까지 세세히 살필 수 있다. 이렇게 연석에서 적어둔 기록은 입시 자리에서 물러 나온 뒤 정리하여《승정원일기》를 작성하는 데 활용하였다.

주서는 이러한 임무뿐만 아니라 승지의 지휘 아래 승정원의 기록과 문서를 관리하는 임무까지 맡았고, 임금과 승지의 명을 관원과 관서에 전하였으며, 승지와 함께 궁궐 안팎으로 각종 사명을 띠고 움직이는 일 등을 담당하였다. 주서가 담당한 업무는 승지와 밀접히 연관되어 있어 '주서는 장래의 승지다.'라는 말까지 있었다.

1759년영조 35 11월 어느 날, 영조는 연영문을 둘러보고 승지 성천주成天柱에게 물었다.

영 조 이곳이 어디인가?

성천주 승정원입니다.

영 조 당후는 어디에 있는가?

성천주 저곳이 바로 당후입니다.

영 조 하번이 거처하는 곳은 어디인가?

성천주 사선각四仙閣입니다.

영　조 사선은 누구를 말하는가?

성천주 당후 3인과 한림 1인을 말합니다.

주서는 임금의 측근에서 왕명을 전달하고 국정 현안을 기록하는 위치에 있으므로 관원의 신망이 두터운 사람으로 채워졌다. 승정원의 주서가 승지와 함께 '신선'이라 불릴 수 있었던 것은 그러한 배경이 있었기 때문이다. 주서는 세속에 휩쓸리지 않고 올곧게 임금의 명을 받들어야 하는 '청렴한' 관원이어야 한다는 점을 강조한 말일 것이다.

온종일 바쁜 주서의 하루

승정원의 실무 관원인 주서의 하루 일과는 어떠했을까? 《승정원일기》에 나타난 주서 관련 기록을 토대로 주서의 하루를 가상해서 엮어 보았다.

회의 준비로 아침을 열다

이른 아침. 강 주서와 김 주서, 정 주서는 각 관사에서 보고한 현안과 소차疏箚, 정사呈辭 등의 문서를 분류하고 검토하면서 바쁜 하루를 시작했다. 전날 입직한 강 주서의 충혈된 눈을 보아 하니 간밤에 어제의 입시 기사와 조보에 낼 자료를 정리하느라 잠을 설친 모양이다. 승정원의 회의 준비를 위해 서리와 사령 들을 불러 세우고 업무 지시를 하는 것도 주서들이 해야 할 일이었다.

회의 준비가 어느 정도 되어 갈 즈음 승정원 승지들이 속속 도착하였다. 승정원의 근무 기강에 따라 가장 신참인 동부승지가 먼저 와서 오늘 있을 회의 준비가 제대로 되었는지 확인하였다. 공방工房을 담당하는 동부승지가 모아 둔 문서 뭉치에서 어제 보았던 판서의 사직 상소가 보이지 않자, 강 주서에게 호통을 쳤다. 강 주서는 아침부터 질책을 받아 매우 기분이 좋지 않았다.

승정원의 최고 책임자인 도승지가 도착한 후 업무 회의가 시작되었다. 임금에게 직접 보고해야 할 사안들을 검토하는 자리라 엄숙한 분위기였다. 승지들은 보고할 문서들의 형식을 철저히 검토하고 서로의 의견을 교환하였다. 오늘은 논의할 사안이 많아 회의가 오래도록 이어졌다.

입시 자리에 배석하여 연석에서 오간 말을 기록하다

회의를 마친 승지들은 공사를 가지고 입시하라는 임금의 명에 따라 편전으로 나아갔다. 승지들과 함께 김 주서가 입시 자리에 함께 참석하였다. 입시 자리에서 임금의 명을 수행해야 하고, 여기서 논의된 사안들을 정리하여《승정원일기》에 수록해야 하기 때문이다.

통상 이러한 입시 자리에는 한림 2인과 주서 1인이 함께 참석하여 임금과 신하들의 말과 행동을 기록하였다. 한림이 기록한 것은 시정기時政記의 기본 자료로 활용될 것이고, 주서가 기록한 것은《승정원일기》의 기본 자료로 활용될 것이다.

임금의 명을 전하다

승지와 주서, 한림들이 차례로 나아와 엎드리자, 임금이 처리해야 할 사안을 아뢰라고 명하였다. 먼저 도승지가 오늘 업무 회의에 병을 핑계로 나오지 않은 우부승지를 패초하기를 청하는 계사를 올렸고, 임금이 윤허하였다. 다음으로 오늘 동반 인사위원회인 이비에 정사를 열 관원이 부족하니, 이조 참의를 패초하여 정사를 열게 하는 것이 어떻겠냐고 여

승정원일기 초책草冊
승정원 주서로 재직한 정재靜齋 이담명李聃命이 작성한 초책이다. 초책은 《승정원일기》를 정리하는 데 가장 기초적인 자료로 활용되었다. 임금과 신료들이 만나는 자리에서 주고 받은 대화를 속필速筆로 기록하였다. _서울역사박물관

쭈었다. 임금은 패초하라고 윤허하였다. 좌승지가 각 도에서 올라온 장계와 각 관사의 초기를 읽어 아뢰었다.

보고가 끝나자 임금이 김 주서에게 어제 수령에 제수된 3인을 데리고 오라고 하였다. 김 주서는 빠른 걸음으로 물러나 합문 밖에서 대기하고 있던 수령 3인을 데리고 들어왔다. 임금이 수령의 인사를 받는 자리에서 수령칠사를 읊으라고 하자 수령들이 조목조목 아뢰었다. 임금이 신하들에게 물러가라고 명하자 차례로 물러 나왔다. 승정원 회의 준비와 임금에게 보고할 사안을 처리하고 기록하느라 긴장을 늦출 수 없었던 김 주서는 점심때가 되어서야 한숨을 돌렸다.

경연에 참석하다

오늘은 미시오후 1~3시에 주강이, 신시오후 3~5시에 석강이 있는 날이다. 전날 임금에게 여쭈어 허락을 받은 행사이다. 오늘 경연에서 진강할 책자는 지난번과 마찬가지로《자치통감강목》이고, 우승지와 김 주서가 함께 참석할 차례였다. 참석할 관원이 속속 도착하고 준비가 끝나자 주강이 열렸다. 주강에 참석한 시독관이 오늘 강론할 대목을 읽고 글의 뜻을 진달하였으며, 특진관과 참찬관 등이 강론 내용에 대해 열띤 토론을 이어갔다. 빠르게 주고받는 말을 한문으로 옮기다 보니 김 주서는 모두 받아 적기가 어려웠다. 강론이 끝나갈 무렵 임금은 동부승지에게 사직 상소를 올릴 것과 경기도 이천에 물러가 있는 영의정에게 가서 사직하지 말고 올라오라고 전유할 것을 명하였다. 동부승지는 승정원에 쌓여 있는 일거리를 뒤로 하고 이천을 향해 출발하였다.

승지들의 퇴근 시간이 한참 지나서야 석강이 끝났다. 보통 승지들은 다른 관원들과 마찬가지로 신시오후 3~5시가 되면 퇴근한다. 그러나 밀려 있는 업무로 제시간에 퇴근하지 못하는 경우가 많았다. 오늘도 석강 때문에 퇴근이 늦어졌다. 하루가 어떻게 지나갔는지 모를 정도로 정신이 없었다. 하루 종일 바빴던 김 주서도 일을 마무리하고 퇴근할까 하는데, 임금이 예정에 없던 야대를 하겠다는 명을 내렸다. 야대는 궐문이 닫힌 후 행하는 경연으로 보통 미리 정해진 날짜에 하는데, 오늘은 갑작스럽게 명을 내린 것이다. 임금이 명을 내린 이상 오늘 입직인 정 주서를 도와 야대 준비를 해야 한다. 흐르는 땀을 닦고 당후로 돌아가는 김 주서의 뒷모습이 지쳐 보인다.

몸이 두 개라도 모자랄 정도로 바빴던 주서의 일과를 짚어 보았다. 《승정원일기》를 작성하여 기한 내에 제출하지 못한 탓에 추고를 받은 주서들의 입장이 이해될 만도 하다. 이렇게 바쁜 주서의 하루 일과를 통해 승정원을 거쳐 간 수많은 문서와 기록이《승정원일기》에 실릴 수 있었다.

주서는 임금을 매우 가까운 거리에서 보필하는 몇 안 되는 관원이라 당대에 청직淸職으로 인식되었지만 관직의 중요도가 높은 만큼이나 업무 강도 또한 높아 고되기로 정평이 났다. 그리하여 임명된 지 10일만 지나면 이 자리를 벗어나려고 하여 1개월을 임기로 여기는 경향도 있었다. 실제《승정원일기》에 기록된 좌목에서 근무 현황을 살펴보면, 주서들이 병을 사유로 자리를 비운 경우가 자주 확인되는데, 거기에는 그럴 만한 이유가 있었던 것이다.

한 왕조의 국정과 관련하여 매일 매일의 일기가 작성된 것은 주서들의 열정적인 노력 없이는 있을 수 없는 일이다. 세계적으로 유례가 없는 방대한 규모와 풍부한 내용을 자랑하는 세계기록유산《승정원일기》를 접할 수 있게 해 준 수많은 주서들의 땀과 노력에 경의를 표한다.

승정원의 산증인, 하례

승정원의 하례는 승지와 주서를 돕는 역할을 하였다. 승정원에 소속된 하례의 규모는 시기에 따라 차이가 있는데, 《경국대전》에는 서리書吏 28명이, 고종 연간에 편찬된 《육전조례》에는 서리 25명, 사령使令 35명 등이 승정원에 배속되었다고 기록되어 있다. 승정원 승지와 주서마다 일정 수의 하례가 배정되어 그들이 업무 처리를 할 때 따라다니고, 함께 숙직하였다.

승정원의 서리는 기본적으로 승정원을 거치는 문서 관련 업무 등에 관여했다. 《승정원일기》 작성에 근간이 되는 연석 기사는 주서가 작성하는 것이 원칙이지만, 바쁜 주서들을 대신해 서리가 정리하기도 했다. 임금이 승지에게 서리를 시켜서 문서를 베껴 오도록 명한 것이나, 서리가 교유서教諭書를 가지고 갔다는 등의 언급이 곳곳에 보인다.

종이가 모자랄 정도로 정리할 문서들이 넘쳐났던 승정원에서 문서를 정리하는 일은 쉽지 않았다. 따라서 승정원 서리의 업무 또한 다른 관서 서리의 업무보다 고되었다. 1627년인조 5 9월, 병조에서 올린 계사를 보면 승정원 서리의 업무는 새벽부터 밤까지 이어져 다른 관사의 배나 될 정도로 많았다고 한 내용이 있다. 이를 통해 보더라도 승정원 서리의 업무가 과중했음을 알 수 있다. 그러나 이러한 점 때문에 승정원 서리는 다

부험符驗
임금의 호위병들이 도성의 문을 통과할 때 사용하던 증표로 가래나무로 만들었다. 앞면에는 '부험符驗'이라는 글자를 새겼으며, 뒷면에는 해당 성문과 시간대가 적혀 있다. 흥인문興仁門, 혜화문惠化門, 숭례문崇禮門, 돈의문敦義門에 성문마다 따로 부험을 만들어 사용하였다. 그림은 돈의문의 부험이다. _국립고궁박물관

른 관서의 서리보다 우대받았고, 《경국대전》 편찬 당시부터 2일을 근무하면 3일을 근무한 것으로 인정을 받은 듯하다.

승정원에 소속된 사령은 해당 관사나 관원에게 임금의 명령을 전하는 역할을 하였다. 《승정원일기》에 자주 보이는 기사 중의 하나가 관원을 패초하는 기사인데, 관원을 부르기 위해 패를 전하는 역할을 담당했던 하례가 바로 사령이다. 승정원 사령은 한번에 4, 5개의 패를 가지고 나갔다. 시관試官 수십 명이 차출된 어느 과거 시험에서는 시관을 패초하러 갈 사람이 모자라 다른 관서 사령의 손을 빌리기까지 했고 과장에서 시험지를 나누어 주는 일, 군호軍號를 전달하는 일도 사령의 몫이었다.

승정원의 사령에게는 야행물금첩夜行勿禁帖이 주어지기도 하였다. 야행물금첩은 통행금지에 구애받지 않고 다닐 수 있는 통행 허가증 정도로 보면 된다. 조선 시대 도성문은 일반적으로 밤 10시 경인 인정人定에 닫고 새벽 4시 경인 파루罷漏에 열도록 하였다. 이 사이에는 통행이 금지

되었지만 밤낮 할 것 없이 임금의 명령을 빈번히 전달해야 했던 승정원에는 이 시간에도 통행할 수 있도록 허가증을 발급해 준 것이다.

물금첩은 때와 장소를 가리지 않고 왕명을 수행해야 했던 승정원 사령들의 고충을 잘 보여 주는 것이기도 하다. 그렇다 하더라도 승정원의 도사령이 망문望門에 누워 직제학의 옷자락을 발로 툭툭 찼다는 내용이 《승정원일기》에 남아 있는 것을 보면, 승정원의 서리나 사령은 승정원의 힘을 등에 업고 어깨에 힘깨나 주었던 것 같다.

다음은 영조가 승정원의 서리와 사령을 두고 한 말이다.

> 강물은 흘러도 돌은 구르지 않으니, 승정원의 공사公事를 서리나 사령이 아니면 누가 알겠는가.

3 승정원에서는 어떤 일을 하였을까

승정원의 연혁

승정원은 고려 시대 이래로 정원政院·후원喉院·은대銀臺·대언사代言司 등으로 불렸다.

승정원의 연원은 고려 성종 때 중추원과 상서성의 설치까지 거슬러 올라가지만, 조선 시대 관료 체계 내에서 처음 나타나는 시기는 1400년 정종 2이다. 이때 이방원은 왕권 강화를 목적으로 관제 개혁을 단행하였는데, 중추원이 가진 군기軍機 장악과 왕명 출납의 권한을 분리하면서, 중추원 아래에 있었던 승지방承旨房을 승정원으로 독립시켜 왕명 출납을 담당하게 하였다.

그 후 1401년 태종 1에 승정원의 기능을 승추부承樞府로 귀속시키고 명칭도 대언사로 고쳤다. 1405년에는 육조 업무 체계를 확립하는 과정에서 승추부를 병조에 흡수시키고, 대언사를 다시 승정원으로 개편하면서 승정원이 독립 체제를 갖추게 되었다.

1433년 세종 15에 지신사가 도승지로, 대언代言이 승지로 명칭이 바뀌면서 승정원 직제가 갖추어졌다. 이후 승정원은《경국대전》에 명시된 왕명의 출납을 담당하며 6승지와 주서, 서리와 사령 등으로 구성된 관서로서의 체제를 갖추게 되었다. 이 체제는 조선 후기까지 큰 변화가 없었다.

승정원에 대대적인 변화가 일어난 것은 갑오개혁부터이다. 근대 개화

창덕궁의 궁내부 청사

1909년(융희 3) 12월에 완공된 창덕궁 궁내부 청사의 모습이다. 창덕궁의 금천교 근처에 있었던 것으로 1960년 화재로 인해 소실되었다. 급박했던 정치적 소용돌이를 비켜갈 수 없었던 승정원의 운명이 느껴지는 사진이다.

기의 정치적 혼란은 승정원에까지 영향을 미쳐 500년 가까이 이어 오던 승정원의 명칭이 달라졌다.

1894년고종 31 7월에 승선원으로 명칭이 바뀌었고, 그해 10월에는 승선원을 폐지하고 궁내부를 두어 승정원이 하던 일을 담당하게 하였다. 1895년 4월에는 시종원의 비서감으로, 11월에는 비서원으로 개편되었다. 1905년광무 9 3월부터는 다시 비서감으로 명칭이 바뀌었으며, 1907년에는 비서감마저 폐지되면서 승정원은 역사 속으로 사라지게 되었다. 승정원도 급박했던 정치적 소용돌이를 비켜갈 수 없었다. 승정원이 변화함에 따라 《승정원일기》도 《승선원일기》, 《궁내부일기》, 《비서감일기》, 《비서원일기》, 《규장각일기》 등으로 명칭을 달리한다.

승정원의 연중 행사

승정원에서 어떤 일을 했는지 알기 위해서는 승정원에서 업무를 처리할 때 참고하였던 지침서들을 살펴보는 것도 좋은 방법이다. 승정원은 조선 초기부터 1894년 갑오개혁 때까지 500여 년을 이어 온 조선의 대표적인 관서이다.

오랜 세월을 이어 온 관서인 만큼 수많은 승지와 주서가 승정원을 거쳐 갔다. 승지와 주서는 비교적 자주 교체되었는데, 그러다 보니 승정원의 업무 처리 요령을 선임자가 후임자에게 전해 주는 방식보다는 정리된 지침 형태로 전달할 필요성이 커졌다.

승정원에서는 업무 규정집을 만들려는 노력을 계속해 왔다. 현재까

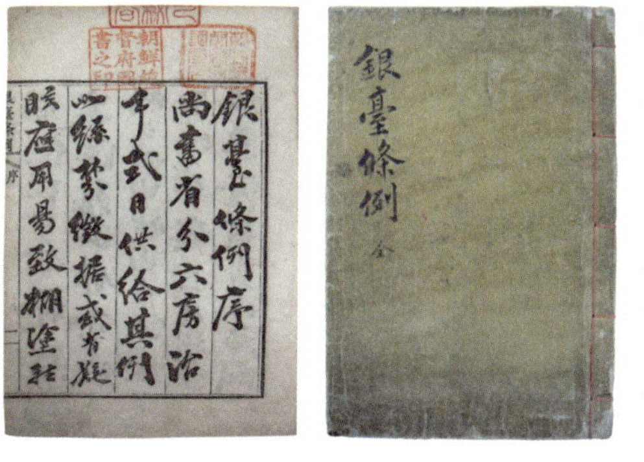

은대조례銀臺條例
1870년(고종 7) 승정원에서 업무 처리에 참고하기 위해 만든 업무 규정집이다. 승정원의 업무 규정을 육전 체제로 나누어 편찬하였다. 승정원에 새로 부임하여 업무에 익숙하지 않은 승지와 주서에게 이러한 규정집은 매우 든든한 지침이 되어 주었을 것이다.

지 전해지는 규정집으로는 정조 때 승정원 관련 수교受敎들을 모아 만든 《정원고사》, 승정원에서 담당하는 사무에 대한 사례와 규정을 담은 《은대편고》, 1867년고종 4에 각 관아의 사무 처리에 필요한 행정 법규와 사례를 주제별로 분류하여 정리한 《육전조례》, 1870년에 승정원의 업무 규정을 육전 체제로 나누어 편찬한 《은대조례》 등이 있다.

승정원의 신참 관원은 선배 승지, 선배 주서에게서 업무 노하우를 전수받기도 하였을 것이며, 업무 규정집의 내용을 밤을 지새워 가며 익히기도 하였을 것이다.

특히 《은대편고》와 《육전조례》에서는 승정원에서 처리할 업무에 대한 사례와 규정을 주제별로 분류하였다. 여기에는 승정원의 업무 규정뿐 아니라 승정원에서 매달 혹은 매일 치러야 할 행사들이 '월령'이라는 조목 아래 정리되어 있다. 이 가운데는 승정원에서 직접 챙겨야 하는 사안도 있고, 주관하는 부서에서 기일에 맞춰 임금에게 보고하는지를 확인해야 하는 사안도 있다.

승정원에 새로 부임하여 업무에 익숙하지 않은 승지와 주서에게 규정

왕실 구성원의 제삿날을 적은 판國忌板
조선 역대 임금과 왕비, 왕세자와 왕세자빈, 왕을 출산한 후궁의 기일忌日과 능·원·묘의 위치를 새겼다. 승정원에서 챙겨야 할 왕실 구성원의 제사가 빼곡히 적혀 있다.
_국립고궁박물관

집은 매우 든든한 지침이 되어 주었을 것이다. 승정원에서 1년간 치르는 행사를 살펴본다.

제사와 시험 주관

먼저 눈에 띄는 것이 국가가 주관하는 제사이다. 조선 시대 제사는 임금의 정통성과도 관련이 있는 중요한 행사로 임금이 직접 주관하기도 하였다. 그렇기 때문에 승정원에서 꼼꼼히 챙겨야 할 대표적인 행사였다. 각 묘廟·사社·궁宮에 지내는 대제大祭, 역대 임금들의 능陵·원園·묘墓에 지내는 기신제忌辰祭, 각 계절의 중간 달에 산천에 지내는 중삭제仲朔祭, 문묘에 지내는 석전제釋奠祭, 절기마다 지내는 절제節祭, 매달 초하루와 보름에 지내는 삭제朔祭와 망제望祭 등 일 년 열두 달 동안 확인해야 할 제사가 한두 가지가 아니었다. 제사 시행과 관련하여 관련 부서에 연락을 취하고 준비하는 일련의 책임이 승정원에 있었다.

매년 절일節日에 성균관과 지방의 유생을 대상으로 치르는 시험도 승

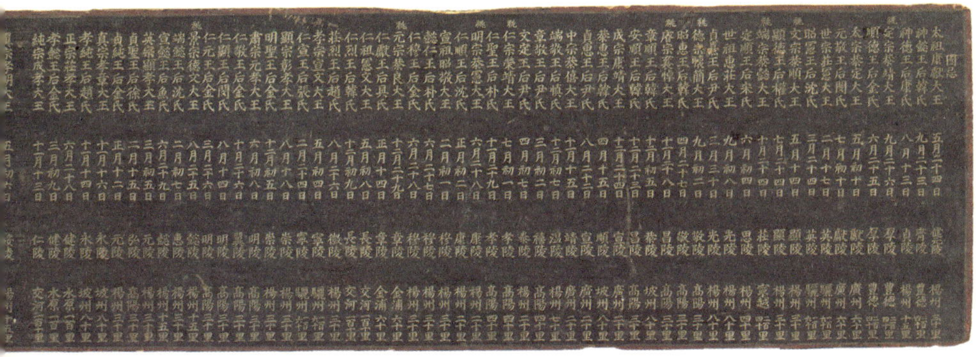

정원에서 챙겨야 할 일이었다. 1월 7일에는 인일제人日製, 3월 3일 삼짇날에는 삼일제三日製, 7월 7일에는 칠석제七夕製, 9월 9일 중양절에는 구일제九日製, 11월에는 매년 이 시기에 제주도에서 올리는 감귤을 성균관 유생에게 하사하면서 시험을 보이는 감제柑製를 시행하였다. 승정원의 담당자가 날짜에 맞춰 시험이 치러질 수 있도록 일정을 관리하였다.

한 해의 시작과 마무리

한 해를 시작하는 1월은 승정원에 행사가 가장 많은 달이다. 세수歲首에 있을 조참朝參의 시행을 확인하는 일, 각 전殿에 단자를 올려 문안하는 일, 권농 윤음을 내리는 일, 형조와 의금부에서 옥사를 처결한 문안을 수정하여 들이는 일을 점검하는 일, 자급을 더해 주어야 할 노인에 대한 정사를 확인하는 일, 40세 이하의 당하 문관에게 글씨 시험을 보이기 위해 아뢰는 일 등 한 해를 시작하는 행사들을 주관하였다.

12월도 1월과 함께 1년 중 행사가 많은 달이다. 백성의 숫자를 보고하는 일, 호조에서 회계안을 들이는 일, 재해를 당한 백성을 구휼한 기록을 내달라고 청하는 일, 망제望祭를 봉심하는 일, 삭제朔祭와 정조제正朝祭를 봉심하는 일 등 한 해를 정리하는 일을 챙겼다.

매달 챙겨야 할 일

매달 정해진 날짜에 해야 할 일들을 확인하는 일도 승정원의 몫이다. 매달 초하루에는 그 달에 있는 행사 일정을 사알을 통해 임금에게 올려야 한다.

한 달에 네 차례 임금이 신료들을 만나보는 정기 회의 성격인 조참, 실무 관원들과의 회의인 윤대의 시행 여부도 임금에게 여쭈어야 한다. 2월, 8월, 10월의 10일에는 형조와 의금부의 죄인 명부를 들이는 일을 하며, 1월, 4월, 7월, 10월의 10일에는 호조와 선혜청이 처리할 회계안과 관련된 일을 처리한다.

1월, 4월, 7월, 11월의 11일에는 16일에 있을 한학 문신 전강漢學文臣殿講의 시행을 여쭈고, 1월부터 격월로 11일에는 일차 유생 전강日次儒生殿講의 시행을 여쭈어야 한다. 1월, 4월, 7월, 10월의 13일에는 18일에 있을 전경 무신 전강專經武臣殿講의 시행을 여쭈어야 한다. 이 외에도 매달 15일과 25일에는 육조, 한성부, 사헌부, 형조의 각종 단자 등을 입계하여야 하며, 20일에는 대월령大月令과 국기일國忌日을 적은 단자를 올려야 한다.

6월 1일과 12월 1일에는 이조와 병조에서 매년 두 차례 있던 도목정사都目政事의 자료가 되는 세초歲抄를 작성하여 올리는데, 이 일도 정해진 날짜에 임금에게 보고하여 시행될 수 있도록 확인해야 한다. 6월 10일과 12월 10일에는 당상인 수령으로서 중간 성적을 받은 사람에 대해서 탕척하는 전지를 봉입하는 일도 해야 한다.

《은대편고》와 《육전조례》의 승정원 월령조를 보면 빽빽이 짜인 승정원의 연중 일정을 알 수 있다. 실수 없이 행사를 치르기 위해 노심초사하며 맡은 소임을 다했을 승지와 주서 들의 모습이 떠오른다. 이른 새벽부터 늦은 저녁까지 촛불을 밝히며 '육선루六仙樓'와 '사선각四仙閣'을 지켰을 승정원의 승지와 주서 들의 노고 덕분에 조선은 안정된 행정 시스템 속에서 수백 년을 이어올 수 있었으리라.

승정원의 업무

조선 시대 승정원을 오늘날 대통령 비서실에 비유하곤 한다. 국정 운영을 책임진 최고 통치자를 가까운 거리에서 보좌하는 기구라는 측면에서 보면 크게 차이가 없다. 하지만 오늘날 대통령 비서실이 대통령의 원활한 국정 운영을 보좌하는 성격이 강하다고 한다면, 조선 시대 승정원은 정책을 개발하고 집행하는 육조六曹를 중심으로 한 관서에서 올리는 보고와 그에 대한 임금의 명령을 전달하는 역할을 주로 하였다는 점에서 차이가 있다. 승정원에서 담당했던 주요 업무를 살펴보자.

임금의 명을 내고 들이다

《경국대전》에 명시되어 있는 승정원의 기본 소임은 왕명 출납을 관장하는 일이었고, 조선 말기까지 거의 그대로 유지되었다. 잘 알려져 있듯이 임금의 말이 곧 법이 되던 시절이기 때문에 임금의 명을 내고 들이는 일은 무엇보다도 중요하였다.

육조를 중심으로 한 관서에서 올리는 보고 사안, 신료에서부터 지방 유생에 이르기까지 사족 양반들이 올리는 상소와 차자 등은 승정원을 거쳐 임금에게 보고되고, 이에 대한 임금의 명령과 문서 역시 승정원을 통해 전달되었다. 이런 점에서 승정원은 임금의 '목구멍과 혀喉舌'라고 불릴 만하였다.

임금의 명을 되돌리다

승정원은 왕명의 출납을 충실히 수행하는 것을 기본적인 소임으로 삼았지만, 임금의 온당치 않은 지시로 인한 잘못된 정책이 시행되는 일이 없도록 막는 역할도 함께 했다. 임금의 전교나 비답, 비망기 등을 받들어 행할 수 없다고 되돌려 보내기도 했는데, 이를 '작환繳還'이라고 했다. 조선 중기에 사림 세력이 중앙 정계에 진출하여 공론 정치를 주도해 감에 따라 승정원의 언론 기능이 강화되었고, 이 과정에서 승정원의 작환 기능이 정착되었다. 임금의 명령을 취소하기를 청하는 것은 승정원만 하는 것이 아니지만, 작환은 왕명의 시행 보류 정도가 아니라 아예 반포를 하지 않고 되돌리는 것이기 때문에 그만큼 강력한 힘을 발휘했다.

임금을 그림자처럼 시종하다

임금을 시종하는 것도 승정원의 주요한 업무였다. 임금이 신료들과 함께 하는 모든 만남의 자리뿐 아니라 임금이 참석하는 각종 연회, 활쏘기 관람, 강무講武, 능행, 사신 접대 등 수많은 행사에 그림자처럼 따라다녔다.

승정원은 임금의 거둥에 필요한 제반 의식과 절차, 참석 관원 등을 계획하고 확인하여 행사를 치르는 데 문제가 없도록 준비했다. 승정원에서 챙겨야 할 행사를 월별로 정리한 '월령月令'을 보면, 임금이 치르는 행사가 매달 매일의 계획으로 가득 차 있다. 특히 일 년 열두 달 주기적으로 치르는 종묘나 사직에 지내는 제사, 산천에 지내는 제사, 역대 선왕들에게 지내는 제사 등에 제관으로 참석하였고, 성균관과 지방의 유생들을 대상으로 치르는 시험에 시관試官으로 참석하기도 하였다.

하루하루의 일을 일기로 남기다

《승정원일기》를 작성하는 것도 승정원의 중요한 업무였다. 임금과 관계되는 모든 일을 일기 형식으로 남겨 국정 운영에 참고 자료로 활용할 수 있도록 하였는데, 이는 임금의 사후에 편찬되는 실록의 기본 자료로도 이용되었다. 실무 관원인 주서가《승정원일기》작성 업무를 담당하였고, 승지가 이를 검토하는 책임을 맡았다.

《승정원일기》작성에는 몇 가지 기초가 되는 자료가 있었다. 주서들이 임금의 거둥과 관련된 모든 행사와 연석에서 주고받은 말을 정리한 대책大册, 주서나 서리가 정리한 날짜와 날씨 정보, 승지의 좌목座目과 상소나 차자를 옮겨 적은《승정원일기》원고, 이조와 병조의 인사 관련 기록, 각 관서에서 보고하여 해당 승지가 임금에게 전한 계사, 그에 대한 전교나 비망기 등을 묶은 문서철인 전교축傳教軸 등이다.

《승정원일기》하루치 일기는 주서나 서리가 미리 써 두었던 원고에다 주서가 연석의 내용을 정리한 대책의 기사를 베껴 넣고, 앞서 묶어 놓은 전교축을 합함으로써 마무리된다. 그리고 이것을 반 달 또는 한 달치씩 묶어《승정원일기》한 책으로 엮었다.

조정의 소식을 알리다

승정원에서 배포하는 조정의 소식지 조보朝報를 작성하는 것도 승정원의 중요한 일이었다. 조보는 오늘날 정부에서 발행하는 관보官報 정도로 이해할 수 있다. 조보를 통해 하위 관료나 유생들까지도 국정이 돌아가는 상황을 파악할 수 있었다. 조보에 낼 자료 작성은 승정원 주서가 담당하였는데, 그날 기록한《승정원일기》의 주요 내용을 요약해 정리하고, 입직 승지가 검열하여 확정하였다.

조보는 승정원에서 자료를 내놓으면 먼저 양사의 기별서리가 필사하고, 이후 여러 관서의 기별서리가 차례로 필사하는 과정을 거쳐 배포되었다. 전날의 조보를 다음 날 아침에 배포하는 것이 일반적이었으며, 공식적으로 역로驛路를 통해 전국에 배포되었다.

조보의 영향이 빠르고 컸기 때문에 승지에게 조보에 낼 사안들을 철저히 확인하라는 임금의 명이 내리기도 하였고, 내지 말아야 할 사안을 조보에 낸다거나, 잘못된 글자가 있을 경우에는 처벌을 받기도 하였다.

밤을 지키는 관원들을 관리하고 감독하다

생기省記를 들이는 일도 승정원의 임무 중 빼놓을 수 없는 일이었다. 생기는 각 관사에서 입직하는 사람과 궐을 지키는 사람, 순찰 도는 사람 등의 성명을 기록한 문서이다. 이조와 병조에서 매일 신시오후 3~5시에 승정원에 생기를 들이면 승정원에서 임금에게 보고하는 절차를 거친다. 이렇게 매일매일 올려야 하는 생기라 하더라도 임금이 직접 받는 문서인 만큼 소홀함이 있어서는 안 된다.

통부通符와 통부 낙인通符烙印
통부는 궁궐을 출입하는 사람들의 야간 통행 증표이다. 둥근 패의 한 면에 '통부'라는 글자를 새기고 그 위에 다시 같은 글자의 낙인을 찍었다. 아래쪽은 통부에 찍었던 낙인이다. _국립고궁박물관

1658년효종 9 도성의 야간 순찰을 감독하는 감군監軍의 명단을 적은 문서가 승정원에 올라왔다. 그런데 이 명단을 적은 문서에 얼룩이 묻어 있고 냄새가 났다. 명단을 받아 본 효종은 크게 호통을 쳤다. "옛날 한나라 때 상서尙書는 임금에게 공사公事를 아뢸 때 계설향을 머금어 입 냄새를 제거했다고 한다. 내 어찌 이렇게 냄새가 나고 얼룩이 묻은 문서를 손에 가까이 할 수 있겠는가." 이 일로 인해 생기를 승정원에 올린 서리나 이를 받아 올린 승정원의 서리가 안절부절못했을 모습이 눈에 선하다.

궐문 지키는 일을 담당하다

궐문을 제 시간에 여닫는 일을 관리 감독하는 것도 승정원에서 하는 일

경복궁 영추문景福宮迎秋門
경복궁의 서쪽 궁문으로 동쪽의 건춘문과 짝을 이룬다. 이 문은 주로 문무백관이 출입하던 곳이었다. 궐문을 제 시간에 여닫는 일을 관리 감독하는 것도 승정원이 하는 일이었다. 현재의 문은 1975년에 복원한 것이다. _문화재청

이었다. 조선 후기에 궐문은 초저녁에 닫았다가 날이 밝을 때 열고, 성문은 인정에 닫았다가 파루에 여는 것이 보통이었다.

조선 후기에 궐문을 열고 닫는 일은 승정원의 주서, 도총부의 당하관이나 선전관청의 선전관, 액정서의 사약司鑰이 담당하였다. 이때 승지에게서 자물쇠와 열쇠를 받고, 다시 승지에게 반납하였다.

경복궁 서문인 영추문과 창덕궁 금호문의 자물쇠를 풀고 잠그는 일 역시 승정원 주서가 감독하였다. 주서가 궐문을 여닫을 때 감독하는 일을 소홀히 한다는 여론이 일자 1751년영조 27에는 주서가 궐문을 닫을 때 반드시 좌직하는 승지의 얼굴을 보고 가도록 정하기도 하였다.

맺음말

승정원일기를 깨우자

《승정원일기》는 세계적으로 유례를 찾아볼 수 없을 만큼 규모가 방대한 역사 기록으로, 역사 연구뿐만 아니라 한국의 정치·경제·사회·문화를 연구하는 데 소홀히 해서는 안 될 자료이다. 1894년 승정원이 폐지되고, 1910년 《승정원일기》의 후속 기록인 《규장각일기》 작성이 중단되면서 《승정원일기》는 오랫동안 역사의 저편에 잠들어 있었다. 잠들어 있던 《승정원일기》가 다시 주목을 받게 된 것은 그리 오래된 일이 아니다.

1960년 이전까지는 연구자와 일반인 모두 《승정원일기》를 접하기가 어려웠다. 유일본이라는 이유도 있었지만 한문 초서草書로 기록되어 있어 글씨에 조예가 깊은 극소수 한학자를 제외하고는 내용을 알기 어려워서였다.

국사편찬위원회에서 《승정원일기》 재간행 사업을 진행하면서부터 《승정원일기》가 역사 연구 자료로 활용되는 바탕이 마련되었다. 원본의 난초亂草를 해서楷書로 정서하여 교정을 거치고, 독자의 이해를 돕기 위해 구두를 찍는 작업을 병행하였다. 한문 문리와 초서 해독에 능한 약 70인에 달하는 한학자가 참여하여 1960년부터 1977년까지 총 18년간 탈초 영인본 141책을 완간하였다.

《승정원일기》를 활용하는 데에도 커다란 변화가 일어났다. 서울대학교 규장각한국학연구원에서는 그동안 열람이 쉽지 않았던《승정원일기》 원본을 이미지화하여 웹에서 서비스하고 있고, 국사편찬위원회에서는 2012년까지《승정원일기》탈초 영인본 전체 분량 141책 중 128책 분량을 전산화하여 웹에서 서비스하고 있다.《승정원일기》원본뿐만 아니라 전체의 원문 텍스트를 입력하고 이를 데이터베이스로 구축하여 서비스함으로써《승정원일기》접근도를 높이는 데 크게 기여하였고, 이런 토대 위에 방대한《승정원일기》에 다양한 방식으로 다가갈 수 있는 길이 열렸다. 이제 웹 환경이 갖추어진 곳이라면 어디서라도 쉽게《승정원일기》에 접근할 수 있게 된 것이다.

하지만 거질巨帙의《승정원일기》를 일반인도 어려움 없이 읽기 시작한 것은 1993년《승정원일기》가 번역되면서부터이다. 한국고전번역원의 전신인 민족문화추진회에서 조선왕조실록을 번역하는 과정에서 일제 강점기에 작성된 고종대 조선왕조실록 대신《승정원일기》를 번역한 것이 그 시작이었다.《승정원일기》번역이 이렇게 늦어진 데에는 여러 가지 이유가 있다. 첫째는 고전 번역 사업에 투입되는 예산과 인력 등 제반 여건이 성숙되지 않았기 때문이고, 둘째는 초서 탈초 및 전산화 등 번역 이전에 이루어져야 할 사전 작업이 이루어진 뒤에야 완성도 높은 번역 작업에 착수할 수 있었기 때문이다.

《승정원일기》번역 사업이 첫걸음을 뗀 뒤 벌써 20년이라는 세월이 흘렀다. 그간 어려운 번역 환경 속에서도《승정원일기》가 지속적으로 번역되어 왔다. 한국고전번역원에서는 인조대 76책, 고종대 210책 분량을 번역하였고, 세종대왕기념사업회에서는 순종대 6책 분량을 번역하였다. 현재는 한국고전번역원을 중심으로 영조대《승정원일기》를 번역

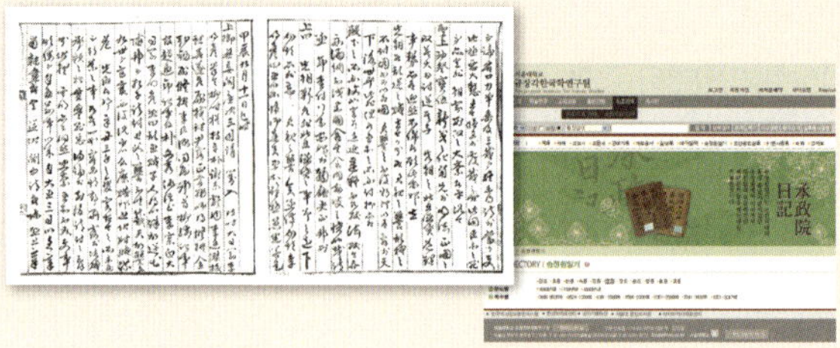

서울대학교 규장각한국학연구원

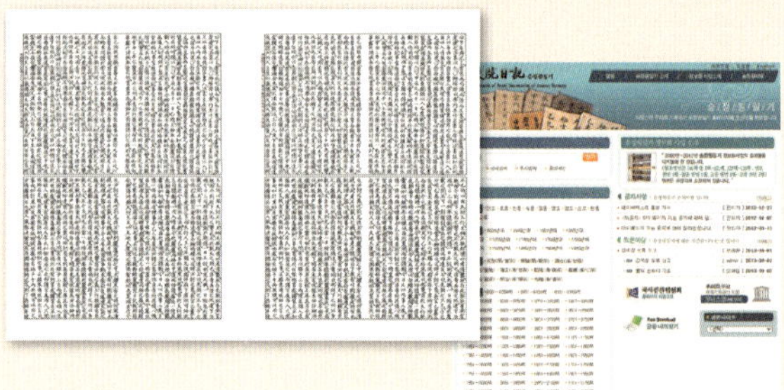

국사편찬위원회

한국고전번역원

《승정원일기》 원본을 소장하고 있는 서울대학교 규장각한국학연구원에서는 원본 이미지를 웹에서 서비스(http://e-kyujanggak.snu.ac.kr)하고 있다. 국사편찬위원회에서는《승정원일기》 원본을 탈초하여 간행하였고, 이를 디지털화하여 웹에서 서비스(http://sjw.history.go.kr)하고 있다. 《승정원일기》 번역을 주관하고 있는 한국고전번역원에서는 교감·표점하고 번역한 결과물을 서책으로 간행하고, 이를 웹에서 서비스(http://db.itkc.or.kr)하고 있다. 이제 웹 환경이 갖추어진 곳이라면 언제 어디서든《승정원일기》를 활용할 수 있게 되었다.

하고 있다.

현재까지 번역된 《승정원일기》 책 수는 근 500책에 달한다. 《승정원일기》 교감·표점본과 번역서를 합치면 총 책 수는 5,000여 책이 될 것으로 추산된다. 현재 매년 50책 정도를 교감·표점하고 번역하고 있으니, 한 해에 전체 책 수의 1퍼센트씩을 번역하고 있는 셈이다. 이대로라면 전체를 번역하는 데 앞으로 약 100년 가까운 시간이 더 걸린다는 계산이 나온다. 한국고전번역원이 출범한 뒤로 인력과 예산이 다소 늘었기에 이나마도 가능해진 것이지만, 이대로라면 더뎌도 너무 더디다. 한문으로 기록된 것을 번역하지 않고 그냥 놔둔다면, 이는 살아 숨 쉴 수 있는 역사와 문화가 제대로 숨을 쉬지 못하고 있는데도 아무런 조치를 취하고 있지 않는 것과 같다.

한문으로 기록된 《승정원일기》를 해독하고 활용할 수 있는 사람은 극히 소수에 불과하다. 아무리 좋은 것이라도 제대로 이해하고 활용할 수 없다면 없는 것이나 마찬가지이다. 이렇게 본다면 현재의 《승정원일기》는 여전히 잠들어 있다고 해도 과언이 아니다. 세계기록유산으로 선정된 자랑스러운 문화유산에 대해 우리는 얼마만큼 관심을 가지고 있으며, 어떤 노력을 하고 있는지 반성해 볼 일이다.

《승정원일기》에는 궁궐 안팎에서 행해진 임금의 동정動靜과 관련된 일들이 자세히 기록되어 있어 사실에 기반한 창작을 하려 할 적에 보물창고와 같다고 할 수 있다. 연석筵席에서 임금과 신하가 나누는 대화 같은 경우, 내용에 따라 그대로 시나리오나 극본으로 써도 좋을 만큼 현장의 생생한 소리가 기록으로 남아 있다. 《승정원일기》 기록의 우수성을 생각한다면 조기에 번역을 완료할 수 있도록 공감대를 형성하고, 하루

속히《승정원일기》번역을 완료해 문화 콘텐츠로 활용할 수 있도록 해야 한다. 드라마보다 더 드라마틱한 역사 기록을 활용할 수 있다면 공연히 역사 사실을 왜곡해 가며 작품을 쓸 이유는 없을 것이다.《승정원일기》번역이 완료되면 더 많은 사람들이《승정원일기》에 쉽게 다가갈 수 있고, 더 총체적으로 역사 연구를 할 수 있고, 다양한 분야에서 콘텐츠로 활용할 수 있을 것이다. 이것이 바로《승정원일기》를 깨워야 하는 이유이다.

참고 문헌

원전 자료

《경국대전經國大典》, 《대전회통大典會通》, 《병자록丙子錄》, 《속대전續大典》, 《순암집順菴集》, 《승정원일기承政院日記》, 《연려실기술燃藜室記述》, 《육전조례六典條例》, 《은대조례銀臺條例》, 《은대편고銀臺便攷》, 《일성록日省錄》, 《전율통보典律通補》, 조선왕조실록朝鮮王朝實錄

저서 및 역주서

강명관, 《조선의 뒷골목 풍경》, 푸른역사, 2003.

박창범, 《한국의 전통 과학 천문학》, 이화여자대학교 출판부, 2007.

박홍갑 외, 《승정원일기 소통의 정치를 논하다》, 산처럼, 2009.

신병주, 《조선 최고의 명저들》, 휴머니스트, 2006.

심재우 외, 《조선의 왕으로 살아가기》, 돌베개, 2011.

유미림, 《조선 후기의 정치사상》, 지식산업사, 2002.

이강욱, 《은대조례》, 한국고전번역원, 2012.

이성무, 《조선왕조실록 어떤 책인가》, 동방미디어, 1999.

_____, 《조선은 어떻게 부정부패를 막았을까》, 청아출판사, 2009.

차미희, 《조선 시대 과거시험과 유생의 삶》, 이화여자대학교 출판부, 2012.

최승희, 《한국고문서연구》, 지식산업사, 2006.

한국역사연구회, 《조선 시대 사람들은 어 떻게 살았을까》1, 2, 청년사, 2012.

논문

강성득, 〈전거를 통해 본 영조대 《승정원일기》 개수의 성격〉, 《사학연구》 88, 한국사학회, 2007.

_____, 〈17~18세기 승정원 주서직의 인사실태〉, 《한국 역사상 관료제 운영시스템에 관한 연구》, 국민대학교 출판부, 2010.

김경래, 〈인조대 조보와 공론정치〉, 《한국사론》 50, 서울대학교 국사학과, 2010.

김창현, 〈조선 초기 승지에 관한 연구-승지의 전주기능銓注機能과 임용실태를 중심으로〉, 《한국학논집》 10, 한양대학교 한국학연구소, 2007.

배재홍, 〈조선 후기의 서얼허통庶孼許通〉, 《경북사학》 10, 경북사학회, 1987.

서정문, 〈《승정원일기》 국역의 현황과 과제〉, 《민족문화》 24, 민족문화추진회, 2001.

송양섭, 〈균역법 시행과 균역청의 재정운영〉, 《영조의 국가정책과 정치이념》, 한국학중앙연구원 출판부, 2012.

신석호, 〈해제〉, 《승정원일기》 1, 탐구당, 1960.

신승운, 〈《승정원일기》의 번역과 정본화 문제〉, 《민족문화》 31, 한국고전번역원, 2008.

_____, 〈승정원인기〉, 《국보 전적-조선시대》, 문화재청, 2011.

오항녕, 〈해제〉, 《일기청등록》, 민족문화추진회, 2005.

이강욱, 〈계사에 대한 고찰〉, 《고문서연구》 37, 한국고문서학회, 2010.

_____, 〈《승정원일기》를 통해 본 초기의 전면적 고찰〉, 《민족문화》 34, 한국고전번역원, 2010.

이근호, 〈《승정원일기》 보고기록의 특징과 정보화 방안〉, 《한국사론》 37, 국사편찬위원회, 2003.

_____, 〈영조대 《승정원일기》 개수과정의 검토〉, 《조선시대사학보》 31, 조선시대사학회, 2004.

_____, 〈조선 중기 승정원의 봉환封還 관행에 관한 검토〉, 《사학연구》 75, 한국사학회, 2004.

이동희, 〈조선 초기 승정원의 정치적 역할 연구〉, 전북대학교 박사학위 논문, 1993.

이홍두, 〈《승정원일기》 문헌학적 특징과 정보화 방안〉, 《한국사론》 37, 국사편찬위원회, 2003.

임천환, 〈《승정원일기》 왕명기록의 특징과 정보화 방안〉, 《한국사론》 37, 국사편찬위원회, 2003.

전해종, 〈승정원고承政院攷-《은대조례》와 《육전조례》를 통하여 본 그 임무와 직제〉, 《진단학보》 25·26·27, 진단학회, 1964.

정만조, 〈양역의 편성과 폐단〉, 《한국사》 32, 국사편찬위원회 1997.

_____, 〈양역변통론의 추이〉, 《한국사》 32, 국사편찬위원회 1997.

_____, 〈영조대 어연御宴의 설행논의에 관한 고찰〉, 《한국학논총》 20, 국민대 한국학연구소, 1998.

_____, 〈《승정원일기》 작성과 사료적 가치〉, 《한국학논총》 24, 국민대 한국학연구소, 2001.

_____, 〈조선 시대 삼공三公의 관력분석官歷分析 -엘리트 코스 추적의 일단〉, 《한국 역사상 관료제 운영시스템에 관한 연구》, 국민대학교 출판부, 2010.

_____, 〈영조임금의 업적-어제문업御製問業의 6대사업을 중심으로〉, 《영조대왕》, 한국학중

앙연구원, 2011.
_____, 〈영조대 정국추이와 탕평책〉, 《영조의 국가정책과 정치이념》, 한국학중앙연구원 출판부, 2012.
_____, 〈《승정원일기》 기록의 우수성〉, 《승정원일기 번역지원 확대를 위한 정책간담회 자료집》, 한국고전번역원, 2013.
최재복, 〈《승정원일기》 대화기록의 특징과 정보화 방안〉, 《한국사론》 37, 국사편찬위원회, 2003.
한충희, 〈조선 초기 승정원연구-실제기능과 통치기구와의 관계를 중심으로〉, 《한국사연구》 59, 한국사연구회, 1987.
_____, 〈조선 전기(태조~선조 24년)의 권력구조 연구-의정부 · 육조 · 승정원을 중심으로〉, 《국사관논총》 30, 국사편찬위원회, 1991.
_____, 〈조선 초기 승정원 주서 소고〉, 《대구사학》 78, 대구사학회, 2005.
홍순민, 〈조선 후기 관원의 궁궐 출입과 국정운영〉, 《역사비평》 76, 역사비평사, 2006.
_____, 〈조선 후기 동궐 궐내각사의 구성과 직장職掌〉, 《서울학연구》 46, 서울시립대학교 서울학연구소, 2012.

글쓴이 소개

하승현 국어국문학과를 졸업하고 성균관 한림원과 한국고전번역원에서 한문교육과정을 마쳤다. 《승정원일기》《빈 방에 달빛 들면》《생각, 세 번》 등의 번역과 집필에 참여하였고, 중국 상해고적출판사에서 《화담집교주花潭集校注》를 출판하였다. 한국고전번역원 역사문헌번역실 승정원일기번역팀 선임연구원으로 재직하고 있다.
25, 82, 90, 98, 101, 113, 118, 123, 133, 139, 144, 168, 185, 189, 194, 198, 202, 206, 211, 217, 220, 224, 229, 233

강성득 역사교육학과를 졸업하고 대학원에서 한국사학으로 석·박사 과정을 수료하였다. 〈전거를 통해 본 영조대 《승정원일기》 개수의 성격〉 등 《승정원일기》 관련 논문이 있고, 《한국 역사상 관료제 운영시스템에 관한 연구》 집필에 참여하였다. 한국고전번역원 역사문헌번역실 승정원일기번역팀 연구원으로 재직하고 있다.
15, 17, 52, 149, 153, 177, 239, 246, 249, 254, 260, 265, 269, 271, 276

강대걸 행정학과를 졸업하고 대학원에서 국사학으로 석·박사 과정을 수료하였다. 한국고전번역원에서 한문교육과정을 마치고 《한국문집총간》 기획과 편찬에 참여하였으며, 《승정원일기》 번역에 참여하였다. 한국고전번역원 역사문헌번역실 승정원일기번역팀 책임연구원으로 재직하고 있다.
32, 43, 48, 64, 69, 76, 128

곽성연 한문교육과를 졸업하고 대학원에서 한문학 석사 과정을 수료하였다. 한국고전번역원에서 한문교육과정을 마치고 《승정원일기》 번역에 참여하였다. 한국고전번역원 번역위원으로 활동하고 있다.
38, 58, 158

오재환 국어국문학과를 졸업하고 대학원에서 한문학 석사 과정을 수료하였다. 태동고전연구소에서 한문교육과정을 마치고 《승정원일기》《일성록》 등의 번역에 참여하였다. 한국고전번역원 역사문헌번역실 승정원일기번역팀 선임연구원으로 재직하고 있다.
162, 172

오세옥　국어교육과를 졸업하고 대학원에서 고전문학 석사 과정을 수료하였다. 한국고전번역원에서 한문교육과정을 마치고 한국문집총간 해제를 집필하였고, 《승정원일기》《명재유고》《성호전집》《사직서의궤》《생각, 세 번》 등의 번역과 집필에 참여하였다. 한국고전번역원 특수고전번역실 책임연구원으로 재직하고 있다.
107

감수

이강욱　국어국문학과를 졸업하고 대학원에서 유교경전학과 석사 과정을 수료하였다. 성균관 한림원에서 한문교육과정을 마쳤다. 〈충서忠恕에 관한 연구〉 〈계사啓辭에 대한 고찰考察〉 등 논문이 있고, 《은대조례銀臺條例》《일성록日省錄》 등을 번역하였다. 한국고전번역원 역사문헌번역실 수석전문위원으로 재직하면서 한국승정원일기연구소http://www.eundae.com를 운영하고 있다.

교정

김일균　한문학과를 졸업하고 한국고전번역원에서 한문교육과정을 마친 뒤 《승정원일기》 번역에 참여하였다. 한국고전번역원 역사문헌번역실 전문위원으로 재직하고 있다.

정준영　한문학과를 졸업하고 한국고전번역원에서 한문교육과정을 마친 뒤 《승정원일기》 번역에 참여하였다. 한국고전번역원 역사문헌번역실 승정원일기번역팀 연구원으로 재직하고 있다.

* 약력 아래 숫자는 해당 필자의 글이 시작되는 면입니다.

후설 喉舌

한국고전번역원 승정원일기번역팀 엮음

2013년 10월 5일 초판1쇄 발행
2016년 7월 25일 초판5쇄 발행

발행인 이명학 | 발행처 한국고전번역원
등록 2008. 3. 12. 제300-2008-22호
주소 (03000) 서울시 종로구 비봉길 1
전화 02-6263-0464 | 팩스 02-6339-0724 | 홈페이지 www.itkc.or.kr
책임편집 강옥순 | 편집진행 하지영 | 편집교정 이계숙
디자인 파피루스 | 인쇄 (주)엘팩토탈프린팅

값 12,000원
ISBN 978-89-284-0228-1 03910

* 이 책은 2016년도 교육부의 지원을 받아 출간한 것임.